역사를 움직인 일본 무사들

– 메이지 유신의 연출자들

역사를 움직인 일본 무사들

메이지 유신의 연출자들

구태훈

차례

책을 내면서   7

제1부 에도 막부의 불안한 이음매, 셋   15

CHAPTER1. **천황**
    – 권력을 빼앗긴 군주   17

CHAPTER2. **다이묘**
    – 무력에 굴복한 봉건영주   27

CHAPTER3. **쇄국**
    – 주객전도한 대외정책   35

제2부 흔들리는 에도 막부   45

CHAPTER1. **확산하는 존왕론**   47
CHAPTER2. **서세동점과 고조되는 위기의식**   54
CHAPTER3. **웅비하는 사쓰마 · 조슈번**   62
CHAPTER4. **19세기 중엽의 정치 상황**   73

제3부 터를 다진 인물들   87

CHAPTER1. **요시다 쇼인**   91
         - 메이지 유신의 선구자

CHAPTER2. **다카스기 신사쿠**   119
         - 불가능에 도전한 지도자

CHAPTER3. **사카모토 료마**   145
         - 새 시대의 밑그림을 그린 선각자

제4부 기둥을 세운 인물들   189

CHAPTER1. **사이고 다카모리**   193
         - 카리스마 리더십의 화신

CHAPTER2. **기도 다카요시**
         - 시대를 앞서간 정치인   241

CHAPTER3. **오쿠보 도시미치**
         - 공작 정치의 달인   281

참고문헌   323

책을 내면서

19세기 후반에 일본에서 메이지 유신明治維新이라는 혁명적 변혁이 일어났다. 변혁은 대략 3단계로 진행되었다. 먼저 1853년 미국의 동인도함대 사령관 페리가 내항한 후 일본의 정치·사회가 혼란해지고, 에도 막부의 권위와 권력이 급격하게 쇠락하는 과정, 그리고 조정의 급진파 귀족과 사쓰마·조슈번이 연합해 천황을 중심으로 하는 메이지 정부를 수립하는 과정, 마지막으로 신정부가 에도 막부와 다이묘大名 권력을 해체하고 중앙집권적 통일국가와 자본주의 사회로 이행하는 과정이었다.

메이지 유신은 권력의 중심축이 크게 전환하며 기존의 가치·권위·질서를 버리고 일본의 정치·경제·사회·문화 모든 면에서 근대화 개혁을 이루는 과정이었다. 그 시기에 대해 여러 설이 있다. 협의로는 1867년 12월 9일 메이지 정부 수립부터 1877년 폐번치현 때까지 10년간, 광의로는 1840년경 에도 막부가 쇄국정책을 완화한 시점부터 1889년 대일본제국헌법 제정 때까지 약 50년간으로 구분하는 설이 있다. 필자는 1853년 페리의 내항부터 1877년 세이난 전쟁西南戰爭까지 약 25년간을 메이지 유신 시기로 구분하고 있다.

1853년 6월 페리가 에도江戶(도쿄) 앞바다에 나타나 개항을 요구했다. 그 후 막부는 페리의 위력에 굴복해 미국과 화친조약을 맺고, 1858년 6월에는 일미수호통상조약을 체결했다. 이 조약은 치외법권을 인정하고 관세 자주권을 부정하는 불평등조약이었다. 그 후 일본의 정치·사회가 혼란해졌다. 천황과 다이묘가 막부의 정치에 간섭하게 되었고, 전국 각지의 지사志士들이 일어나 존왕양이尊王攘夷, 즉 천황을 받들고 서양 오랑캐를 무찌르자고 외치며 막부의 정책에 맞섰다. 막부와 조정, 쇼군과 다이묘, 보수파와 급진파, 쇄국론과 개국론이 대립하면서 막부의 아킬레스건에 금이 가기 시작했다.

천황은 막부의 가장 취약한 아킬레스건이었다. 12세기 말에 가마쿠라 막부가 성립한 이래 약 700년 동안 천황은 정치에서 소외된 존재였다. 그러나 천황은 엄연히 일본의 군주였다. 막부가 천황과 귀족을 감시했으나 정치·사회적 변혁이 있으면 천황은 언제든지 정치세력화할 수 있는 존재였다. 18세기에 들어서면서 천황을 숭상하는 분위기가 조성되었다. 쇄국체제가 동요하자, 천황이 막부에 해안을 방비하라고 명령했다. 막부가 미국과 통상조약을 체결하자, 천황이 막부에 조약을 파기하고 서양 오랑캐를 무찌르라고 명령했다. 지사들이 존왕양이 운동을 벌였다. 조슈번이 천황과 존양양이파를 지원했다. 막부의 권위와 권력이 무너지기 시작했다.

조슈번은 존왕양이파의 소굴이었다. 자연스럽게 조슈번 무사 중에 천황을 받들며 막부에 맞서는 자들이 많았다. 그들 중에서 막부를 무너뜨리고 천황 정부를 세우는 역사의 수레바퀴를 돌리는 지도자가 탄생했다. 그런데 역사의 수레바퀴는 지도자 혼자 돌릴 수 있는 것이 아니다. 지도자의 가르침이나 명령에 따르는 추종 세력이 있어야 하고, 그들을 성원하는 민중이 있어야 가능한 일이다. 그런데 민중은 그들이 사는 시대의 가치와 관습에서 벗어나기 어렵다. 그들은 자신의 눈높이에서 지도자의 인품과 능력을 평가한다. 그래서 영악한 지도자는 당시의 가치와 관습을 외면하지 않으면서 민중에게 발전적이고 혁신적인 비전을 제시할 줄 안다. 필자는 위와 같은 조건을 갖춘 조슈번의 인물 중에서 요시다 쇼인吉田松陰, 다카스기 신사쿠高杉晉作, 기도 다카요시木戸孝允에 초점을 맞춰 메이지 유신을 조명했다.

요시다 쇼인은 존양양이파의 사상적 지주였다. 그는 비상한 기억력의 소유자였다. 조기교육을 받은 그는 다독가였으며 단기간에 많은 의견서와 책을 남긴 저술가였다. 그의 전공은 병학이었으나 『니혼쇼키日本書紀』를 비롯한 역사서를 읽고 지독한 국수주의자가 되었다. 그는 해외 침략으로 일본의 부강을 이루자고 주장했다. 특히 조선 침략을 외쳤다. 오늘날에도 야마구치현 출신 중에 혐한론자가 많은 것은 그의 영향이라고 할 수 있다. 그는 일본의 통치권이 천황 '한 사람'에게 있어야 한다고 주장했다. 오랑캐를 물리치고 천황을 세우려면 여러 번의 초망지사, 즉 초야에 묻혀 있는 지사들이 손을 잡고 봉기해야 한다고 주장했다. 다카스기 신사쿠, 기도 다카요시, 구사카 겐즈이, 야마가타 아리토모, 이토 히로부미 등 기라성 같은 조슈번 청년들이 요시다 쇼인에게 배웠다. 메이지 유신은 요시다 쇼인 제자들의 활약으로 이루어졌다고 해도 과언이 아니다.

요시다 쇼인의 제자 중에서 다카스기 신사쿠의 활약이 단연 돋보였다. 그는 검도 실력이 뛰어났을 뿐만이 아니라 당시로서는 보기 드문 지식인이었다. 추종자들이 보았을 때 다카스기는 누구도 두려워하지 않고 앞만 보고 전진하는 진정한 무사였다. 상급 무사 가문 출신이었던 그는 무사와 서민을 차별하던 봉건시대의 인물이었지만, 서민의 신분 상승 욕구를 영악하게 활용한 인물이었다. 그가 창설한 기헤이타이奇兵隊라는 신식 군대에는 농민과 상인 출신이 많았다. 그가 출신 성분을 묻지 않고 오로지 능력으로 선발한 기헤이타이는 수십 배나 많은 막부군을 무찔렀다. 그의 활약을 제외하고 에도 막부의 멸망과정을 설명할 수 없다. 그의 존재감이 그만큼 컸다.

기도 다카요시는 어려서부터 한문에 능통했던 수재였다. 어렸을 때 번주 앞에서 한시를 짓고 『맹자』를 해설해 사람들을 놀라게 했다. 조슈번이 세운 학교에서 요시다 쇼인에게 병학을 배웠다. 쇼인은 기도 다카요시의 총명함에 감탄을 금치 못했다. 그는 일찍이 영어를 배웠다. 이른바 메이지 유신의 3걸, 즉 사이고 다카모리, 오쿠보 도시미치, 기도 다카요시 중에서 기도만이 영어로 외국인과 대화할 수 있었다. 메이지 정부 수립 전에는 기도가 사쓰마번과 밀약을 맺어 막부의 조슈 정벌을 무력화시켰다. 정부 수립 후에는 신정부의 정치 전반을 관장하는 사실상 수상의 지위에 올랐다. 기도는 외교·내무·국방·문교 등 모든 업무를 겸임하면서 과감한 개혁을 추진했다. 메이지 정부에서 기도 다카요시의 손을 거치지 않고 성립한 제도는 거의 없었다고 해도 과언이 아니다.

조슈번 무사들은 사쓰마번을 불구대천지원수로 여겼다. 1863년 8월에 일어난 8·18 정변과 1864년 7월에 일어난 긴몬의 변 때 조슈군이 사쓰마군에게 대패했기 때문이다. 그런데 사쓰마번과 조슈번의 가교역할을 하며 극적으로 군사동맹을 맺게 한 인물이 있었다. 도사번 출신 사카모토 료마坂本竜馬였다. 사카모토는 부유한 상인 가문 출신이었다. 그는 일찍이 에도로 가서 검술을 배우며 전국 각지에서 모인 무사들과 교류했다. 그는 붙임성이 좋았다. 누구나 그를 좋아하고 신뢰했다. 그는 봉건적인 권위주의나 명분론과는 거리가 먼 존재였다. 다분히 편의주의적이고 기회주의적이었고, 의리, 도덕, 예의, 양심 등과 같은 덕목에 구애되지 않았던 인물이다. 그의 성향은 상인 집안에서 성장하면서 몸에 밴 특유의 현실주의에 뿌리를 두었다고 할 수 있다. 그런 인물이 메이지 유신의 한 장면을 장식했다는 점에 주목할 필요가 있다.

1851년 2월 시마즈 나리아키라島津齊彬가 사쓰마번의 11대 번주에 취임했다. 그는 하급 무사를 발탁해 육성했다. 그의 열린 마음과 포용력이 없었다면 사이고 다카모리西郷隆盛도 없었을 것이다. 나리아키라는 중앙 정치 무대에서 막부의 고관은 물론 여러 번의 다이묘와 폭넓게 교류하며 인망을 얻었다. 1858년 7월 나리아키라가 급사하고, 그의 이복동생 시마즈 히사미쓰島津久光의 아들 시마즈 타다요시島津忠義가 12대 번주가 되었다. 하지만 사쓰마번의 실권은 히사미쓰가 행사했다. 나리아키라를 존경했던 사이고 다카모리는 히사미쓰를 따르지 않았다. 그러나 영악한 오쿠보 도시미치大久保利通는 히사미쓰에게 접근해 출세가도를 달렸다.

사이고 다카모리는 카리스마 리더십의 상징이었다. 그는 일일이 명령하지 않아도 부하들이 스스로 따르게 하는 마력을 지닌 인물이었다. 그의 카리스마는 거침없고 당당한 처신에서 나온 것이었다. 1861년 여름 사쓰마번의 실권자 시마즈 히사미쓰가 상경할 준비를 하고 있었다. 조정의 귀족은 물론 여러 번의 지사와 교류한 경험이 있던 사이고가 필요했다. 히사미쓰는 유배 중인 사이고를 사면했다. 히사미쓰가 가고시마로 돌아온 사이고에게 의견을 구했다. 그러자 사이고가 말했다. "공께서는 번주도 아니고 작고한 시마즈 나리아키라와 같이 인망을 모으지도 못했습니다. 상경해 활동하는 것은 무리입니다." 마음이 상한 히사미쓰는 사이고를 다시 유배형에 처했다. 사쓰마번이 위기에 처하자, 히사미쓰는 그렇게 미운 사이고를 다시 불러 군사령관에 임명하지 않을 수 없었다. 사이고가 아니면 군사들이 움직이지 않았기 때문이다. 그 후 사이고는 사쓰마군을 이끌고 메이지 정부를 세우고, 에도성에 무혈입성하고, 막부 추종 세력을 진압해 일본을 통일했다. 그는 세이난 전쟁西南戰爭을 일으켰으나 뜻을 이루지 못하고 자결했다. 메이지 정부는 사이고를 반역자로 몰 수 없었다. 그를 따르는 세력을 달래지 않고서는 정국의 안정을 이룰 수 없었기 때문이다.

사이고 다카모리가 타고난 군사령관이었다면 오쿠보 도시미치는 공작 정치의 달인이었다. 오쿠보는 매사에 끈질기고, 지기를 싫어하고, 신중하게 일을 추진하는 성격이었다. 오쿠보는 중앙 정치 무대에서 귀족을 만나 여론을 조성하고 전파하면서 정국을 주도했다. 그는 조정의 급진파 귀족과 여러 번의 개혁파 지도자의 마음을 하나로 모아 막부를 몰아내고 메이지 정부를 세운 일등 공신이었다. 거의 모든 계획이 그의 머리에서 나왔다고 해도 과언이 아니다. 신정부가 수립된 후에는 기도 다카요시와 함께 개혁을 추진했는데, 기도와 의견이 대립할 때는 어떤 수단을 동원해서라도 자기 의견을 관철했다. 사이고는 권력에 욕심이 없던 대인이었다. 하지만 오쿠보는 권력에 집착했다. 오쿠보는 사심이 없던 사이고를 영악하게 이용하고 버렸다. 정한론쟁은 오쿠보가 사이고를 버리기 위한 승부수였다. 오쿠보 독재 시대가 열렸다. 오쿠보는 암살당하기 30분 전까지 향후 10년간 권력을 행사할 욕심을 내비쳤다. 그러나 세상만사 욕심이 과하면 무너지기 마련이다. 하늘이 그의 욕심을 거두었다.

    1877년 5월 세이난 전쟁 중에 기도 다카요시가 병사하고, 그해 9월 사이고 다카모리가 전사하고, 다음 해인 1878년 5월 오쿠보 도시미치가 암살되었다. 메이지 유신의 최고지도자 세 명이 1년 사이에 잇달아 세상을 떠났다. 이 단계에서 메이지 유신이 사실상 완성되었다. 정치는 오쿠마 시게노부大隈重信 · 야마가타 아리토모山県有朋 · 이토 히로부미伊藤博文 등 다음 세대의 인물들에 맡겨지게 되었다.

2025년 이른 봄

구 태 훈

제1부

에도 막부의 불안한 이음매, 셋

CHAPTER 1.

천황
– 권력을 빼앗긴 군주

1867년 12월 9일 메이지 정부가 들어서면서 왕정복고王政復古를 선포했다. 일본의 군주 천황天皇이 직접 정치를 관장하던 '옛날'로 돌아간다는 선언이었다. 12세기 말에 미나모토노 요리토모源賴朝(1147~99)가 조정朝廷이 있던 교토京都에서 멀리 떨어진 가마쿠라鎌倉(가나가와현 가마쿠라시)에 막부幕府를 열고 정이대장군征夷大將軍의 지위에 올라 일본을 다스리기 시작했다. '옛날'이란 그 이전을 뜻하는 말이었다. 가마쿠라 막부가 성립한 이래 메이지 유신 때까지 약 700년 동안 천황이 직접 일본을 통치하지 않았다.

일본 고대의 정이대장군은 조정이 변방의 적을 토벌할 때 천황이 임시로 임명한 관직에 불과했다. 그런데 9세기 중엽부터 사회가 혼란하고 귀족들이 서로 세력을 다투면서 무사들이 정치 무대에 등장했다. 무사들은 능력과 포용력을 갖춘 지도자를 주군으로 섬기며 무사단을 형성했다. 여러 무사단의 정점에 동량棟梁이라는 최고 통솔자가 있었다. 무사들은 천황의 혈통을 이은 군사 귀족 미나모토源·다이라平 가문을 동량으로 받들었다.

미나모토·다이라 가문 중에서 다이라씨가 먼저 천황 권력과 손을 잡았다. 1167년 2월 고시라카와 상황後白河上皇(1127~92/재위:1155~58)이 다이라노 기요모리平清盛(1118~81)를 태정대신에 임명했다. 그 후 기요모리의 아들을 비롯한 다이라씨 일족이 고위 관직을 독점하고 전국 500여 지역의 장원을 소유했다. 기요모리 권력의 기반은 서부 일본의 무사단이었다. 1171년 12월 기요모리가 딸을 다카쿠라 천황高倉天皇(1161~81/재위;1168~80)의 비로 들여보내며 권력을 장악했다. 1179년 11월 기요모리가 고시라카와 법황(1169년 6월에 출가 의식을 거행한 후 법황을 칭함)을 유폐했다. 기요모리는 1180년 2월에 다카쿠라 천황을 물러나게 한 후, 그해 4월에 자신의 외손인 안토쿠 천황安德天皇(1178~85/재위;1180~85)을 세웠다. 다이라씨 정권이 성립되었다. 하지만 다이라씨 정권은 어디까지나 다이라씨 일족이 귀족화하여 조정의 관직을 독점하면서 권력을 행사하는 방식에서 벗어나지 않았다. 통치권은 여전히 천황에게 있었다.

다이라 가문의 영화는 영원할 수 없었다. 중앙의 귀족은 물론 지방의 무사들도 다이라노 기요모리의 독재정치에 불만을 품었다. 1180년 4월 고시라카와 법황의 아들인 모치히토오以仁王(1151~80)가 다이라씨 타도의 기치를 올렸다. 그러자 미나모토노 요리토모를 비롯한 미나모토씨 일족과 대사원의 승병들이 봉기하면서 전국적인 내란으로 발전했다. 내란은 결국 다이라·미나모토 가문이 동량 지위를 쟁취하기 위해 자웅을 겨루는 모양새가 되었다. 1185년 3월 미나모토군이 나가토長門의 단노우라壇浦(야마구치현 시모노세키시)로 몰린 다이라군을 총공격했다. 이 전투에서 안토쿠 천황이 익사하고 다이라씨 일족이 전멸했다. 다이라씨 정권이 무너졌다.

미나모토노 요리토모는 다이라노 기요모리와 달랐다. 무사들의 계급적 권익을 보장하고, 나아가 무사를 위정자로 삼아 서민을 다스리겠다는 뜻을 품었다. 그러기 위해서는 예부터 천황과 조정의 공가公家 즉, 귀족이 행사하던 권력을 빼앗아야 했다. 요리토모는 상경하지 않고 가마쿠라에 머물며 독자적인 정치기구를 마련했다. 그는 미나모토 가문과 주종관계를 맺은 고케닌御家人을 통솔하고 군사·경찰 임무를 담당하는 사무라이도코로侍所, 정무를 관장하는 구몬조公文所, 재판과 소송을 담당하는 몬추조問注所 등의 기관을 설립했다. 정치기구는 군사·행정·사법의 세 기관만으로 구성된 간단한 것이다. 이 기관은 각기 정무를 분담했지만, 중요한 문제는 세 기관의 장관을 포함한 중신들이 합의해 결정하는 방식을 취했다.

1185년 11월 미나모토노 요리토모는 고시라카와 법황을 협박해 전국의 슈고守護와 지토地頭를 임명할 수 있는 권리와 군량미를 징수할 수 있는 권리를 얻었다. 이것을 시작으로 요리토모는 천황의 권력을 하나하나 위임받는 형식으로 빼앗았다. 천황은 여전히 일본의 군주였으나 권력에서 거의 배제된 존재가 되었다. 귀족 또한 권력에서 밀려나 유명무실한 조정의 관직을 세습하면서 명맥만 유지하는 존재로 남게 되었다. 1192년 3월 고시라카와 법황이 사망하자, 그해 7월에 미나모토노 요리토모가 정이대장군에 취임했다. 가마쿠라 막부(1192~1333)가 성립되었다. 이때부터 정이대장군이 무사 가문으로서 천하의 권력을 장악한 자를 뜻하게 되었다. 일본인은 정이대장군을 쇼군將軍으로 불렀다.

1199년 1월 미나모토노 요리토모가 사망하고, 그의 아들 요리이에賴家(1182~1204)가 막부의 2대 쇼군이 되었다. 그러나 쇼군 요리이에는 허수아비에 불과했다. 요리이에의 외가 호조北条 가문 사람들이 막부의 권력을 장악했다. 1203년 9월 호조 가문이 쇼군 요리이에를 쫓아내고, 요리이에의 동생 미나모토노 사네토모源実朝(1192~1219)를 막부의 3대 쇼군으로 세웠다. 1219년 1월 요리이에의 아들 구교公曉가 쇼군 사네토모를 암살했다. 구교는 범행 현장에서 살해되었다. 모두 호조 가문이 꾸민 일이었다. 3대 쇼군 사네토모는 자식을 두지 못했다. 미나모토노 요리토모의 혈통이 단절되었다. 그 후 호조 가문이 천황 또는 귀족의 아들을 영입해 막부의 쇼군으로 세우고 실권을 행사했다. 가마쿠라 막부는 사실상 호조 가문의 것이었다.

고토바 상황後鳥羽上皇(1180~1239/재위:1183~98)은 미나모토노 요리토모가 세운 정권을 찬탈한 호조 가문의 정통성을 인정하지 않았다. 쇼군 사네토모가 암살된 후 막부 토벌계획을 세웠다. 1221년 5월 고토바 상황이 막부 타도의 기치를 올렸다. 상황은 엔랴쿠지延曆寺(시가현 오쓰시 사카모토혼마치)를 비롯한 대사원에 막부의 실권자 호조 요시토키北条義時(1163~1224)가 스스로 멸망하도록 기도하라고 명령했다. 상황은 서부 일본의 무사, 대사원의 승병, 호조 가문의 정치에 불만을 품은 무사의 결집을 기대했다. 그러나 고토바 상황의 거병에 호응한 세력은 기대에 미치지 못했다. 이에 비해 가마쿠라 막부의 결속은 강력했다. 호조 요시토키가 이끄는 대군이 교토로 진격해 천황군을 무찔렀다. 막부는 고토바 상황과 그 일족을 체포해 외진 섬으로 유배했다. 막부는 교토에 로쿠하라탄다이六波羅探題를 두어 천황과 귀족의 동향을 감시하고 교토 인근의 행정과 사법을 총괄하게 했다.

14세기 중엽에 고다이고 천황後醍醐天皇(1288~1339/재위:1318~39)이 두 번이나 가마쿠라 막부의 전복을 꾀했다. 첫 번째는 교토에 있는 로쿠하라탄다이를 공격해 막부 타도의 실마리를 만드는 것이었다. 1324년 9월에 거병하기로 했다. 그러나 계획이 사전에 유출되어 실패로 끝났다. 그 후에도 가마쿠라 막부를 타도하기 위한 준비는 계속되었다. 하지만 이번에도 토막討幕 계획이 고다이고 천황 측근의 밀고로 사전에 발각되었다. 1331년 5월 막부가 주모자를 체포해 처형했다. 8월 24일 고다이고가 천황의 권위를 상징하는 삼종의 신기三種の神器를 받들고 나라奈良 지역으로 피신했다. 그러자 구스노키 마사시게楠木政成 (1294~1336)가 거병해 막부에 대항했다. 막부는 9월 말에 고다이고 천황을 체포해 오키隱岐 섬(시마네현 오키군)으로 유배했다.

고다이고 천황이 유배되자, 사원 세력과 호조 가문의 정치에 반발하는 무사들이 각지에서 거병했다. 이러한 정세 속에서 1333년 윤2월 24일 고다이고 천황이 오키 섬에서 탈출했다. 그러자 아카마쓰 노리무라赤松則村(1277~1350)를 비롯한 천황 추종 세력이 거병해 교토의 막부군을 공격했다. 막부는 아시카가 다카우지足利尊氏(1305~58)를 교토로 보내어 반란을 진압하려고 했다. 그러나 다카우지는 은밀히 고다이고 천황과 내통하고, 5월 7일에 반란 세력과 연합해 반기를 들었다. 한편, 동부 일본의 유력한 고케닌御家人 닛타 요시사다新田義貞(1301~38)가 호족 세력을 이끌고 가마쿠라를 공격했다. 1333년 5월 가마쿠라 막부가 멸망했다.

고다이고 천황이 교토로 돌아와 친정을 시행했다. 고다이고는 모든 정치를 가마쿠라 막부 성립 이전으로 되돌리는 정책을 추진했다. 일본 역사상 첫 번째 왕정복고였다. 그러나 신정부는 가마쿠라 막부 타도에 결정적인 역할을 했던 무사 세력의 요망에 제대로 부응하지 못했다. 실망한 아시카가 다카우지가 다시 반역을 결심했다. 1335년 10월 다카우지가 스스로 정이대장군을 칭하며 교토로 진군했다. 신정부군이 서전에서 승리했지만, 1336년 5월 다카우지가 이끄는 대군이 교토를 점령했다. 고다이고 천황의 신정이 2년 만에 무너졌다. 고다이고는 삼종의 신기를 받들고 엔랴쿠지로 피신했다가 그해 12월 21일에 다시 요시노吉野(나라현 남부)로 도망했다.

아시카가 다카우지는 고다이고와 혈통이 다른 고묘 천황光明天皇(1322~80/재위:1336~48)을 옹립했다. 1338년 8월 다카우지가 고묘 천황으로부터 정이대장군에 임명되며 무로마치室町 막부를 열었다. 그 후 무기력해진 천황은 다시는 쇼군 권력에 도전할 엄두도 내지 못했다. 무로마치 시대 후기, 즉 전국시대戰國時代가 되면서 천황의 권위가 더욱 실추되었다. 재정이 빈곤해진 조정은 천황의 즉위식은 물론 장례식도 치를 수 없는 지경이었다. 지방 다이묘大名들의 기부금으로 근근이 생계를 이었다. 16세기 말에는 오다 노부나가와 도요토미 히데요시의 경제적 지원으로 천황이 체면을 유지할 수 있었다. 그러나 그것은 어디까지나 오다·도요토미가 천황을 정치적으로 이용한 대가였다.

1603년 2월 도쿠가와 이에야스德川家康(1542~1616)가 에도江戶(지금의 도쿄)에 막부幕府를 개설하고 정이대장군이 되어 일본을 다스리기 시작했다. 모든 권력이 쇼군에 집중되어 있었다. 그런데 쇼군의 권력은 천황이 임명한 정이대장군이라는 관직에서 나오는 것이었다. 비록 명목상이지만 천황은 엄연히 일본의 군주였고, 귀족은 조정에서 높은 관직을 세습하며 천황을 보좌했다. 막부의 쇼군에게 천황과 귀족은 여전히 이용 가치가 있는 존재였다. 도쿠가와 이에야스는 천황과 귀족의 전통적 권위를 효과적으로 이용하는 한편, 「금중병공가제법도禁中並公家諸法度」를 제정해 그들을 엄격하게 통제했다. 천황의 정치적 행위를 원천적으로 봉쇄했다.

막부는 교토쇼시다이京都所司代를 두어 천황과 귀족의 동태를 감시했다. 서부 일본의 여러 다이묘가 참근교대參勤交代를 위해 에도로 향할 때도 교토 시내로 진입하는 것을 금지했다. 혹시라도 다이묘가 천황에게 접근할 수 있는 여지를 없애기 위해서였다. 천황은 사실상 교토의 궁전에 유폐된 존재였다. 궁전 밖으로 나와 민중 앞에 모습을 드러내거나 접촉할 수 없었다. 천황과 귀족의 존재감은 거의 없었다. 에도 막부는 천황이 겨우 체면을 유지할 수 있을 정도의 경제적 지원만 했다. 에도 시대 귀족은 막부가 제공하는 하급 무사 수준의 봉록으로 겨우 생계를 유지할 정도로 빈곤했다.

그런데 가마쿠라·무로마치·에도 막부의 쇼군은 스스로 무력을 앞세워 권력을 쟁취했음에도 불구하고 왜 천황을 권좌에서 쫓아내지 않았을까? 쇼군은 왜 천황이 수여하는 정2품 정도의 벼슬인 정이대장군이라는 지위에 만족했을까? 이미 앞에서 말했지만, 일본 사회에서 무사단의 통솔자가 막부를 열려면 천황으로부터 정이대장군에 임명되는 절차를 밟아야 했다. 그것은 천황이 쇼군에게 권력을 위임하는 의식이기도 했다. 7세기 말 일본이 율령 제도를 도입한 이래, 관직의 수여는 신성한 권위적 존재인 천황만이 행사할 수 있는 고유 권한이었다. 가마쿠라 막부를 연 미나모토노 요리토모는 천황에게서 위임받는 형식으로 권력을 빼앗을 수 있었다. 하지만 권위는 빼앗을 수 있는 것이 아니었다.

천황의 권위는 일본 신화에 등장하는 건국신 아마테라스오미카미天照大神의 자손이라는 혈통과 하늘과 땅의 신에게 제사하는 제사장이라는 신성한 전통에서 나오는 것이었다. 그리고 예부터 천황은 신하들에게 성姓을 내렸지만, 천황과 그 일족은 성을 갖지 않았다. 성을 사용하는 자가 성이 없는 천황과 그 일족의 지위를 넘볼 수 없었다. 가마쿠라 막부가 성립한 후에도 권력을 쇼군에게 빼앗긴 천황이 일본 군주의 지위를 유지할 수 있었던 이유였다. 물론 일본 최고의 권력을 쟁취한 자가 군대를 동원하면 천황제를 없앨 수도 있었을 것이다. 그러나 일본의 어떠한 권력자도 뒷감당할 수 없는 모험을 하지 않았다. 천황을 일본의 군주로 받들면서 권력을 행사하는 길을 택했다. 도쿠가와 이에야스도 그런 전례에 따랐다.

무사 정권이 700여 년 동안 일본을 통치하는 동안, 일본의 정치는 두 개의 중심, 즉 신성한 권위이며 군주인 천황과 그에게서 권력을 위임받아 일본을 통치하던 막부의 쇼군이 동시에 존재했던 타원형의 질서였다. 쇼군 권력이 강성하면 천황이 권력에서 소외되어 유명무실한 존재가 될 수밖에 없었지만, 쇼군 권력이 약화하면 천황은 언제라도 정치세력화할 가능성이 항상 존재했다. 그래서 에도 막부를 연 도쿠가와 이에야스가 천황과 귀족을 철저하게 통제했다. 하지만 에도 막부의 권력이 동요하면서 소위 지사志士라는 행동하는 지식인들이 오랫동안 역사의 무대 뒤로 물러났던 천황의 '가치'에 주목하기 시작했다.

천황은 막부의 쇼군이 넘볼 수 없는 권위적 존재였다. 천황이 해라면 쇼군은 달이었다. 해가 뜨면 달이 빛을 잃듯이, 천황이 정치의 전면에 등장하면 쇼군 권력은 신기루처럼 사라질 수밖에 없는 운명이었다. 1853년 6월 미국의 동인도함대 사령관 페리가 네 척의 군함을 이끌고 에도 만江戶湾에 나타난 후, 불과 15년 만에 무위武威를 자랑하던 에도 막부의 쇼군이 역사의 무대에서 사라졌다. 메이지 유신의 연출가들이 천황을 정치의 전면에 내세웠다. 그러자 타원형의 질서가 다시 원형의 질서로 회귀했다. 신성한 권위와 무소불위의 권력을 천황 한 사람에게 집중시킨 근대 천황제가 탄생한 것이다.

CHAPTER2.

다이묘
– 무력에 굴복한 봉건영주

　에도 시대 일본은 다이묘大名라는 영주 가문이 일본 열도를 나누어 다스리던 봉건제 국가였다. 에도 막부를 개설한 도쿠가와 가문은 다이묘 중의 다이묘였다. 다른 다이묘를 압도하는 경제・군사・정치력이 있었다. 에도 막부의 쇼군 가문은 중세 말의 분권적 다이묘 권력과는 차원이 달랐다. 전국 토지의 4분의 1을 지배하는 거대한 다이묘였다. 막강한 경제력을 기반으로 거느리는 군사 수도 많았을 뿐만이 아니라 여러 다이묘 가문의 생사여탈권을 가진 공권력이었다. 막부는 군역軍役 규정을 두어 언제라도 다이묘가 거느리는 군사를 동원할 수 있었다. 다이묘들은 에도 막부의 무위武威에 복종하지 않을 수 없었다. 에도 막부 초기에는 200여 다이묘 가문이 있었으나 19세기 말에는 260여 가문으로 늘어났다. 다이묘 가문은 에도 시대 후기에 번藩으로 일컬어지기 시작했다. 藩은 번병藩屛, 즉 '왕실이나 나라를 수호하는 먼 밖의 병영'이라는 뜻이었다.

번은 신판親藩, 후다이譜代, 도자마外樣로 크게 나누어졌다. 신판은 도쿠가와 이에야스의 혈통을 잇는 가문이었다. 신판 중에서 도쿠가와 이에야스의 아홉째, 열째, 열한째 아들을 각각 시조로 하는 오와리尾張·기이紀伊·미토水戶 가문이 고산케御三家로 불렸다. 18세기 중엽에 다야스田安·히토쓰바시一橋·시미즈淸水 가문이 창설되었다. 이들 가문은 고산쿄御三卿로 불렸다. 고산케와 고산쿄는 쇼군 가문의 혈통이 단절될 경우를 대비하기 위해 창설되었다. 후다이는 대대로 도쿠가와 가문을 섬겼다. 후다이 중에서 가문의 품격이 높은 이이井伊·사카이酒井·도이土井·홋타堀田 가문의 당주가 에도 막부의 수상에 해당하는 로주老中 또는 다이로大老의 지위에 올라 막부의 행정을 총괄했다.

도자마는 원칙적으로 1600년 9월에 일어난 세키가하라関ヶ原 전투 후에 도쿠가와 이에야스에게 복종한 가문을 일컫는다. 영지의 생산량은 다이묘 경제의 기반이었다. 생산량은 석石으로 표시되었다. 다이묘의 정치·사회적 지위는 영지의 생산량을 기준으로 정해졌다. 막부 내에서 가장 지위가 높았던 고산케를 제외하면, 대체로 도자마가 후다이

보다 넓은 영지를 보유했다. 마에다前田 가문이 다스리던 가가번加賀藩(이시카와현·도야마현)이 100여 만 석, 다테伊達 가문이 다스리던 센다이번仙台藩(미야기현·이와테현·후쿠시마현 일부)이 60여 만석이었다. 훗날 막부 타도에 앞장섰던 시마즈島津 가문이 다스리던 사쓰마번薩摩藩(가고시마현·미야자키현 남서부)은 72만여 석, 모리毛利 가문이 다스리던 조슈번長州藩(야마구치현)은 36만여 석이었다.

도쿠가와 이에야스는 세키가하라 전투 때 자기 편에서 싸웠지만, 이전에 도요토미 히데요시에게 충성했던 다이묘 중에서 특히 경계할 필요가 있다고 생각한 도자마들을 에도에서 멀리 떨어진 서부 일본에 집중해 배치했다. 그리고 서부 일본에서 에도로 이어지는 간선도로 연변이나 도자마가 다스리는 영지 주변에 후다이들을 배치하고, 그들에게 도자마를 철저하게 감시하는 임무를 부여했다. 에도 막부는 도자마 다이묘가「무가제법도武家諸法度」를 어기면 가혹한 처벌을 내렸다.

그러나 에도 시대 일본은 봉건제 사회였다. 여러 번은 다이묘가 다스리는 '국가'였다. 막부는 원칙적으로 각 번의 내정에 간섭할 수 없었다. 에도 막부의 다이묘 통제책 중에 참근교대參勤交代라는 제도가 있었다. 다이묘가 쇼군의 거성이 있는 에도에 저택을 마련하고 격년제로 그곳에서 생활하는 제도였다. 그런데 다이묘 저택은 치외법권이 인정되는 특별한 공간이었다. 다이묘 저택에 화재가 발생했을 때나 국법이 엄금한 크리스천이 잠입했을 때 이외에는 막부 권력이 다이묘 저택을 침범

할 수 없었다. 그곳은 치외법권 지역이었기 때문이다. 여러 다이묘 가문, 즉 번이 조그마한 '국가'였다는 것을 알 수 있다.

다이묘는 무력을 앞세운 막부의 통제에 순응할 수밖에 없었지만, 영지를 보유하고 스스로 법을 제정해 영민을 다스렸다. 당연히 경제력이 허락하는 범위 내에서 군사를 거느렸다. 무사 사회에는 다음과 같은 격언이 있었다. "내 주군의 주군은 내 주군이 아니다." 다이묘가 거느린 무사의 충성 대상은 주군인 다이묘였다. "주군의 주군"이라고 할 수 있는 막부의 쇼군이 아니었다. 도쿠가와 가문의 가신에서 다이묘로 출세한 후다이는 쇼군 가문에 대한 충성심이 남달랐겠지만, 후다이의 가신이 쇼군에게 충성할 아무런 이유가 없었다. 원래 도쿠가와 가문의 가신이 아니었던 도자마의 충성심은 상황에 따라 유동적일 수 있었다. 막부도 도자마를 잠재적 범죄자로 취급했다. 그렇다면 도자마의 가신이 막부의 쇼군에게 충성해야 할 이유는 더더욱 없었을 것이다.

세키가하라 전투 때 도요토미 가문 편(서군)에서 도쿠가와 이에야스 편(동군)에 맞섰던 다이묘 가문과 그들이 거느린 무사들은 세월이 지나도 패전의 치욕을 잊지 않았다. 그들은 에도 막부의 무위에 복종하면서 가문의 명맥을 유지할 수밖에 없었다. 하지만 막부의 권력이 약화했을 때, 그들의 군사력은 막부의 숨통을 조이는 무력으로 작용할 가능성이 있었다. 실제로 1600년 9월 세키가하라 전투 때 서군의 총대장을 맡았던 모리 가문, 서군 편에서 동군과 싸우다 전멸에 가까운 패배를 맛본

시마즈 가문이 그로부터 260여 년 후에 힘을 합하여 기어이 에도 막부를 멸망시켰다.

1964년 시바 료타로司馬遼太郎(1923~96)는 마이니치 신문每日新聞에 역사 관련 수필을 게재했다. 그중에 「모리 가문의 비밀의식毛利家の秘密儀式」이라는 글이 있는데, 거기에 다음과 같은 내용이 있다. 조슈번의 무사들은 세키가하라 전투에서 패배한 후 발을 동쪽, 즉 에도 막부가 있는 쪽으로 두고 잤다. 또 모리 가문에서는 신년 하례식 때 당주와 중신 사이에 도쿠가와 가문 '정벌'에 대해 문답하는 비밀 의식이 있었다. 모리 가문은 정월 초하룻날 새벽에 상급 무사들이 모여 작전회의를 열었다. 이때 한 중신이 나서서 당주에게 말했다. "이미 도쿠가와 정벌 준비가 완료되었습니다. 어떻게 할까요?" 당주가 말했다. "아직은 때가 무르익지 않았다." 이러한 의식이 260여 년 동안 매년 되풀이되었다는 것이다. 그러나 이 이야기는 시바 료타로도 글머리에 '전하는 말에 따르면'이라는 단서를 달았듯이, 사실로 확정하려면 더 많은 자료가 필요할 것이다. 필자는 위 이야기가 이노베 시게오井野辺茂雄(1877~1954)의 『막말사연구幕末史の研究』의 일부 내용에 시바 료타로의 상상력이 가미되어 탄생했다고 생각하고 있다.

실제로 에도 막부가 성립하고 260여 년이 지나서도 조슈번 무사들은 도쿠가와 가문에 대항하려는 의식이 있었던 것 같다. 모리 가문은 메이린칸明倫館이라는 학교를 세워 무사의 자제들을 교육했다. 메이린칸은 1849년에 대규모로 확충해 조슈번의 본거지 하기萩(야마구치현 하기시)의 중앙부로 이전했다. 당시 메이린칸에서 야마가타 다이카山県太華(1781~1866)가 가장 권위가 있었다. 그는 막부의 정책에 충실히 따르던 유학자였다. 메이린칸을 이전한 기념으로 야마가타 다이카가 글을 써서 새긴 비문이 관내에 세워졌다. 그런데 누군가 그 비문 중 세 글자를 징으로 쪼아서 형체를 알 수 없게 한 사건이 일어났다. 그 세 글자는 "奉幕命", 즉 "막부의 명을 받들어"라는 구절이었다. '범인'은 메이린칸의 학생일 것으로 추정되었지만, 모리 가문은 범인을 색출하지 않았다. 그 비석은 지금도 메이린칸의 옛터 메이린 소학교明倫小学校 교정에 그대로 남아 있다.

메이린칸

규슈九州 남부의 사쓰마번을 지배하던 시마즈 가문은 가마쿠라 시대 이래의 명문이었다. 시마즈 가문 역시 세키가하라 전투 때 도쿠가와 이에야스에 맞섰으나 대패했다. 총대장 시마즈 요시히로島津義広(1535~1619)가 겨우 80여 명의 군사를 거느리고 탈출할 수 있었다. 세키가하라 전투 후에 다이묘들이 이에야스에게 충성을 서약했지만, 시마즈 가문은 끝내 이에야스에게 복종하지 않았다. 그 무렵 이에야스는 막부 창립 준비에 여념이 없었다. 그러나 시마즈 가문이 복종하지 않는 상황에서 이에야스가 막부를 열고 정이대장군에 취임할 수 없었다. 1602년 4월 이에야스는 시마즈 가문의 영지를 조금도 몰수하지 않고 예부터 지배하던 사쓰마·오즈미大隅와 휴가日向 일부의 지배권을 인정하지 않을 수 없었다. 그러자 시마즈 요시히로가 아들 시마즈 타다쓰네島津忠恒(1576~1638)를 이에야스에게 보내 항복하는 예의를 갖추도록 했다. 이에야스는 시마즈 가문과 '화해'한 후에야 비로소 막부를 열고 정이대장군에 취임할 수 있었다. 1603년 2월이었다.

사쓰마번은 도쿠가와 이에야스의 관대한 처분 덕분에 영지를 온전히 보존할 수 있었다. 상식적으로 보았을 때, 시마즈 가문의 당주와 가신들은 에도 막부의 도쿠가와 가문에 감사해야 마땅할 것이다. 원한을 품을 이유가 전혀 없는 듯이 보였다. 그러나 세키가하라 전투가 일어난 음력 9월 15일이 되면 가고시마鹿児島의 장년 무사들이 부대를 편성해 수십 리 떨어진 곳에 있는 시마즈 요시히로의 묘소까지 달려가서 참배했다. 그날 전투에서 대패한 울분과 수치를 잊지 않겠다고 다짐하는 연

례행사였다. 이러한 행사는 에도 막부가 멸망할 때까지 이어졌다. 사쓰마번 무사의 근성이 얼마나 끈질겼는지 알 수 있다.

CHAPTER 3.

쇄국
– 주객전도한 대외정책

1543년 8월 포르투갈 상인이 탄 상선이 규슈 남쪽에 있는 다네가시마種子島 섬에 표착하면서 뎃포鉄砲, 즉 화승총이 전래했다. 그 후 포르투갈, 스페인, 영국, 네덜란드 등의 상선이 일본을 오가며 무역했다. 그런데 가톨릭국가 포르투갈과 스페인의 무역선에는 항상 선교사가 승선했고, 그들이 상선의 입항지를 결정하는 권한을 행사했다. 선교사는 크리스트교 전도를 허락하는 다이묘가 지배하는 지역의 항구에 배를 대도록 지시했다. 선교사들의 적극적인 전교로 크리스트교는 짧은 기간 내에 급성장했다. 그러자 크리스천의 급증에 위기감을 느낀 도요토미 히데요시豊臣秀吉(1537~98)가 크리스트교 금지령을 내렸다.

도요토미 히데요시가 사망한 후, 일본의 최고 실력자가 된 도쿠가와 이에야스는 크리스트교를 적극적으로 탄압하지 않았다. 1603년 2월 이에야스가 에도 막부를 세운 후에도 한동안 크리스트교를 묵인했다. 그러나 이에야스는 자신의 측근 중에도 크리스천이 있다는 사실이 드러나자 두려움을 느꼈다. 1612년 3월부터 크리스트교를 탄압하기 시작했다. 교토의 교회당이 파괴되고 많은 크리스천이 체포되었다. 1614년 1월부터 교토를 비롯한 대도시에서 대대적인 크리스트교 박해가 시작되었다.

도쿠가와 이에야스가 사망한 후 크리스트교 탄압이 강화되었다. 1616년 8월 에도 막부의 2대 쇼군 도쿠가와 히데타다德川秀忠(재위:1605~23)가 다시 엄격한 크리스트교 금지령을 내렸다. 1623년 7월에 막부의 3대 쇼군에 취임한 도쿠가와 이에미쓰德川家光(재위:1623~51)는 크리스트교를 더욱 철저하게 탄압했다. 그는 크리스트교가 일본에 뿌리를 내리지 못하게 할 목적으로 잇달아 강도 높은 쇄국령을 내렸다. 크리스천 수십 명이 필리핀의 여러 섬으로 추방되었다. 일본의 선박이 해외로 출항하는 것을 엄금했다. 해외에 거주하는 일본인의 귀국도 금지했다.

포르투갈은 크리스트교 전파 의지가 남달랐던 나라였다. 에도 막부가 잇달아 금교령을 내리며 크리스트교를 탄압하는 중에도 선교사를 일본으로 잠입시켰다. 쇼군 이에미쓰는 법도를 무시하는 포르투갈의 태도에 분노했다. 1639년 8월 막부는 내항한 포르투갈 선박을 추방했다. 1640년 6월 포르투갈이 다시 무역의 재개를 탄원하는 사절을 일본에 보냈다. 막부는 포르투갈 사절이 타고 온 선박을 불태우고 승무원 61명을 사형에 처했다. 그 후 막부는 유럽 국가 중에서 오직 네덜란드만이 일본과 교역할 수 있도록 허용했다.

에도 막부는 규슈의 나가사키長崎(나가사키현 나가사키시)를 막부의 직할령으로 삼고, 그곳에 관리를 보내 교역 업무를 처리하도록 했다. 이때부터 규슈의 나가사키가 일본의 유일한 대외 교역 창구가 되었다. 1641년 4월 막부는 그동안 히라도平戶(나가사키현 히라도시)에 있던 네덜란드 상관을 나가사키로 이전하라고 명령했다. 한 달 후에 히라도의 네덜란드 상인이 모두 나가사키로 이주했다. 막부는 나가사키 앞바다에 데지마出島라는 인공 섬을 조성했다. 데지마의 면적은 3,000여 평이었다. 막부는 그곳에 네덜란드 상관을 설치했다. 네덜란드 상인만이 데지마에 거주할 수 있었다. 일본인은 관리의 허가 없이 데지마에 출입할 수 없었다. 막부의 쇄국체제가 완성되었다.

그러나 일본은 사방이 바다로 둘러싸인 섬나라였다. 선박 건조기술과 항해술이 발달하고, 서양 여러 나라가 극동으로 진출할 수 있는 여건이 조성되면 서양의 상선이나 군함이 일본 열도 근해를 항해하는 날이 오는 것은 너무도 당연한 일이었다. 서양 상선이나 군함이 항해하다가 연료나 식수가 떨어지거나 기상이 악화해 항해할 수 없으면 가까운 땅에 상륙해 도움을 요청하는 일이 일어나는 것이 자연스러운 일이었다. 그런 일은 에도 막부의 쇄국 의지로 막을 수 있는 것이 아니었다.

18세기 초에 러시아가 시베리아를 횡단해 태평양에 접한 곳에 이르러 블라디보스토크를 건설했다. 홋카이도北海道와 러시아는 소야宗谷해협을 사이에 두고 있었다. 18세기 말 일본인들은 홋카이도를 에조치蝦夷地라고 불렀다. 당시 광대한 에조치의 대부분은 아이누 민족의 거주지였다. 1604년 1월에 도쿠가와 이에야스가 마쓰마에번松前藩(홋카이도 마쓰마에군)에 아이누 민족과 교역할 수 있는 권한을 주었다. 그 후 마쓰마에번이 홋카이도 남단의 일부 지역을 지배했다. 블라디보스토크가 번영하면서 러시아인들이 일본 근해까지 진출해 고기를 잡았다. 러시아인이 일본인과 접촉하는 기회가 많아졌다. 1778년 6월 러시아 선박이 앗케시厚岸(홋카이도 구시로시釧路市)에 나타나 마쓰마에번에 통상을 요구했다. 그러나 마쓰마에번은 러시아의 요청을 거절했다.

1792년 9월 러시아가 락스만A. K. Laksman을 일본에 파견해 통상을 요구했다. 에도 막부는 러시아의 요구에 응하지 않았다. 하지만 막부는 러시아 사절과 접촉하면서 국제정세를 직시하고 해안방위의 필요성을 절감했다. 특히 에도 만 일대와 동북 지방 해안 방어가 막부 정치의 중요한 과제가 되었다. 1793년 3월 막부의 행정을 총괄하던 마쓰다이라

사다노부松平定信(1759~1629)가 에도 만 일대 해안을 직접 답사하는 한편, 관리를 보내 해안방위 실태를 점검했다. 사다노부는 에도 만 여러 곳에 방어진지를 구축할 계획을 세웠다. 규슈의 여러 다이묘에게 해안방위 체제를 점검하라고 명령했다.

1804년 9월 나가사키 앞바다에 러시아 군함 두 척이 모습을 드러냈다. 그 군함에는 일본과 통상조약을 맺기 위해 러시아가 일본에 파견한 전권대사 레자노프N. P. Lezanov가 승선하고 있었다. 나가사키에 입항한 레자노프는 러시아 황제의 국서를 막부에 전달했다. 하지만 막부는 레자노프에게 러시아와 통상할 수 없다고 통고했다. 막부가 러시아와 통상하기 위해서 쇄국정책의 근본을 훼손할 수 없다는 이유였다. 레자노프가 조용히 귀국했다.

1808년 8월 15일 아침 네덜란드 국기를 단 선박 한 척이 나가사키 항으로 들어왔다. 막부의 관리는 네덜란드 상관원과 함께 배를 타고 그 선박에 접근했다. 입항 절차를 밟기 위해서였다. 그런데 갑자기 선박의 승무원들이 막부 관리가 탄 배를 습격하고 네덜란드 상관원을 납치했다. 그 선박은 네덜란드 배가 아니라 영국의 동인도함대 소속 페이튼 호였다. 영국인이 네덜란드 상선을 탈취하기 위해 나가사키 항으로 진입한 것이었다.

나가사키부교 마쓰다이라 야스히데松平康英(1768~1808)가 군사를 동원해 페이튼 호를 공격하려고 했으나 효과적으로 대응할 수 없었다. 규슈의 여러 다이묘에게 구원을 요청했으나 원병이 올 때까지 시간이 걸렸다. 그동안 페이튼 호 승무원들은 유유히 보트를 타고 나가사키 항구를 측량하고, 식량과 식수를 보충하고서야 납치한 네덜란드 상관원을 풀어주었다. 페이튼 호가 출항한 것은 8월 17일 밤이었다. 나가사키 방어책임을 다하지 못한 마쓰다이라 야스히데는 장문의 유서를 남기고 자결했다.

영국 배가 일본 근해에 나타난 것은 페이튼 호가 처음이 아니었다. 18세기 말부터 영국 군함이 홋카이도 근해에 여러 번 출몰한 적이 있었다. 당시 영국 군함은 홋카이도 근해를 측량하고 탐험하는 것이 목적이었기에 큰 문제가 일어나지 않았다. 그러나 페이튼 호는 공공연하게 나가사키에 입항해 에도 막부의 방어 체계를 무력화시켰다. 일본인의 영국에 대한 감정이 매우 악화했다. 막부는 해안 초소를 늘리고 순찰을 강화했다.

일본 근해에 접근한 것은 영국의 선박만이 아니었다. 19세기에 들어서면서 미국의 선박도 일본 근해에 자주 나타났다. 영국에서 독립한 미국은 중국과의 무역을 모색하기 시작했다. 미국 상인은 인디언에게서 모피를 사들여 그것을 중국에 팔고, 중국에서 차와 도자기를 구매했다. 하와이가 중요한 중계무역 거점이 되었다. 미국이 하와이에 외교관을 상주시켰다. 18세기 말부터 중국 무역에 종사하는 미국 상선이 네덜란드 국기를 달고 거의 매년 나가사키에 입항했다.

　미국의 상선뿐만 아니라 포경선도 태평양에서 조업했다. 고래기름은 등잔불이나 양초의 원료로 사용되었을 뿐만 아니라 비누를 만드는 재료이기도 했다. 석유가 상품화되기 이전에는 고래기름이 산업과 생활의 필수품이었다. 독립전쟁 전에는 미국의 포경선이 주로 북대서양에서 활동했으나 19세기 초부터 일본 열도에서 가까운 태평양이 주요 어장이 되었고, 미국 포경산업이 호황기를 맞이했다. 영국 포경선도 이곳에 나타나 조업했다. 포경선과 물물교환을 하는 일본인이 늘어났다.

　미국의 포경업계는 일본이 표류민을 보호하고 포경선의 필수품 보급 기지 역할을 해주기를 기대했다. 그러나 쇄국정책을 고수하던 에도 막부는 일본인이 외국 선원과 접촉하는 것을 금했다. 1825년 2월 막부는 일본 해안에 접근하는 외국선을 무조건 격퇴하라는 명령을 내렸다. 거기에는 상륙한 외국인은 생포 또는 죽여도 무방하다는 내용이 포함되어 있다. 1837년 6월 미국의 모리슨 호가 일본인 표류민을 데리고 에도 만에 나타났다. 해안 수비대는 막부의 방침에 따라 모리슨 호에 포격을 가했다. 모리슨 호는 할 수 없이 물러가 이번에는 가고시마鹿兒島 해안에 나타났다. 그러나 그곳에서도 포격을 받고 그대로 돌아가지 않을 수 없었다.

　1839년 11월 중국의 광둥廣東에서 영국 군함이 중국 선박에 포격을 가했다. 아편전쟁이 일어났다. 1842년 8월 전쟁에서 승리한 영국은 청국에 배상금을 강요하고, 홍콩을 빼앗고, 광둥에서 상하이上海에 이르는 중국 동남부 해안 다섯 항구의 개항을 요구했다. 청국은 개항한 항구에 대한 영사재판권과 일방적인 최혜국대우를 인정하는 수모를 당했다. 이 소식을 들은 막부 관리들은 귀를 의심했다. 영국이 보낸 군함 몇 척이 쏘는 대포에 청국이 맥없이 무너졌다는 사실을 믿고 싶지 않았다. 하지만 그것은 엄연한 현실이었다.

막부는 즉시 외국선 격퇴 방침을 완화했다. 강경한 대응이 자칫 큰 전쟁으로 비화할 수도 있다고 판단했다. 종래는 외국선이 일본에 접근하면 무조건 대포를 쏘아 내쫓았는데, 이번에는 외국선이 접근하면 일단 연료와 식수를 제공하고, 쇄국이 막부의 방침이라는 것을 친절히 설명한 다음 물러가게 하라고 명령했다. 그리고 막부는 은밀히 국방 대책을 마련하기 시작했다. 서양식 포술을 도입하고, 에도 인근을 다스리는 다이묘나 관리들에게 해변 순시를 강화하라고 명령했다. 해안에 포대를 설치하기도 했다.

1844년 7월 네덜란드 국왕 윌리엄 2세가 막부에 친서를 보냈다. 윌리엄 2세는 막부의 쇼군에게 개국·통상을 권고했다. 윌리엄 2세는 먼저 아편전쟁의 원인과 그 결과를 설명하고, 일본이 청국의 전철을 밟지 말라고 충고했다. 외국선 격퇴 방침 완화 조치는 적절했다고 평가하고, 나아가 일본이 세계 각국과 교역하는 것이 유리하다고 말했다. 하지만 에도 막부는 윌리엄 2세의 권고를 받아들이지 않았다. 쇄국은 에도 막부의 조법祖法이었다. 당시 막부의 12대 쇼군 도쿠가와 이에요시德川家慶(재위:1837~53)는 조법을 폐기할 용기를 내지 못했다.

1849년 윤4월 영국 군함이 에도 앞바다에 나타나 에도 만을 측량한 후 시모다下田(시즈오카현 시모다시)에 상륙했다. 막부는 에가와 히데타쓰江川英龍(1801~55)를 보내 조속히 물러나라고 요구했다. 막부는 국제정세가 심상찮게 돌아가고 있는 것을 알고 있었지만, 막상 영국 군함이 에도 만에 모습을 드러내자 당황했다. 고메이 천황孝明天皇(1831~67/재위:1846~67)도 서양의 동아시아 침략이 우려스러운 상황이라고 인식했다. 두 차례에 걸쳐서 해안을 엄중하게 방위하라는 칙서를 내렸다. 그러자 일본의 지식인들이 대외 문제를 공공연하게 논의하기 시작했다. 그들은 아편전쟁에서 청국이 영국에게 패배한 것, 인도가 영국의 식민지가 된 것을 심각하게 받아들이고 있었다.

그 무렵 미국 정부가 일본을 개국시키는 방안을 논의하기 시작했다. 무역과 포경업을 위한 기지를 확보하기 위해서였다. 미국 포경선은 이미 북태평양과 일본 근해를 오가며 고래를 잡고 있었다. 중국을 왕래하는 상선이 일본 근해를 지나갔다. 미국 배는 일본에 들러 식수와 식량을 보급받으려고 했다. 증기선이 늘어나면서 연료 보급 기지가 필요해졌다. 그런데 일본이 스스로 항구를 개방할 가능성이 없어 보였다. 미국은 강제로라도 일본을 개항시킨다는 방침을 정했다. 일본의 강제 개국이 초읽기에 들어갔다.

제2부

흔들리는 에도 막부

CHAPTER 1.

확산하는 존왕론

    18세기 중엽에 천황을 숭앙하는 기운이 일어났다. 존왕론尊王論은 고대적 권위에 근거해 천황을 군신 관계의 최고 정점으로 존숭하는 사상이었다. 에도 시대에 유학적 명분론과 결합해 봉건적 신분제를 유지하기 위한 이데올로기 역할을 했다. 신분 질서와 정치 질서의 유지가 절실했던 막부는 존왕론을 선별적으로 수용하지 않을 수 없었다. 유학자 아라이 하쿠세키新井白石(1657~1725)와 오규 소라이荻生徂徠(1666~1728)는 도쿠가와 정권의 안정을 위해서 천황을 받들어야 한다고 주장했다. 막부의 쇼군이 천황을 받들면 여러 다이묘도 쇼군을 받들 것이라고 믿었다.

천황이야말로 일본의 진정한 통치자라고 주장하는 존왕론도 있었다. 일찍이 미토번水戶藩(이바라키현 중·북부) 번주 도쿠가와 미쓰쿠니德川光圀(1628~1700)의 명령으로 시작된 『다이니혼시大日本史』 편찬사업 과정에서 존왕 사상이 제기되었고, 주자학자 야마자키 안사이山崎闇齋(1618~82)는 천황을 받들고 막부를 배척해야 한다고 주장하기도 했다. 야마자키 학파에 속하는 아사미 게이사이浅見絅齋(1652~1711)는 『세이켄이겐靖獻遺言』을 저술했다. 이 책은 중국 초나라의 굴원에서 명나라의 방효유에 이르기까지 충신 여덟 명의 글과 약전, 그리고 일본의 충신·의사의 행장을 정리한 것이었다. 여기에서 아사미는 천황에게 충성하는 것만이 대의라는 존왕척패 사상을 구체적으로 제시했다. 18세기 후반에 이르러 존왕론이 정치적 사건으로 비화했다.

18세기 후반에 접어들면서 조정의 공가公家, 즉 귀족 사회의 신분 질서가 이완되었다. 하극상 사건이 빈발했고, 무엇보다도 귀족의 근무 태도가 문란했다. 귀족이 근무 중에 관청에서 악기를 연주하거나 무료함을 달래기 위해 스모相撲, 즉 일본의 씨름판을 벌이며 놀고 심지어 음주하는 사례가 자주 적발되었다. 조정은 근무 태도가 성실한 자를 포상하고, 불량한 자는 승진을 보류하는 신상필벌 정책을 취했으나 효과를 거두지 못했다.

귀족의 근무 태도보다도 심각했던 것은 그들의 궁핍한 생활 문제였다. 귀족 중에서 가장 지위가 높았던 고노에近衛 가문의 경제력은 2,800석 정도였다. 170여 귀족 가문 중 70여 가문의 경제력이 300석에서 200석 내외였다. 그들이 생활하기 위해서는 겨우 명맥을 유지해 온 전통적 가격家格과 품위에 의지하는 수밖에 없었다. 귀족은 다이묘 가문과 혼인을 맺거나 각종 예능의 종가로서 면허를 발급하는 대가로 돈을 받아 생활했다. 하급 귀족들은 화투, 상자, 우산 등과 같은 수공업 제품을 만들어 팔아서 생계를 유지했다.

18세기 중엽, 무기력한 조정에 바람을 불어넣는 일이 일어났다. 교토에서 일어난 호레키宝暦 사건이었다. 이 사건의 중심인물은 다케우치 시키부竹內式部(1712~68)였다. 그는 열여덟 살이 되었을 무렵에 교토로 와서 야마자키 안사이의 스이카 신도垂加神道와 유학을 배운 후 사숙을 열었다. 그의 사숙에서 모모조노 천황桃園天皇(1741~62/재위:1747~62)의 측근을 비롯한 귀족의 자제들이 공부했다.

다케우치 시키부는 제자들에게 유학 서적 외에 『니혼쇼키日本書紀』의 신대권神代卷, 아사미 게이사이의 저서 등을 교재로 사용하며 명분론과 존왕론을 고취했다. 다케우치는 세상 사람들이 "쇼군이 있는 것은 알고 천황이 있는 것을 알지 못한다."라고 개탄했다. 천황을 존숭하는 그의 강의는 오랫동안 무사 정권에 불만을 품고 있었던 귀족 자제들의 마음을 사로잡았다. 귀족 자제 중에 막부를 타도하기 위해 병법을 배우는 자도 있었고, 근무 중에도 짬을 내어 검술을 연마하는 자가 늘어났다. 1756년 6월 이러한 사실이 막부에 알려지는 것을 염려한 조정은 귀족이 무술을 연마하는 것을 금지했다.

다케우치 시키부의 강의를 들은 모모조노 천황의 측근들이 교대로 『니혼쇼키』의 신대권을 진강進講하기 시작했다. 그중에는 막부를 타도하자고 주장하는 자도 있었다. 1757년 8월 조정이 다케우치 시키부 학설을 모모조노 천황에게 진강하는 일을 중지시켰다. 그러나 모모조노 천황의 수강 의지가 강력했다. 그러자 조정은 다케우치 시키부 일파를 파면하고, 막부에 다케우치의 처분을 의뢰했다. 1758년 7월 막부는 다케우치 시키부를 추방형에 처했다.

1767년 8월 야마가타 다이니山県大弐(1725~67)의 메이와明和 사건이 일어났다. 야마가타 다이니는 신도, 유학, 군사학, 일본 고전 등을 폭넓게 배우고, 1756년경에 에도에서 사숙을 열어 유학과 군사학을 가르쳤다. 그의 이름이 널리 알려졌다. 야마가타에게 배운 무사와 승려가 1,000여 명에 달했다. 그런데 야마가타가 강의 중에 막부의 정치를 비판했다고 밀고하는 자가 있었다. 1767년 12월 막부는 야마가타와 그의 제자 후지이 우몬藤井右門(1720~67)을 체포했다. 막부는 야마가타에게 사형, 후지이에게 옥문獄門, 즉 사형시킨 후에 효수하는 형에 처했다. 다케우치 시키부도 다시 체포되어 섬으로 유배되던 중에 사망했다.

야마가타 다이니는 『류시신론柳子新論』을 저술해 존왕론을 펼쳤다. 그는 다음과 같이 주장했다. "하늘에 태양이 하나 있듯이 백성에게 군주도 하나이어야 마땅한데, 일본에는 조정과 막부가 나란히 존재한다. 명분을 좇는 자는 조정을 따르고, 이익을 좇는 자는 막부를 따른다. 명분과 실리, 위세와 권세가 일치하지 않는다." "정권이 막부로 이동한 지 500여 년, 사람들은 오로지 무를 숭상하는 것을 알고 문을 숭상하는 것을 모른다." "이런 때에 영웅호걸이 출현하고, 충신지용의 무사가 천하를 선동한다면, 주린 자가 밥을 찾듯이, 목마른 자가 물을 찾듯이 모여들 것이니, 그 세력을 막을 수 없을 것이다. 그러면 정권을 타도하는 것이 어렵지 않을 것이다." 야마가타의 존왕론은 막부 타도론을 내포하고 있었다.

18세기 말 고즈케上野의 닛타군新田郡(군마현 오타시)에서 태어난 다카야마 히코쿠로高山彦九郎(1747~93)는 일찍부터 천황을 존숭했다. 그가 교토에 머물 때는 매일 천황 궁전이 있는 쪽을 향해서 절을 했다고 한다. 다카야마는 일본 각지를 여행하면서 존왕 사상을 전파했다. 그가 평생 여행하면서 생활할 수 있었던 것은 당시 지식인들이 그에게 강의를 청하고 숙식을 제공했기 때문이다. 그는 1789년 2월에 일어난 존호尊号 사건의 처리 과정을 지켜보고, 천황이 막부의 권세에 굴복할 수밖에 없는 현실을 비관해 자살했다.

시모쓰케下野의 우쓰노미야宇都宮(도치기현 우쓰노미야시)에서 태어난 유

1. 확산하는 존왕론 51

학자 가모 군페이蒲生君平(1768~1813)는 역대 천황릉이 황폐한 채 방치되고 있는 현실을 탄식하면서 『산료시山陵志』를 저술했다. 그는 고대 일본의 독특한 왕릉 형태를 전방후원분前方後圓墳이라고 명명하기도 했다. 그는 생애의 대부분을 역대 천황릉을 답사하면서 보냈고, 천황릉을 잘 돌보아 천황의 권위를 회복해야 한다고 주장했다. 가모 군페이 사상의 근본을 형성했던 국체 사상은 훗날 미토학水戶学 학자들에 의해 체계화되었다.

후기 미토학은 존왕론이 막말에 양이론攘夷論과 결부되어서 정치운동으로 발전하는 데 결정적인 역할을 했다. 후기 미토학은 후지타 유코쿠藤田幽谷(1774~1826)와 그의 제자 아이자와 야스시会沢安(1782~1863)가 완성했다. 후지타는 당시 막부의 다이로大老 지위에 있던 마쓰다이라 사다노부를 위해 쓴 『세이메이론正名論』에서 다음과 같이 말했다. "쇼군이 천황을 받들면 여러 다이묘는 쇼군을 받들고, 차례로 각 번의 가신은 다이묘를 받들 것이다. 상하 질서가 안정되면 국내의 평화가 유지된다." 그는 천황의 효용성에 주목했다. 아이자와는 그의 저서 『신론新論』에서 천황은 일본인 통합의 핵이라는 설을 전개했다. 그 내용 중에 과격한 존왕양이尊王攘夷, 즉 천황을 받들고 외세에 맞서야 한다는 사상이 포함되어 있었기 때문에 출판이 금지되었다.

신도神道 중에서도 특히 스이카 신도는 천황이 일본 신화에 등장하는 아마테라스오미카미天照大神의 자손이라고 주장했다. 스이카 신도의 가르침을 신봉했던 국학자 히라타 아쓰타네平田篤胤(1776~1843)와 그 문하생들이 존왕 사상을 전파했다. 역사학자 라이 산요賴山陽(1780~1832)는 『니혼가이시日本外史』를 비롯한 저서에서 존왕 사상을 강조했다. 여러 분야에서 학문적인 발전에 힘입어 존왕 사상이 일본 전역으로 널리 퍼졌다.

존왕 사상이 확산하면서 대정위임론이 주목되었다. 막부 쇼군의 통치권은 천황이 위임한 것이라는 대정위임론은 일찍이 유학자나 국학자에 의해 제기되었다. 대정위임론의 전제는 아무리 에도 막부의 쇼군이 실권을 행사해도 일본을 통치하는 권한은 군주인 천황에게 있다는 논리였다. 국학자 모토오리 노리나가本居宣長(1730~1801)는 1787년 12월에 집필한 『다마쿠시게玉くしげ』에서 다음과 같이 설명했다. "천하의 정치는 조정의 위임에 따라 도쿠가와 이에야스와 그 자손인 역대 쇼군이 시행하고, 쇼군은 그 정치를 다시 다이묘에게 위임한 것이다. 천황이 국토와 국민을 쇼군에게 맡겼으므로, 국토와 국민은 쇼군과 다이묘의 사유물이 아니다." 대정위임론은 만약에 쇼군과 다이묘가 정치를 잘못한다면, 군주인 천황이 언제든지 통치권을 회수할 수 있다는 논리로 발전할 수 있었다.

CHAPTER 2.

서세동점과 고조되는 위기의식

　에도 막부의 직할령이며 서양과 통하는 일본의 대외 교류 창구 나가사키의 데지마出島에는 네덜란드 상관의 직원들이 상주했다. 서양의 역사, 문화, 의학, 과학, 항해술 등 수준 높은 지식이 그들을 통해 일본에 전해졌다. 유학자이며 정치가였던 아라이 하쿠세키, 천문학자 니시카와 마사요시西川正休(1693~1756) 등과 같은 18세기 전기의 지식인들은 이미 서양 학문에 조예가 깊었다. 그들의 영향을 받은 18세기 말의 지식인들도 다양한 분야의 서양 지식을 공유했다. 그들은 러시아 선박의 일본 연안 항해에 민감하게 반응했다.

1781년 센다이번 출신 의사 구도 헤이스케工藤平助(1734~1800)는 『아카에조후세쓰코赤蝦夷風説考』를 저술해 러시아가 일본을 침략할 가능성이 있다고 경고했다. 구도는 그 책을 막부의 실권자였던 다누마 오키쓰구田沼意次(1719~88)에게 헌상했다. 때마침 실리적인 정책을 추진하던 오키쓰구는 1785년 2월에 모가미 도쿠나이最上德內(1754~1836)를 비롯한 조사단을 홋카이도로 보내 실태를 조사하도록 했다.

하야시 시헤이林子平(1738~93)는 구도 헤이스케와 교류하면서 군사에 관한 지식을 쌓았다. 하야시는 1787년에 『산고쿠쓰란즈세쓰三国通覽図説』, 1791년에 『가이코쿠헤이단海国兵談』을 잇달아 출간했다. 하야시는 『海国兵談』 서문에서 일본을 "땅을 맞댄 이웃 나라가 없이 사방이 모두 바다로 둘러싸인 해국海國"이라고 정의하면서 다음과 같이 말했다. "적이 오기 쉽다고 하는 것은 함선을 타고 순풍을 타면 이삼백 리 먼 바닷길도 하루 이틀이면 올 수 있다는 말이다. 이같이 내항하기 쉬워서 방비하지 않는다면 어려움에 직면할 수 있다." "일본의 무비武備는 적을 방어하는 방법을 찾는 것을 당면한 급무로 해야 할 것이다."

하야시 시헤이는 러시아의 남하에 대해서도 경계심을 늦추지 않았다. "최근에 유럽에서 무스카비아莫斯哥未亞, 즉 러시아에 맞설 세력이 없다. 그래서 러시아는 달단韃靼, 즉 청나라 동북 지역(만주)을 침략하고 요즈음에는 실위室韋, 즉 시베리아 지역을 차지하더니 동쪽 끝 캄차카 지역까지 점령했다. 그곳에서 동쪽으로는 더 이상 차지할 땅이 없다. 그래서 다시 서쪽으로 눈을 돌려 에조치 동쪽에 있는 섬 지시마千島를 손에 넣으려는 움직임이 있다고 한다."

어려서부터 수재로 이름을 날렸던 후지타 유코쿠藤田幽谷라는 청년이 열다섯 살의 나이에 쇼코칸彰考館의 정식 관원이 되었다. 쇼코칸은 미토번의 번주가 설립한 역사편찬소였다. 1791년에 열일곱 살이 된 청년 지식인 후지타는 미토번의 6대 번주 도쿠가와 하루모리德川治保(1751~1805)에게 시국에 관한 의견서를 올렸다. 거기에 다음과 같은 내용이 있었다. "북방에는 러시아라는 교활한 나라가 있어 일본을 넘보며 항상 남하를 꾀하고 있습니다. 그러나 안타깝게도 우물 안 개구리와 같은 일본인들은 러시아인의 원대한 생각에 미치지 못하고 있습니다."

에도 막부가 설립한 대학 쇼헤이코昌平黌의 관원 고가 세이리古賀精里(1750~1817)가 11대 쇼군 도쿠가와 이에나리德川家齊(재위:1787~1837)에게 외교와 안보에 관한 건의서 형식의 상소문을 올렸다. 1809년이었다. 그는 먼저 러시아의 대외 정책에 관해 다음과 같이 말했다. "(러시아는) 처음부터 군사력으로 제압하지 않고 먼저 부드럽게 사절을 보내 교류를 요청했습니다. 만약에 듣지 않으면 국경을 침략해 위협했습니다. 그래도 통하지 않으면 상대를 정복했습니다." 고가는 러시아의 성능이 뛰어난 무기와 거대한 함선에 주목했다. "러시아는 오로지 총을 사용하는데 그 성능이 다른 나라보다 뛰어나다고 합니다. 큰 것은 능히 수십 리를 날아가 한 발에 수십 명의 적을 쓰러뜨릴 수 있습니다." "러시아 함선은 구름이나 해보다 높고 쇠나 돌보다 견고합니다. 사방에 화포가 배치되어 방어하고 있습니다."

1825년 봄 후지타 유코쿠의 제자 아이자와 야스시가 『신론新論』을 탈고했다. 이 책은 당시 미토번 번주였던 도쿠가와 나리노부德川斉脩 (1797~1829)에게 상주하기 위한 목적으로 저술했다. 그러나 당시로서는 매우 민감한 존왕론과 국방에 관해 논한 것이어서 출판이 금지되었다. 『新論』은 1857년이 되어서야 정식으로 출판될 수 있었다. 아이자와의 사상은 『新論』의 맨 앞에서 논술한 국체론国体論, 즉 천황을 받드는 국가체제의 우수성을 강조하는 일본주의에 농축되어 있었다. 그의 주장은 존왕양이 사상에 초점이 맞춰져 있었다.

아이자와 야스시는 러시아의 일본 침략을 우려했다. "지금 러시아는 매우 강성한 나라이니 청나라를 침략할 것이다. 그러나 청나라가 아직 강성하니 쉽지는 않을 것이다. 그래서 (러시아가) 신슈神州(일본)를 넘보는 것이다." 그의 러시아 위협론은 하야시 시헤이와 고가 세이리의 주장과 유사한 면이 있었으나 서양 각국의 동향을 상세하게 분석하고 있다는 점이 다르다고 할 수 있다. 아이자와는 러시아뿐만 아니라 프랑스, 스페인, 영국 등의 움직임에도 주의를 기울였다. 그는 프랑스를 비롯한 여러 나라가 남해南海, 즉 태평양에 산재한 여러 섬을 차지하고 있는 사실에 주목했다. 그는 서양 여러 나라도 곧 러시아처럼 일본에 접근할 것인데, 그에 대비해 규모가 큰 함선을 건조하는 등 국방에 힘써야 한다고 역설했다.

러시아의 등장은 일본의 지식인들이 에도 막부가 조법으로 정한 쇄국이라는 '울타리'에 대해 깊이 생각하는 계기가 되었다. 위기의식이 높아지면서 막부의 관료들은 더욱 폐쇄적인 태도를 취했고, 외국선에 대한 대응도 더욱 강경해졌다. 하지만 지식인들은 쇄국이 일본의 발전에 걸림돌이 될 뿐이라고 인식하게 되었다. 그들은 쇄국체제를 비판하기 시작했다. 위기를 정면 돌파해 오히려 해외로 진출해야 한다고 주장하는 자들이 나타났다. 경제적인 진출을 넘어 이웃 나라를 침략해 세력을 넓혀야 한다고 주장하는 자들도 있었다.

에치고越後(니가타현)의 수학자이며 경세가였던 혼다 도시아키本多利明(1743~1821)는 『세이이키모노가타리西域物語』·『게이세이히사쿠経世秘策』 등의 책을 써서 서양 여러 나라의 정세를 소개했다. 그는 서양이 강성한 것은 해외무역에 적극적이기 때문이라고 말했다. 러시아의 남하에 대비하기 위해서 사할린 서쪽으로 진출해 중국의 동북 지역 사람들과 교역해야 한다고 주장했다. 일본이 캄차카로 진출해 교역권을 장악한다면 러시아의 일본 침략을 저지할 수 있을 뿐만이 아니라, 영국과 같은 해양 국가가 될 수 있다고 역설했다. 해외로 진출하기 위해서는 먼저 국내의 상공업을 장려하고 해운업을 육성해야 한다고 주장했다.

그는 다음과 같이 말했다. "일본의 힘만으로는 국민이 노곤해 대업을 이룰 수 없다. 외국의 힘을 끌어들여 추진한다면 어떠한 대업이라도 성취되지 않는 일이 없을 것이다." 그는 막부가 앞장서서 해외무역을 적극적으로 추진하라고 말했다. "일본은 해국海國이기 때문에 지도자가 마땅히 바다를 건너서 운송하고 교역하는 일을 해야 할 것이다."

고가 세이리의 아들이며 유학자였던 고가 도안古賀侗庵(1788~1847)도 해외로 진출하자고 주장했다. 1838년에 『가이보오쿠소쿠海防臆測』를 탈고했는데, 그는 이 책에서 다음과 같이 주장했다. 첫째, 막부는 오로지 네덜란드를 통해서만 해외 정보를 얻고 있는데, 더 깊은 지식을 얻기 위해서는 서양의 다른 나라와도 교역해야 한다. 둘째, 동남아시아의 여러 나라는 물론 인도에도 무역선을 보내어 교역해야 한다. 셋째, 영국은 국토가 넓지 않지만 해군력을 앞세워 세계의 강국이 되었다. 일본도 해군력을 강화해 적극적으로 해외로 진출해야 한다. 넷째, 에도 막부는 크리스트교를 두려워한 나머지 쇄국체제를 유지하고 있지만, 이러한 조치는 시대에 뒤떨어진 것이다.

아키타현秋田県에서 출생한 의사였으나 농학, 경제학, 병학, 국학 등 여러 학문에 정통했던 계몽적 지식인 사토 노부히로佐藤信淵(1769~1850)는 일찍이 유랑생활을 하면서 독자적인 사상체계를 정립했다. 그는 『노세이혼론農政本論』, 『붓카요론物価余論』, 『게이자이요로쿠経済要録』 등을 저술했다. 그는 산업의 국영화와 무역의 진흥을 역설하면서 막부의 쇄국체제를 비판했다. 그는 일찍이 에도 막부 쇼군의 조카마치城下町 에도를 일본의 수도로 정하고, 그곳의 명칭을 도쿄東京로 개칭하자고 제안하기도 했다.

사토 노부히로는 1823년 4월에 『우다이콘도히사쿠宇內混同秘策』라는 경세론을 발표했는데, 그는 이 책에서 일본이 먼저 조선과 만주를 정복하고 이어서 중국을 침략해야 한다고 역설했다. 달단韃靼(만주) 사람은 성급하며 지략이 부족하고, 중국인은 나약하고 비겁하며 겁이 많으니 일본이 먼저 만주를 점령하고 그곳 사람들을 잘 다스린 후, 그들을 앞세워 중국을 침략하자고 주장했다. 그는 조선을 먼저 점령하고 이를 기반으로 중국으로 쳐들어가는 방법을 제시하기도 했다. 1838년에 간행한 『세이요렛코쿠시랴쿠西洋列国史略』에서도 일본을 안전하게 지키려면 먼저 군대를 앞세워 이웃 나라를 적극적으로 침략해야 한다는 주장을 되풀이했다. 『보카이사쿠防海策』에서는 일본이 해외로 팽창해 동남아시아까지 진출해야 한다고 역설했다. 사토의 사상은 아이자와 야스시의 그것과 유사했다. 두 사람 모두 일본이 세계의 중심이고 천황 가문이 일본의 중심이라고 주장했다. 그러므로 천황 가문이 장차 세계에 군림할 것이라고 예견했다.

후쿠이번福井藩(후쿠이현) 의사 가문 출신 하시모토 사나이橋本左內 (1834~59)도 해외 침략론을 제창한 지식인이었다. 그는 서양 여러 나라가 동북아시아를 침략하면 일본의 국방에 위기가 찾아올 것이라고 예견했다. 그래서 서양이 일본을 침략하기 전에 일본이 먼저 산단山丹(만주 북부와 사할린), 달단韃靼(만주), 조선 등을 병합하고, 나아가 미국 또는 인도에도 진출해 식민지를 건설해야 한다고 주장했다. 그러나 당시 인도는 이미 영국이 차지했고, 만주(중국 동북 지방)와 사할린 지역은 러시아가 진출해 있었다. 그렇다면 일본이 독립을 보전하기 위해서는 영국과 러시아 중 한 나라와 동맹을 맺어야 하는데, 하시모토는 러시아와 동맹을 맺는 것이 유리하다고 주장했다.

CHAPTER 3.

웅비하는 사쓰마·조슈번

18세기에 들어서면서 막번체제가 동요의 조짐이 보이기 시작했다. 17세기 후반부터 무사들이 경제적으로 궁핍해졌다. 상품경제가 발전하면서 물가가 상승했다. 그러나 무사의 봉록은 고정되어 있었다. 도시에 거주하는 무사는 생필품은 물론 군수품도 시장에서 매입하는 소비자 집단이었다. 수입은 늘지 않는데 지출이 계속 증가하면서 무사가 상인보다 상대적으로 곤궁해질 수밖에 없었다. 영지를 보유한 상급 무사는 조세를 증수하고, 새로운 경작지를 개발하고, 상품작물을 전매해 수입을 늘릴 수 있는 길이 없는 것은 아니었다. 그러나 중·하급 무사는 연 3회 봉록을 받아 생활했다. 그들은 봉록 이외에 다른 수입이 전혀 없었다. 상인에게 높은 이자를 주고 돈을 융통해 생계를 꾸리는 무사들이 늘어났다.

에도 막부는 17세기 후반부터 재정난에 시달리고 있었다. 막부의 재정은 17세기 말 5대 쇼군 도쿠가와 쓰나요시德川綱吉(재위:1680~1709) 시대에 이미 적자로 전환했다. 조세의 징수도 이미 한계에 달했다. 막부는 에도·교토·오사카 등 대도시의 상인들에게 어용금과 헌금을 명령했다. 또 금·은 화폐를 개주했다. 이때 금·은 함유량을 대폭 낮춰 화폐의 양을 늘려서 막부의 수입으로 했다. 그러나 온갖 노력에도 불구하고 막부에 직속한 상급 무사 하타모토旗本와 중·하급 무사 고케닌御家人의 봉록이 연체되는 상황이었다.

여러 번藩도 17세기 말부터 재정난에 봉착했다. 다이묘 경제는 전적으로 조세의 징수에 의존했다. 화폐를 주조하는 권한이 극히 제한되어 있었고, 또 광산을 직접 지배하거나 무역에 관여할 수도 없었다. 조세의 징수가 한계에 달했지만 재정의 지출은 증가했다. 다이묘들은 교토·오사카의 대상인에게 조세를 담보로 급전을 빌리거나 영내의 부유한 상인이나 지주에게 금전 상납을 명해 어려운 고비를 넘기곤 했다. 다이묘 경제는 이미 파산 상태나 마찬가지였다. 다급해진 다이묘는 가신의 봉록을 삭감하거나 일부분을 빌리는 형식으로 지급을 유예하기도 했다. 다이묘가 부담을 하향적으로 전가하면서 가신의 생활이 더욱 곤궁해졌다.

 농촌은 자급자족을 원칙으로 하는 사회였다. 하지만 화폐경제가 농촌에 침투하면서 농촌의 구조가 변화했다. 농민이 시장에서 비료, 농기구, 생활용품 등을 매입하려면 더 많은 화폐가 필요했다. 특히 교토·오사카를 중심으로 하는 선진지역과 대도시 주변의 농촌에서 그러한 현상이 빠르게 진행되었다. 선진지역에서는 농민이 상품작물을 재배하고 부업으로 가내수공업에 종사하는 경우가 많았다. 그것은 결과적으로 농촌의 자급자족경제가 무너지고 농업경영의 변화를 초래하는 요인이 되었다.

 1716년 8월 도쿠가와 요시무네德川吉宗(재위:1716~45)가 막부의 8대 쇼군에 취임하며 개혁을 단행했다. 교호 개혁享保改革이었다. 쇼군 요시무네의 당면과제는 막부의 재정을 충실히 하는 것이었다. 막부의 재정을 근본적으로 재건하려면 농업생산량을 늘리고, 농민으로부터 가능한 많은 조세를 수취하는 방법뿐이었다. 쇼군 요시무네는 수확량에 상관없이 일정한 양의 조세를 수취하는 정면법定免法을 시행했다. 수취율도 40퍼센트에서 50퍼센트로 조정했다. 대규모 개간 사업을 추진하고 실학을 장려했다. 농민에게 고구마·사탕수수·인삼·참깨 등과 같은 상품작물의 재배를 장려하기도 했다. 교호 개혁이 성과를 거두면서 막부의 재정이 어느 정도 충실해졌다.

1788년 3월 마쓰다이라 사다노부가 11대 쇼군 도쿠가와 이에나리의 보좌역에 취임하면서 개혁을 단행했다. 간세이 개혁寬政改革이었다. 마쓰다이라가 가장 중요하다고 생각한 것은 농촌의 부흥이었다. 사다노부는 농업 인구를 확보하는 정책을 추진했다. 도시로 진출해 임금 노동자로 생활하던 농민들을 고향으로 되돌려 보내는 귀농령을 내렸다. 농촌으로 돌아간 자에게는 여비, 농기구, 식량 등을 지급했다. 상품작물의 재배나 가내수공업을 제한했다. 주곡인 미곡 생산에 전념하게 하기 위해서였다. 1789년 9월에는 빈궁한 하타모토·고케닌의 생활난을 구제하기 위해 기엔령棄捐令을 내렸다. 명령이 하달된 시점을 기준으로, 6년 이전까지의 채무는 파기하고, 그 후의 채무는 저리의 이자만 붙여 상환하게 했다. 대출도 금지했다. 이 조치로 고리대금업자들이 파산했다. 엄격한 검약령이 실시되었다. 막부의 지출을 3분의 2로 줄였다. 엄격하게 시행된 개혁은 상공인들의 저항에 부딪혔다. 사치 생활에 익숙했던 11대 쇼군 이에나리도 개혁을 부담스러워했다. 1793년 7월 쇼군 이에나리가 불시에 마쓰다이라를 파면했다. 간세이 개혁이 6년 만에 중단되었다.

	19세기에 들어서면서 에도 막부의 재정이 다시 바닥을 드러냈다. 1841년 5월 로주老中에 임명된 미즈노 타다쿠니水野忠邦(1794~1851)가 개혁에 착수했다. 덴포 개혁天保改革이었다. 타다쿠니는 막부가 상인에게서 빌린 금액의 2분의 1을 삭감하고, 잔액도 무이자로 매년 장기간에 걸쳐서 상환하도록 했다. 막부에 직속한 무사가 상인에게 빌린 돈도

탕감하거나 무이자로 장기간에 걸쳐서 상환하도록 했다. 물가가 비싼 것은 상공업자들이 동업조합을 결성해 가격을 통제하기 때문이라고 생각했다. 1841년 12월에 동업조합 가부나카마株仲間를 폐지했다. 값비싼 과자 · 요리 · 의복 · 장신구 · 분재 등의 매매가 금지되었다. 극장을 통제하고 상연 작품의 수도 제한했다. 모든 출판물을 검열하는 출판통제령을 내렸다. 그러나 덴포 개혁은 여러 다이묘와 상공인들의 반발에 부딪혀 2년여 만에 중단되었다.

개혁은 에도 막부 뿐만이 아니라 각 번의 과제이기도 했다. 재정을 건실하게 하고 권력을 강화하는 것이 목표였다. 이러한 과제를 해결하기 위해 여러 번의 번주가 제각기 특수한 상황에 따라 번정藩政 개혁에 착수했다. 미토번은 번주 도쿠가와 나리아키德川斉昭(1800~60)가 앞장서 개혁을 추진했다. 특산물의 전매제를 시행하고 조세를 늘려 번의 재정을 재건하려고 노력했다. 번교 고도칸弘道館을 설립하고 학자를 등용해 인재 육성에 힘썼다. 또 네덜란드에서 군사학을 도입하고 서양식 대포를 제조했다. 사가번佐賀藩(사가현)의 번주 나베시마 나오마사鍋島直正(1815~71)도 개혁을 단행했다. 여러 번 중에서도 가장 먼저 대포를 제조하고 서양식 군비를 갖추었다. 도사번土佐藩(고치현)도 물가의 20~50퍼센트를 강제로 인하하는 포고령을 내리고, 5년 동안 번의 지출을 25퍼센트 삭감하는 등 과감한 개혁을 단행했다.

여러 다이묘가 재정난을 타개하기 위해 조세를 증수하고, 식산흥업을 추진하고, 전매제도를 시행했다. 농민층의 분해를 방지하기 위한 정책을 추진하기도 했다. 그러나 개혁에 성공한 다이묘는 매우 드물었다. 미토번·사가번·도사번의 개혁도 큰 성과를 거두었다고 평가할 수 없다. 그런데 여러 번 중에서 괄목할만한 성과를 거둔 곳이 있었다. 바로 사쓰마번薩摩藩과 조슈번長州藩이었다. 특히 재정개혁에 성공한 두 번은 경제력을 배경으로 인재를 등용하고 군비를 갖추어서 에도 막부에 맞설 수 있는 웅번雄藩으로 급부상했다.

사쓰마번이 개혁을 단행할 당시 재정은 이미 파산 상태였다. 사쓰마번은 일본의 중앙시장이라고 할 수 있는 교토·오사카에서 가장 먼 규슈의 최남단에 있었다. 상품경제의 발전이 더딜 수밖에 없었다. 서남제도의 설탕과 장뇌를 전매하고, 밀무역의 거점 유구琉球를 지배하는 등 경제 발전에 유리한 여건을 갖추고 있었지만, 무사의 비율이 인구의 40퍼센트를 차지했고, 막부의 대규모 토목공사, 참근교대 비용 등으로 재정이 만성적자에 허덕이고 있었다. 19세기에 들어서면서 사쓰마번이 오사카 대상인에게 갚아야 할 돈이 500만 냥에 달했다. 1819년경부터 위험을 감지한 오사카의 대상인들이 사쓰마번에 자금을 대출하지 않았다. 사쓰마번은 참근교대 비용도 마련하기 어려운 처지였다. 가신의 봉록이 계속 연체되고 있었다.

상황이 위급한 지경에 이르자, 이미 번주의 지위에서는 물러났으나 여전히 실권을 행사하던 시마즈 시게히데島津重豪(1745~1833)가 오사카

에서 근무하면서 사쓰마번의 물품을 조달하던 니이로 도키마스新納時
가(1778~1865)를 개혁 책임자로 지목했다. 그러나 니이로는 시게히데
의 요청을 거절하며 말했다. "오사카의 상인과 인연이 없는 사람을 발
탁하는 것이 좋을 것 같습니다." 1828년 6월 시게히데는 즈쇼 히로사
토調所広郷(1776~1849)에게 개혁을 책임지라고 명령했다. 그러나 즈쇼
는 이제까지 재정을 담당한 경험이 없다는 이유로 고사했다. 그러자 시
게히데가 즈쇼에게 칼을 겨누며 말했다. "측근은 주군과 생사를 같이
해야 하는 직책이다. 우리가 이렇게 위급한 지경에 처해 있는데, 주군
의 명령에 거역할 셈인가?" 겁에 질린 즈쇼가 명령에 따랐다.

즈쇼 히로사토는 가장 먼저 부채를 정리하는 작업에 착수했다. 그는
사쓰마번에 금전을 대출한 대상인들을 협박해 부채를 무이자로 250년
에 걸쳐서 분할 상환한다고 일방적으로 통고했다. 사실상 채무 불이행
을 선언한 것이다. 대상인들이 크게 반발했다. 하지만 다이묘에게 맞설
수 있는 효과적인 방법이 없었다. 대상인들은 마치 늑대의 목에 걸린
가시를 빼준 두루미와 같은 신세가 되었지만, 목이 달아나지 않은 것만
해도 다행이라고 자위할 수밖에 없었다. 사쓰마번에 거금을 대출한 오
사카의 다이묘가시大名貸, 즉 금융업자 여러 명이 도산했다. 다이묘 경
제에 기생해 자본을 축적한 고리대금업자의 숙명이기도 했지만, 사쓰
마번은 오사카의 대상인들을 제물로 바치며 개혁을 추진했다.

폭력적으로 만성적인 적자 경제에서 벗어난 사쓰마번은 유구琉球를

거점으로 청나라와의 밀무역에 힘을 기울였다. 즈쇼는 재정개혁뿐만이 아니라 행정·농정 개혁에도 박차를 가했다. 특히 사쓰마번의 남쪽 바다에 있는 여러 섬 아마미오시마奄美大島·도쿠노시마德之島·기카이지마喜界島의 설탕을 독점 구매해 전매제도를 시행했다. 1832년경부터 개혁이 성과를 올리기 시작했다. 1840년에 재정이 흑자로 전환하며 200만 냥 이상의 자금을 비축했다. 사쓰마번이 재정재건에 성공할 수 있었던 배경에는 농민들의 희생이 있었다. 사쓰마번 무사의 대부분을 차지하는 고시鄕士, 즉 농촌에 거주하며 경작에 종사하는 무사들이 농민들의 동요를 억압했다.

재정이 재건되자 개혁에 탄력이 붙었다. 경직화된 신분제도를 개혁해 재능이 있는 하급 무사를 등용하고, 서양식 포술을 채용하는 등 군제개혁에 착수했다. 기계공장을 설립하는 것을 시작으로 혁신적인 경제정책을 추진했다. 1852년경에 슈세이칸集成館을 건설했다. 슈세이칸은 11대 번주 시마즈 나리아키라島津齊彬(1809~58)가 부국강병을 목적으로 설립한 서양식 공장이었다. 이 공장에 용광로의 일종인 반사로反射爐를 중심으로 전신기, 서양식 방적기 등이 배치되었다. 슈세이칸은 증기기관을 갖춘 기계공장으로 발전해 대포와 함선을 제작하기도 했다.

조슈번이 위치한 서부 일본 지역은 다른 지방에 비해 상품경제가 발달했다. 18세기 중엽에 7대 번주 모리 시게나리毛利重就(1725~89)가 신

시마즈 나리아키라

전新田을 개발하고, 묵은 경작지를 되살리고, 염전을 개발하고, 이마우라今浦(야마구치현 시모노세키시), 미타지리三田尻(야마구치현 호후시) 항구를 정비해 물류 유통을 원활히 했다. 1829년에는 산부쓰카이쇼産物会所를 설치하고 종이·꿀·쪽·목면 등을 전매하면서 농촌의 지도자에게 특권을 부여해 유통을 통제했다. 조슈번이 전매제도를 강화하자 농민들이 반발했다. 1831년에 유통의 자유를 요구하는 농민이 전매제도에 반대하며 대규모 폭동을 일으켰다. 그동안 조슈번이 추진하던 전매사업이 위축될 수밖에 없었다.

1836년 4월 모리 다카치카毛利敬親(1819~71)가 13대 번주에 취임했을 때 조슈번은 막대한 채무를 지고 있었다. 채무의 규모는 연간 세입의 24배에 해당하는 39만 관이었다. 다카치카는 1838년에 무라타 세이후村田淸風(1783~1855)를 중용해 개혁을 단행했다. 무라타는 조슈번 9대 번주 모리 나리후사毛利齊房(1782~1809)의 시종이 된 이래 다섯 명의 번주를 섬기며 요직을 역임한 인물로, 병법은 물론 경제에도 밝은 인물이었다. 번정의 실권을 장악한 무라타는 재정재건 정책에 매달렸다. 그러나 그는 결코 고압적이고 일방적인 태도로 일을 추진하지 않았다. 가장 먼저 번의 재정 상태를 무사와 서민에게 공개했다. 개혁을 추진할 수 있는 공감대가 조성되었다고 판단한 그는 인재를 등용하고, 조세를 감면해 자영농을 육성하는 정책을 추진했다.

무라타는 사쓰마번의 즈쇼 히로사토와 같이 다이묘를 상대로 거금을 빌려주던 대상인들을 노골적으로 협박하지는 않았지만, 금전을 대출한 금융업자들에게 차용금을 장기간에 걸쳐 분할 상환하겠다고 통고했다. 그리고 부채에 허덕이던 조슈번 무사들을 구제하는 정책을 추진했다. 가신의 부채를 조슈번이 모두 인수하고, 대신에 조슈번이 나서서 채권자에게 37년간에 걸쳐서 원리금을 분할 상환하겠다고 선언했다. 당시 조슈번의 가신도 빈곤한 생활을 하고 있었다. 번의 재정이 궁핍해지면서 봉록도 제대로 받지 못했다. 가신들의 불만이 폭발하기 직전이었다. 무라타의 가신 부채경감 정책은 결국 조슈번의 위기를 극복하기 위한 것이었다.

그동안 조슈번은 특산물로 지정한 꿀을 전매했는데, 무라타는 이 제도를 폐지하고 상인이 자유롭게 거래하도록 했다. 그 대신에 상인으로부터 영업세를 징수했다. 그리고 서부 일본의 다이묘가 시모노세키下関(야마구치현 시모노세키시) 해협을 통과하지 않고서는 교토·오사카를 왕래할 수 없다는 것에 주목한 무라타는 시모노세키 항에 고시니카타越荷方를 설치했다. 고시니카타는 조슈번이 운영하는 금융·창고업을 전문으로 하는 회사로, 주로 시모노세키 앞바다를 왕래하는 무역선의 항해를 보장하면서 화물의 보관 및 판매를 대행하고, 자금을 고리로 대출하면서 상품유통의 성과를 적극적으로 흡수했다. 무라타의 개혁이 성과를 내면서 1842년에는 차용금 3만 관을 상환했고, 1846년에는 차용금의 반 이상을 상환할 수 있었다. 여유자금이 생기자 서양식 군비를 갖추고, 하급 무사를 발탁해 군사·경제면에서 내실화를 꾀하기 시작했다.

CHAPTER 4.

19세기 중엽의 정치 상황

　미국의 제13대 대통령 밀러드 필모어Millard Fillmore(재위:1850~53)는 동인도함대 사령관 페리M. C. Perry에게 일본 개국의 임무를 맡겼다. 1853년 6월 페리가 이끄는 네 척의 미국 군함이 에도 만江戶湾에 모습을 드러냈다. 당시 에도 막부의 정치는 후쿠야마번福山藩(히로시마현 동부) 번주로 막부의 로주老中에 취임한 아베 마사히로阿部正弘(1819~57)가 담당하고 있었다. 페리는 밀러드 필모어 미국 대통령의 국서를 제시하며 개국을 요구했다. 막부는 전례에 따라서 페리에게 나가사키로 회항하라고 요구했다. 그러나 페리는 막부의 요구에 응하지 않았다. 페리의 기세에 눌린 막부는 전례를 깨고 미국의 국서를 수리했다. 페리가 일단 물러갔다.

아베 마사히로는 페리의 내항을 "국가 누란의 위기"라고 인식했다. 모든 정치·외교에 관한 사항은 막부가 독단으로 결정하던 관례를 깨고, 미국의 개국 요구에 관한 사항을 조정의 고메이 천황에게 보고했다. 여러 다이묘에게 의견을 구했다. 쇼군에 직속한 하타모토·고케닌에게도 자유롭게 의견을 개진하도록 언로를 개방했다. 언로의 개방은 막부 독재체제를 이완시키는 계기가 되었다. 이제까지 정치에서 소외되었던 천황과 다이묘가 막부의 정치에 간섭하게 되었다.

에도 만에 나타난 페리 함대 (그림/ 新潟県黒船館 소장)

당시 무사들이 막부에 올린 의견서 800여 통이 남아있다. 그것을 분석해 보면 여론은 쇄국과 양이로 집약되었다. 비분강개한 무사들은 미국과 끝까지 싸워야 한다고 주장했다. 무국武國 일본은 오랑캐와 싸워서 반드시 이길 수 있다고 믿었다. 본래 전투원인 무사가 싸우자고 주장하는 것은 어쩌면 당연한 일이었다. 그런데 합리적인 대응책을 제시할 것이라고 여겼던 천황과 조정의 귀족들까지 오랑캐를 물리쳐야 한다고 목소리를 높였다. 미국 대통령의 국서를 수리한 막부가 진퇴양난의 어려움에 빠졌다.

페리가 내항한 지 1개월 후, 러시아 사절 푸티아틴E. Putyatin이 네 척의 군함을 이끌고 나가사키에 모습을 드러냈다. 푸티아틴은 북변의 국경 확정과 통상을 요구했다. 러시아는 미국 못지않게 일본의 개국을 요구했다. 막부는 쓰쓰이 마사노리筒井正憲(1778~1859)·가와지 도시아키라川路聖謨(1801~68)를 나가사키로 보내 푸티아틴과 회담하게 했다. 하지만 막부는 끝내 러시아의 개국 요구를 거절했다. 이 소식을 전해 들은 페리는 일본 개국의 주도권을 러시아에 빼앗길 것을 염려했다.

아베 마사히로

1854년 1월 페리가 다시 군함 아홉 척을 이끌고 에도 앞바다에 나타났다. 페리는 해안을 측량하기 시작했다. 만약 교섭이 결렬되면 전쟁을 불사하겠다는 뜻이었다. 공포에 질린 막부는 페리를 상륙하게 하고, 이노우에 기요나오井上淸直(1809~68)를 보내 교섭했다. 막부는 미국 국서에 회답하지 않겠다는 방침을 세웠다. 그래서 회담을 가능하면 늦추려고 했다. 그러나 페리의 의지는 강력했다. 페리는 만약에 미국과 일본이 전쟁하게 되면 100척 이상의 함대가 에도 앞바다에 집결할 것이라고 위협하면서 개국을 요구했다. 막부는 페리에게 굴복하고 말았다. 천황과 다이묘는 물론 무사들도 개국에 반대했지만, 막부는 여론을 거스르며 그해 3월 3일에 일미화친조약을 체결했다.

1856년 7월 화친조약 규정에 따라 미국의 총영사 해리스T.Harris가 시모다下田에 도착했다. 1857년 10월 해리스가 막부의 13대 쇼군将軍 도쿠가와 이에사다德川家定(재위:1853~58)를 예방했다. 당시 막부의 정치는 로주 홋타 마사요시堀田正睦(1810~64)가 주도하고 있었다. 해리스는 홋타에게 세계정세를 설명하고, 청국과 같이 전쟁에서 패배한 후에 불평등조약을 체결하면 더욱 불리해진다고 말하면서 통상조약의 체결을 요구했다. 그러나 당시 일본 국내에서는 양이의 기운이 강했다. 유력한 다이묘도 통상조약 체결에 반대했다. 곤경에 처한 막부는 천황의 칙허를 얻어서 조약 체결에 반대하는 의견을 봉쇄하려고 했다. 막부는 칙허를 낙관했다.

1858년 1월 막부의 홋타 마사요시가 조약교섭 과정을 고메이 천황에게 보고했다. 그리고 조정의 귀족들을 만나 전쟁을 피하려면 조약을 체결해야 한다고 설득했다. 그러나 천황과 귀족은 해리스 한 사람과 교섭해 이 정도까지 양보할 수밖에 없다면, 미국이 군대를 동원해 일본을 협박하면 막부가 어디까지 물러날지 알 수 없다고 탄식했다. 천황과 귀족들은 끝내 마음을 돌리지 않았다. 그해 3월 천황은 조약을 허락할 수 없고, 막부가 여러 다이묘의 의견을 청취하는 것이 좋겠다는 뜻을 밝혔다. 천황은 쇼군의 후사 문제까지 거론했다. 막부는 천황의 권위를 이용하려고 했지만, 오히려 천황의 정치적 입지만 강화하는 결과를 초래하고 말았다.

  홋타 마사요시가 로주의 지위에서 해임되고, 그 뒤를 이어서 히코네번彦根藩(시가현)의 번주 이이 나오스케井伊直弼(1815~60)가 다이로大老에 취임했다. 이이 가문은 에도 막부 창립 이전부터 대대로 도쿠가와 가문에 충성을 바쳤던 명문가였다. 쇼군의 신임이 각별했다. 이이 또한 결단력 있는 인물로 정평이 나 있었다. 1858년 6월 이이 나오스케가 칙허를 얻지 못한 채 독단으로 일미수호통상조약을 체결했다. 안세이安政의 5개국 조약이라고 한다. 이 조약은 치외법권을 인정하고 관세 자주권을 부정하는 불평등조약이었다.

  그 무렵 쇼군의 후사 문제가 정치 쟁점이 되었다. 13대 쇼군 도쿠가와 이에사다는 병약했을 뿐만이 아니라 아들을 두지 못했다. 여러 다이묘가 미토번 번주 도쿠가와 나리아키의 아들 요시노부慶喜를 쇼군의 후계자로 정해 막부의 개혁을 주도하려고 했다. 그러나 이이 나오스케는 쇼군과 혈통이 가까운 기이번紀伊藩(와카야마현·미에현 남부)의 도쿠가와 이에모치德川家茂를 후계자로 정했다. 1858년 7월 6일 13대 쇼군 도쿠가와 이에사다가 사망했다. 그해 10월 이에모치가 에도 막부의 14대 쇼군에 취임했다. 이이는 도쿠가와 나리아키를 비롯한 반대파 다이묘를 처벌했다.

고메이 천황은 막부가 칙허도 없이 통상조약을 체결하자 격노했다. 항의 표시로 양위한다는 뜻을 내비치기도 했다. 그는 막부의 조치가 경솔했다고 지탄했다. 이례적으로 도쿠가와 나리아키에게 막부의 중신들과 의논해 시국책을 제시하라고 명령했다. 고메이 천황의 이례적인 행보를 지켜본 지사志士들이 막부를 공공연하게 비판하기 시작했다. 여론은 조직도 없이 전국에 흩어져 있는 지사들의 의견을 반영했다. 막부를 비판하는 여론의 영향력이 의외로 컸다. 조정의 분위기를 경직시키는 힘으로 작용했다. 조정이 막부와 대립하는 모양이 된다면 막부는 물론 이이 나오스케의 입장이 난감해질 수 있었다.

막부의 쇼군과 다이묘의 대립, 13대 쇼군 이에사다의 급사, 막부와 조정의 대립이라는 상황 속에서 막부도 모르게 천황과 다이묘가 접촉하는 사건이 일어났다. 막부의 통제가 무너지기 시작했다. 그러자 이이가 반대파를 철저하게 탄압하기 시작했다. 이이는 강경한 탄압만이 급진파 귀족들을 공포에 떨게 하고 고메이 천황의 태도를 누그러뜨릴 수 있다고 확신했다. 다수의 귀족과 그 가신, 다이묘와 그 가신, 그리고 지사들이 잇달아 체포되었다. 개명파로 알려진 관료들이 파면되었다. 급진적인 존왕양이론자로 젊은 지사들의 인망을 얻은 조슈번의 요시다 쇼인吉田松陰과 후쿠이번의 하시모토 사나이가 체포되어 사형되었다. 이때 라이미 기사부로賴三樹三郞(1825~59) · 우메다 운핀梅田雲浜(1815~59) 등 50여 명의 지사가 사형되거나 투옥되었다. 안세이安政의 대옥이었다.

이이 나오스케는 소수의 심복 관료들을 거느리고 비상사태를 극복하려고 했다. 그 과정에서 무자비한 숙청을 단행했다. 이이의 도를 넘은 숙청에 분노한 지사들은 출신 지역을 초월해 단결하기 시작했다. 특히 번주가 처벌되면서 막부와 대립하게 된 미토번 출신 과격파 지사들이 막부에 대항했다. 1860년 3월 3일 아침 삼엄한 호위 속에 에도성으로 출근하던 이이 나오스케가 사쿠라다桜田 문 인근에서 미토번 출신 지사들에게 살해되었다. 다이로 피살이라는 미증유의 사건은 막부의 정치에 결정적인 타격을 안겨주었다. 지도자를 잃은 막부는 결집력을 상실했다. 일관되게 추진되던 강경책이 좌절했다.

이이 나오스케의 암살 직후, 안도 노부마사安藤信正(1819~71)가 로주에 취임했다. 그는 반대파를 탄압하는 정책을 철회하고, 조정[公]과 막부[武]의 화합을 꾀해 정치를 안정시키려고 했다. 그래서 공무합체公武

이이 나오스케 암살 장면(茨城県立博物館 소장)

合体 운동을 전개했다. 고메이 천황의 여동생 가즈노미야和宮를 14대 쇼군 도쿠가와 이에모치德川家茂(재위:1858~66)의 부인으로 맞아들이는 계획이 추진되었다. 안도 노부마사는 공무합체가 성공한다면 조정의 귀족들이 막부의 정치를 공공연하게 비판하지 못할 것이고, 그러면 천황을 지지하는 지사들의 과격한 행동도 잠잠해질 것이라고 확신했다.

1860년 7월 안도 노부마사가 공무합체 계획을 천황에게 주청했고 그해 10월에 칙허를 얻었다. 1861년 10월 가즈노미야가 결혼을 준비하기 위해 에도로 갔다. 결혼식은 1862년 2월에 거행하기로 했다. 가즈노미야의 결혼과 동시에 칙명으로 막부를 개혁하기로 되어 있었다. 공무합체 운동이 성공하는 듯이 보였다. 그러나 이 운동은 급진적인 존왕양이론자의 반감을 샀다. 1862년 1월 유학자 오하시 도쓰안大橋訥庵 (1816~62)을 비롯한 미토번 출신 낭인들이 사카시타坂下 문 인근에서 안도 노부마사를 습격했다. 몸을 크게 다친 안도는 사직하지 않을 수 없었다. 공무합체 운동이 좌절될 위기에 처했다.

1862년 4월 사쓰마번 번주 시마즈 타다요시島津忠義(1840~97)의 부친으로 실권을 쥐고 있던 시마즈 히사미쓰島津久光(1817~87)가 1,000여 명의 군사를 이끌고 교토에 입성했다. 막부가 추진하던 공무합체 운동을 지원하기 위해서였다. 히사미쓰는 조정에 막정개혁론을 제시했다. 사쓰마번·조슈번·도사번·사가번·센다이번의 다이묘가 막부의 정치에 참여하고, 후쿠이번 번주 마쓰다이라 요시나가를 정사총재직, 히토쓰바시 요시노부一橋慶喜(1837~1913:훗날 에도 막부의 15대 쇼군이 되는 도쿠가와 요시노부)를 쇼군의 후견직에 각각 취임하게 하고, 쇼군이 직접 교토로 상경해 천황에게 그간 독단적으로 정무를 처리한 점을 사죄하는 것을 내용으로 하는 칙서를 받아냈다. 1862년 5월 히사미쓰가 천황의 칙사와 함께 에도로 가서 막부에 정치의 개혁을 요구했다. 막부는 히사미쓰의 계획을 수용했다. 정치적인 사안을 독단으로 결정하던 전례를 깨고 웅번의 다이묘와 협의하기로 했다.

개항 후 계속되는 경제의 혼란이 양이론을 부채질했다. 일본의 앞날을 걱정하는 지사들이 뜻을 모으기 시작했다. 그들은 다이묘의 통제를 벗어나 존왕양이 운동에 참여했다. 요시다 쇼인을 따르던 조슈번 무사 구사카 겐즈이久坂玄瑞(1840~64), 다카스기 신사쿠高杉晋作, 가쓰라 코고로桂小五郎(기도 다카요시) 등이 존왕양이 운동의 중심인물이었다. 그들은 산조 사네토미三条実美(1837~91)를 비롯한 급진파 귀족, 사쓰마·도사 번의 무사, 그리고 각 번 출신 지사들과 연합해 주로 교토를 무대로 활동했다. 천황도 이 운동을 지지했다. 이러한 분위기에 편승해 조슈번이 막부에 미국과 맺은 조약을 파기하라고 요구했다. 조슈번과 존왕양이파 지사들이 천황과 조정의 귀족들을 움직여서 막부에 양이의 실행을 촉구하는 단계로 접어들었다. 조슈번이 존왕양이를 번론藩論으로 정했다.

막부는 존왕양이파의 본거지나 다름없는 조슈번 정벌을 결정했다. 1864년 9월 영국·프랑스·미국·네덜란드의 4개국 연합함대가 조슈번의 시모노세키를 점령했다. 때마침 막부의 정벌군도 조슈번으로 진군했다. 조슈번 번주 모리 다카치카는 책임자를 처벌하고 막부에 공순한 태도를 취했다. 그러자 막부가 조슈 정벌을 중지했다. 이 영향으로 조슈번의 존왕양이파 세력이 숨을 죽이지 않을 수 없었다. 보수파 세력이 정권을 장악했다. 그러나 1865년 1월 다카스기 신사쿠가 이끄는 존왕양이파 세력이 시모노세키에서 거병해 보수파 세력을 몰아내고 정권을 탈환했다.

다카스기 신사쿠를 비롯한 조슈번 존왕양이파 세력은 시모노세키 사건을 경험하면서 서구 열강의 군사력이 얼마나 강력한지 알았다. 그

오무라 마스지로

들에 대항하려면 부국강병 정책을 주진하는 길밖에 없다는 것을 절감했다. 정권을 잡은 존왕양이파 세력은 호농 및 촌락의 지도자와 협력해 병제 개혁에 착수했다. 오무라 마스지로大村增次郎(1825~69)를 등용해 서양식 총대를 주력으로 하는 군대를 편성했다. 막부의 재차 정벌에 대비하기 위해서였다.

조슈번에서 다시 존왕양이파가 정권을 장악하자, 막부는 다시 조슈 정벌에 나서지 않을 수 없었다. 1865년 4월 막부는 제2차 조슈 정벌을 선언했다. 5월 16일 쇼군 도쿠가와 이에모치가 직접 대군을 이끌고 에도를 출발해 오사카로 향했다. 쇼군 이에모치는 오사카에 머물며 조슈 정벌 준비에 착수했다. 하지만 막부의 재정은 넉넉하지 못했고, 막부 내부에서조차 정벌에 반대하는 의견이 대두되었다. 본래 군역 규정에 따라 쇼군의 동원령에 응해야 마땅한 여러 번의 번주도 쉽사리 쇼군의 통제 아래 들어오지 않았다.

조슈번이 막부의 정벌에 대비하고 있을 때 사쓰마번도 정치적인 변화를 겪었다. 사이고 다카모리西鄕隆盛ㆍ오쿠보 도시미치大久保利通를 비롯한 하급 무사가 번정의 실권을 장악했다. 그러자 사쓰마번에서 막부에 대항하는 분위기가 형성되었다. 막부가 제2차 조슈 정벌을 준비하는 급박한 상황 속에서 도사번의 지사 사카모토 료마坂本竜馬와 나카오카 신타로中岡慎太郎(1838~67)가 사쓰마ㆍ조슈번의 연합을 구상했다. 사쓰마ㆍ조슈번은 서로 총을 겨눈 적이 있는 사이였던 만큼 쉽게 앙금이 풀리지 않았다. 하지만 사카모토의 주선으로 두 번의 연합이 극적으로 성사되었다. 1866년 1월 21일 조슈번의 기도 다카요시가 은밀히 교토의 사쓰마번 번저로 가서 사이고 다카모리와 회견하고 비밀리에 맹약을 맺었다.

이러한 사정을 알지 못하는 막부는 1866년 6월 7일에 제2차 조슈정벌을 감행했다. 하지만 사쓰마번을 비롯한 여러 번이 막부의 명령에 따르지 않았기 때문에 막부군의 사기가 저하되었다. 이에 비해 사기가 높았던 조슈번의 군대가 각지에서 막부군을 물리쳤다. 새로 구매한 서양식 소총으로 무장한 조슈번의 군대는 대부분 구식 무기로 무장하고 전의도 상실한 막부군을 압도했다. 설상가상으로 7월 20일 14대 쇼군 도쿠가와 이에모치가 오사카에서 급사했다. 막부군은 서둘러 강화를 맺고 물러나고 말았다. 무위를 상징하는 막부가 일개 번의 무력 앞에 굴복하는 상황을 맞이했다.

제3부

터를 다진 인물들

요시다 쇼인(그림)

CHAPTER 1.

요시다 쇼인
– 메이지 유신의 선구자

    요시다 쇼인吉田松陰(1830~59)은 1830년 8월 4일 조슈번의 본거지 하기萩의 조카마치城下町에서 태어났다. 부친은 모리 가문에서 26석의 봉록을 받는 하급 무사 스기 유리노스케杉百合之助였다. 1835년 여섯 살이 된 쇼인은 대대로 병학兵學을 가업으로 삼고 있던 요시다 가문의 양자로 들어갔다. 쇼인은 숙부 다마키 분노신玉木文之進(1810~76)에게 엄격한 교육을 받았다. 분노신은 어린이의 능력을 무시한 교육을 강행했다. 어린 쇼인이 책을 읽다가 잠시라도 방심하면 사정없이 때렸다. 쇼인은 숙부의 폭력적인 교육을 잘 견디며 어린 나이에 수준 높은 지식을 쌓을 수 있었다.

쇼인은 열한 살 때 번주 모리 다카치카毛利敬親 앞에서 처음으로 17세기 중엽의 병학자 야마가 소코山鹿素行(1622~85)가 저술한『부쿄젠쇼武教全書』의 내용 중 전법戰法에 관해 강의했다. 번주 다카치카는 어린 쇼인의 강의에 매료되었다. 그 후 쇼인은 다마키 분노신 이외에 야마가류山鹿流 병법에 정통한 야마다 우에몬山田宇右衛門(1813~67), 17세기 중엽에 나가누마 단사이長沼澹斎(1635~90)가 창시한 나가누마류 병법의 전수자 야마다 마타스케山田亦介(1809~65) 등에게 병법을 배웠다. 1848년 쇼인이 열아홉 살이 되었을 때 조슈번의 병학 교수가 되었다.

1848년에 쇼인이 병학 교수의 자격으로 주군에게 조슈번의 학교 메이린칸明倫館의 재흥에 관한 장문의 의견서를 올렸다. 그 내용을 보면 쇼인의 성품이 그대로 드러난다. "요즈음 문무흥륭을 저해하는 유예 · 풍류 · 사치가 시중에 유행하고 있습니다. 이것을 단속해야 합니다. 유예 중에서도 바둑 · 장기가 유행해 젊은 사람들이 시간을 허비하고 있습니다. 무익한 재주를 서로 뽐내는 것이 매우 유감입니다. 엄중하게 금지하는 것이 좋을 것입니다." "꽃구경 · 달구경 한다며 술을 지참하고 배회하는 못된 풍습이 만연하고 있습니다. 또 다기茶器를 수집하고, 오래된 벼루, 희귀한 족자 등 값비싼 물건을 수집해 자랑하는 것은 여자애들의 소꿉놀이와 같습니다. 이것들의 거래도 금지할 필요가 있습니다." "위아래의 신분 차이가 너무 지나칩니다. 상의하달도 하의상달도 없는 상태입니다. 이러한 폐해를 바로잡는 것이 조슈번 융성의 첫걸음일 것입니다."

요시다 쇼인은 1849년에 「수륙전략水陸戰略」을 상서했다. 조슈번 방위에 관련한 국방론이었다. "외국의 군대가 쳐들어올 낌새가 없다고 말하는 자가 있는데, 무슨 근거로 그런 말을 하는지 이해하기 어렵습니다. 프랑스와 영국이 서남쪽에서 동북쪽으로 접근하는 것으로 보입니다. 이미 영국은 인도를 취했고, 오스트레일리아를 개척했고, 수마트라와 그 밖의 섬에도 근거지를 마련했습니다. 덴포기天保期(1830~44)에 이르러서는 청나라에서 아편전쟁을 일으켰습니다. 프랑스와 영국이 유구와 조선에 상륙해 무법을 자행하기도 했습니다. 러시아도 시베리아를 개척하고, 캄차카에 이르러 기지를 건설하고, 군함을 마련해 여러 섬을 점령하고, 우리 에조치蝦夷地의 후방에 접근하려고 하고 있습니다. 말하자면 우리나라는 다른 나라에 포위된 형국입니다. 그들이 야망을 품고 있지 않다고 단언할 수 없습니다. 이제까지 이변이 없었던 것은 우리 쪽에 틈이 없었고 또 그들이 전쟁을 일으킬 명분이 없었기 때문일 뿐입니다. 조만간 그들이 쳐들어오지 않는다는 보장이 어디에도 없습니다."

「수륙전략」을 상서한 쇼인에게 조슈번의 방위책 입안 임무가 주어졌다. 1849년 6월 기타우라北浦 해안, 즉 하기萩에서 시모노세키下関에 이르는 해안선을 답사하라는 명령이 하달되었다. 러시아의 침략에 대비하기 위해서였다. 쇼인 일행이 목선을 타고 스사須佐(하기시 스사초)~오쓰大津(나가토시)~도요우라豊浦(시모노세키시 도요우라초)~시모노세키下關를 잇는 산인山陰 지방 해안선을 따라가며 수십 일간 방위시설을 점검했다. 쇼인은 각지의 지형, 마을과 가옥 수 등을 상세하게 조사해 기록했다. 다음과 같은 기록이 눈에 띈다. "바다에 면한 곳에 대포 10문 정도 설치하고 만약의 사태에 대비해 병사 5~6명으로 하여금 지키게 했다."

1850년 여름 요시다 쇼인이 규슈九州 여행을 결심했다. 8월 23일 조슈번이 쇼인의 규슈의 히라도平戶·나가사키 여행을 허가했다. 8월 25일 쇼인이 하기를 출발해 다음 날 시모노세키에서 숙박하고, 29일 세키몬 해협關門海峽을 건너 모지門司(기타큐슈시 모지쿠)에 도착했다. 그 후 쇼인은 고쿠라小倉(기타큐슈시 고쿠라쿠), 사가佐賀(사가현 사가시)를 거쳐 9월 11일에 나가사키에 도착했다. 쇼인은 산에 올라 나가사키의 지형을 살피고, 네덜란드 상관을 견학하고, 항구에 정박한 네덜란드 상선을 둘러보았다.

9월 14일 쇼인이 히라도에 이르러 하야마 사나이葉山左內(1796~1864)를 방문했다. 쇼인은 사나이의 저서와 그가 소장한 책을 빌려 읽었다. 쇼인은 아편전쟁에 관한 책, 서양의 포술서 등 주로 전쟁과 화기에 관한 책을 읽었다. 청나라의 위원魏源이 집필한 병법서 『성무기聖武記』의 부록도 읽었다. 아편전쟁이 끝난 1842년에 쓰진 그 책에는 서양식 병기의 위력과 중국군이 영국군과 싸운 전투 경험이 실려 있었다. 쇼인은 책을 읽으며 중요하다고 생각한 부분을 일일이 메모했다. 쇼인은 "오랑캐를 이기려면 반드시 먼저 그들의 사정에 밝아야 한다."라는 말을 가슴에 새겼다. 그의 초록抄錄에 다음과 같은 구절이 있다. "서양인은 중국의 서적을 사서 자국어로 번역한다. 그래서 중국의 정세에 밝다." "그들의 장기를 가지고 그들의 장기를 막는 것, 이것이 예로부터 이이제이의 상책이다."

쇼인은 히라도에서 다시 나가사키로 가서 20여 일을 보내며 책을 읽었다. 쇼인이 나가사키에 체재하는 동안 포차砲車를 견학하고, 중국의 시문을 연구하고, 역사학자 라이 산요賴山陽, 양명학자 오시오 헤이하치로大塩平八郎(1793~1837), 난학자 다카노 조에이高野長英(1804~50) 등이 저술한 책을 읽었다. 히라도와 나가사키에서 견문을 넓히고 지식을 쌓은 쇼인은 시마바라島原(나가사키현 시마바라시), 구마모토熊本(구마모토현 구마모토시), 야나가와柳川(후쿠오카현 야나가와시), 사가佐賀(사가현 사가시) 등 규슈의 여러 지역을 여행하고 12월 29일에 하기로 돌아왔다.

1851년 3월 조슈번의 번주 모리 다카치카가 참근교대 기간이 되어 에도로 가게 되었다. 이때 요시다 쇼인에게 에도에서 1년간 머물 수 있는 기회가 주어졌다. 쇼인은 에도에 머무는 동안 아사카 곤사이安積艮齋(1791~1861)에게 유학, 야마가 소스이山鹿素水(?~1857)에게 병학, 사쿠마 쇼잔佐久間象山(1811~64)에게 양학을 배웠다. 쇼인은 시간을 내어 중용, 대학, 논어 등을 공부하는 강독회를 결성해 활동하기도 했다. 그 무렵 쇼인은 요시다 가문의 학문인 병학보다도 유학 경전 공부에 힘을 기울였다. 병학을 공부하는 자는 반드시 경학에도 정통해야 한다고 생각했기 때문이다.

쇼인이 숙부 다마키 분노신에게 편지를 썼다. "요즈음 에도의 문학·병학은 세 부류로 나눌 수 있습니다. 첫째는 주자학을 가르치는 하야시林 가문·사토 잇사이佐藤一斉(1772~1859)인데, 이들은 병학에 대해 말하는 것을 꺼립니다. 서양은 도교와 불교의 폐해보다 더하다고 말합니다. 둘째는 아사카 곤사이·야마가 소스이인데, 이들에게는 서양에 대해서 별로 배울 것이 없습니다. 셋째는 고가 긴이치로古賀謹一郎(1816~84)·사쿠마 쇼잔인데, 이들은 서양을 잘 알고 있습니다. 배울 것이 많아서 열심히 연구하고 있습니다. (중략) 제가 생각하기에 첫 번째 설은 물론 취할 바가 못되고, 둘째·셋째 설을 종합해 공부한다면 다소 진보가 있을 것으로 여겨집니다."

쇼인은 에도에서 생활하면서 도리야마 신사부로鳥山新三郎(1819~56), 에바타 고로江幡五郎(1828~79), 미야베 데이조宮部鼎蔵(1820~64), 구루하라 료조来原良蔵(1829~62) 등 여러 동지를 만났다. 그중에서 쇼인이 가장 가까이 지낸 사람은 구마모토번熊本藩(구마모토현)의 가신으로 훗날 존왕양이파와 함께 교토에서 활동하는 미야베 데이조였다. 쇼인은 자신보다 10살 연상이었던 미야베를 믿고 의지했던 것 같다. 쇼인이 말했다. "미야베는 의연한 무사였다. 내가 항상 미치지 못하는 바가 있었다."

1851년 6월 쇼인은 미야베 데이조와 함께 우라가浦賀(가나가와현 요코스카시)를 답사했다. 우라가는 미우라 반도三浦半島 남단에 있는 항구였다. 선박이 에도 만으로 들어올 때 지나는 마지막 관문이었다. 2년 후인 1853년 6월 미국의 동인도함대 사령관 페리가 이끄는 군함이 정박한 곳이기도 했다. 쇼인은 우라가로 출발하기 전에 조슈번에 다음과 같은 내용의 허가신청서를 제출했다. "우라가는 오랑캐의 선박이 도래할 수 있는 요충지라고 알고 있습니다. 그곳의 지형을 살펴보고 싶습니다."

우라가 답사를 마치고 에도의 조슈번 저택으로 돌아온 쇼인은 동북 지방 여행을 계획했다. 외국 선박이 홋카이도와 혼슈 사이에 있는 쓰가루津軽 해협을 빈번히 항해하고 있고 또 이따금 그들이 일본의 어선을 약탈한다는 소문을 들었기 때문이다. 미야베 데이조가 쇼인과 함께 여행을 떠나기로 했다. 쇼인은 조슈번에 10개월 동안 동북 지방을 여행하고 싶다는 청원서를 제출했다. 7월 23일 여행 허가증이 발급되었다. 쇼인은 고향에 서신을 보내 여행 경비를 청했다. 형제들이 금화 10냥을 보냈다. 그러는 동안에 11월이 되었다. 그런데 쇼인은 뒤늦게서야 개인이 여행하기 위해서는 각지에 설치된 관소關所를 통과할 때 제출해야 하는 쓰코테가타通行手形를 발급받지 않았음을 알았다. 쓰코테가

1. 요시다 쇼인 - 메이지 유신의 선구자　97

타를 발급하려면 번주의 인감이 필요했다. 그런데 공교롭게도 조슈번 번주 모리 다카치카가 8월 하순에 에도에서 하기로 돌아가고 없었다. 서류를 하기로 보내 주군의 허가를 받으려면 2개월 정도 걸렸다.

쇼인은 이미 미야베 데이조에게 12월 15일에 만나 함께 여행을 떠나기로 약속했다. 쇼인은 약속을 지키지 않으면 안 된다고 생각했다. 조슈 사람은 신의가 없다고 소문이 나는 것이 두려웠다. 12월 14일 쇼인은 무단으로 외출해 약속 장소로 향했다. 에도 시대 사람들은 다이묘가 다스리는 지역을 국가로 인식하고 있었다. 무사가 주군의 허가 없이 다른 지역으로 이동하는 것은 곧 외국으로 망명하는 것이나 마찬가지였다. 마치 오늘날 여권을 발급받지 않고 출국하는 것이나 다름없었다. 번에서 체포조를 보내 연행하거나 그 과정에서 저항하면 살해해도 무방한 중죄에 해당했다. 쇼인은 조슈 사람의 체면을 지키기 위해 국법을 위반하는 무모한 길을 선택했다.

12월 18일 쇼인은 가사마번笠間藩(이바라키현 가사마시)의 번교 지슈칸時習館에서 『맹자』를 강의하고 미토水戶로 가서 1852년 1월 20일까지 머물렀다. 그동안 쇼인은 아이자와 야스시를 여러 번 방문해 대담했다. 아이자와는 막부 말기의 지사들이 애독했던 『신론新論』의 저자였다. 쇼인이 아이자와를 만났을 때 그는 이미 일흔두 살의 노인이었다. 『신론』은 1825년 아이자와 나이 마흔세 살 때 탈고했으나 민감한 내용이 포함되어 있어 아직 간행하지 않고 있었지만, 이미 필사본이 전국적으로 유통되고 있었다. 쇼인은 이미 1850년 9월 규슈의 히라도에 머물 때 『신론』을 정독한 적이 있었다.

1월 20일 미토를 출발한 쇼인은 시라카와白河(후쿠시마현 시라카와시)·아이즈会津(후쿠시마현 아이즈와카마쓰시)에서 잠시 머문 후 니이가타新潟, 사도佐渡, 구보타久保田, 오오다테大館, 히로마에広前를 거쳐 오토마리小泊, 이마베쓰今別, 히라다테平館, 아오모리青森, 오미나토小湊 등 쓰가루 해협에 면한 지역을 답사했다. 그리고 다시 모리오카盛岡, 센다이仙台, 요네자와米沢, 닛코日光를 돌아보고 4월 5일 에도로 돌아왔다. 쇼인은 약 4개월 동안 주로 동북 지방을 여행하며 그 지역의 학자와 검도의 달인을 만나고 명소와 역사 유적을 답사했다.

쇼인이 에도로 돌아오자, 그를 기다리고 있던 것은 "죄인 요시다 쇼인을 하기로 압송하라."라는 명령이었다. 번의 법도를 위반하고 허가 없이 무단으로 '망명'했다는 죄목이었다. 5월 12일 하기로 압송된 쇼인이 옥에 갇혔다. 법도를 어기고 멋대로 행동한 쇼인을 비난하는 무사들이 많았다. 쇼인에게 절교장을 보낸 동료도 있었다. 12월 9일 재판 결과가 나왔다. 쇼인은 무사 신분, 봉록, 병학 사범의 자격 등이 모두 박탈되어 서민 신분이 되었다.

그러나 조슈번의 번주 모리 다카치카는 쇼인과 같은 인재가 재능을 발휘하지 못하고 서민 신분으로 지내는 것을 두고 볼 수 없었다. 은밀히 쇼인의 부친 스기 유리노스케에게 아들을 석방하는 방안을 제시했다. 1853년 1월 13일 유리노스케가 조슈번에 아들 쇼인이 10개월 동안 일본 각지를 여행할 수 있게 해 달라는 청원서를 제출했다. 모리 다카치카는 즉시 쇼인의 여행을 허가했다. 1월 26일 쇼인이 여행길에 올랐다. 그동안 쇼인은 요시다 가문의 양자로 들어갈 때 칭했던 오지로大次郎에서 마쓰지로松次郎, 마쓰지로에서 다시 도라지로寅次郎로 이름을 바꾸었다. 이 무렵부터 쇼인松陰이라는 호를 사용했을 것으로 여겨진다.

요시다 쇼인은 하기를 떠나 시코쿠, 오사카, 야마토大和, 이세伊勢, 미노美濃, 시나노信濃, 고즈케上野를 거쳐 5월 24일 에도에 도착했다. 6월 3일 미국의 페리 함대가 에도 만에 모습을 드러냈다. 소문을 들은 쇼인이 6월 6일 밤 우라가로 달려갔다. 쇼인은 페리 함대를 보고 조슈번 에도 번저로 급보를 전했다. "오늘 아침 높은 곳에 올라 주변을 살펴보니 적의 군함 네 척이 보였습니다. 두 척은 증기선으로 대포 20문, 배의 길이는 40간 정도, 두 척은 소형 범선 형태로 대포 26문, 배의 길이 24~25간" "배는 북아메리카 소속이 틀림없고, 그들이 원하는 것은 작년부터 떠도는 풍문과 같은 것 같습니다. 국서는 일본 관리가 군함으로 오면 전달하겠지만, 그렇지 않으면 에도성으로 직접 전달하겠다고 합니다." "적선은 아침과 밤에 공포를 쏘았습니다." "우라가 백사장에는 사쿠마 쇼잔과 그의 제자 그리고 구경꾼들이 모여 서로 이야기하고 있습니다." "오랑캐의 위세에 굴복하는 일이 이번으로 끝나지 않을 것입니다."

　6월 10일 에도로 돌아온 쇼인은 모리 다카치카에게 『쇼큐시겐将及私言』을 상서했다. 이미 무사 신분을 박탈당한 쇼인이었다. 번주에게 상서할 자격이 없었다. 그래서 쇼인은 상서의 말미에 다음과 같이 썼다. "저의 신분으로 상서하는 것은 부당하다고 생각하지만, 긴박한 정세를 그냥 두고 볼 수 없어 잘못인 줄 알면서도 올립니다." 쇼인은 상서의 첫머리에서 막부의 외교 자세를 비난하면서 다음과 같이 말했다. "천하는 조정朝庭의 천하입니다. 일본의 어떤 땅이라도 오랑캐가 더럽혔을 때는 막부는 물론 여러 다이묘도 총력을 기울여 천하의 치욕을 씻어야 합니다."

　쇼인은 외적에 대항하기 위한 방책을 제시했다. 먼저 외국의 무기를 도입하고 서양식 병제를 채용할 것, 위기에 대비하기 위해서 군함을 건조할 것, 군함을 건조하기 어려우면 네덜란드에서 도입하는 방법을 찾을 것, 이러한 계획은 조슈번이 독자적으로 수행하기 어려우니 센다이·아이즈·사쓰마번 등 경제력이 있는 번과 협력해 실현하는 것이 바람직하다고 제언했다. 그런데 에도 막부는 다이묘가 막부의 허가 없이 군비를 갖추고 군함을 건조하는 것을 금하고 있었다. 그런데도 쇼인은 조슈번이 유력한 번과 협력해 군비를 강화하라고 촉구했다.

　미국 함대의 위용을 가까이에서 지켜본 쇼인은 이미 세계정세가 크게 변화하고 있음을 직감했다. 미국 함대가 다시 에도 만에 모습을 드러내면 에도 막부는 어쩔 수 없이 교전할 수밖에 없을 것이고, 그러면 막부는 쇠망하기 시작할 것이라고 예견했다. 1853년 8월 8일 쇼인이 형 스기 우메타로杉梅太郎(1828~1910)에게 보낸 서신에 다음과 같은 내용이 있다. "내년 봄 에도가 완전히 무너지는 것은 말할 것도 없습니다. 조슈번이 독자적으로 군사를 일으켜 위세를 떨치고 패권을 장악할 수 있는 기회는 이 위기 속에 있다고 생각합니다." 쇼인은 미국 함대의 공격으로 막부가 지도력을 상실하면 조슈번이 일본의 패자로 부상할 수 있는 기회가 온다고 전망했다.

쇼인이 조슈번에 외국의 무기를 도입하고 서양식 병제를 채용하자고 제안한 것은 사쿠마 쇼잔의 의견을 그대로 받아들인 것이다. 사쿠마는 일찍이 막부에 서양식 병제의 채용과 국방의 강화를 진언했다. 하지만 막부는 사쿠마의 진언을 받아들이지 않았다. 또 사쿠마는 막부의 간조부교勘定奉行 가와지 도시아키라川路聖謨에게 유능한 인재를 해외에 파견해야 한다고 진언했다. 그러나 막부는 여전히 그의 진언을 무시했다. 쇼인은 사쿠마 쇼잔과 가깝게 지내면서 해외로 나가 서양의 지식을 배우기로 결심했다. 훗날 쇼인은 그의 저서 『유슈로쿠幽囚錄』에서 다음과 같이 술회했다. "나의 도해渡海의 뜻은 실로 이때 정해졌다."

에도 막부는 17세기 중엽부터 일본인이 해외로 나아가는 것을 금했다. 그래서 쇼인은 바다에 나가서 해류에 몸을 맡기어 다른 나라에 표

상륙하는 페리(東京国立博物館 소장)

착하는 방법을 생각해 보았다. 그는 일단 중국의 상하이까지 간 다음 그곳에서 배를 타고 미국으로 건너갈 생각도 했다. 그것이 여의찮다고 판단한 쇼인은 일본에 입항한 외국 선박에 잠입해 외국으로 건너가는 '묘안'을 떠올렸다. 때마침 나가사키에 러시아 사절 푸티아틴E. Putyatin이 네 척의 군함을 이끌고 입항했다는 소문이 돌았다. 쇼인은 나가사키로 달려갔다. 그러나 러시아 사절은 이미 떠나고 없었다. 1853년 12월 쇼인이 에도로 돌아왔다. 쇼인은 에도에서 스물다섯 살의 새해를 맞이했다.

1854년 1월 페리가 다시 일곱 척의 군함을 이끌고 에도 만에 나타났

1. 요시다 쇼인 - 메이지 유신의 선구자 103

다. 페리는 고압적인 자세로 에도 막부에 통상을 요구했다. 쇼인은 막부가 페리에게 무력으로 대항할 것이라고 예상했다. 그러나 쇼인의 예상은 빗나갔다. 막부는 페리와 몇 차례 회견한 후에 화친조약을 맺었다. 3월 3일이었다. 쇼인은 막부의 대응에 크게 실망했다. 더 이상 에도에 머물 이유가 없어졌다. 그때 쇼인은 다시 나가사키에서 뜻을 이루지 못했던 해외 밀항 계획을 떠올렸다. 3월 27일 쇼인은 자신을 믿고 따르던 제자 가네코 시게노스케金子重之輔(1831~55)와 함께 시모다下田로 달려갔다. 그곳에는 미국 군함이 정박하고 있었다. 쇼인은 작은 배를 타고 군함으로 다가가서 우여곡절 끝에 승선할 수 있었다. 그는 승무원에게 미국으로 건너가서 공부하고 싶다는 뜻을 전했다. 하지만 페리는 쇼인을 추방했다.

미국 밀항에 실패한 쇼인은 막부의 관청으로 가서 자수했다. 9월 18일 막부는 쇼인을 조슈번에 인계했다. 10월 24일 하기로 송환된 쇼인이 노야마野山의 옥에 갇혔다. 그곳은 법도를 위반한 무사들을 가두는 감옥으로 수감 환경이 그렇게 나쁘지는 않았다. 비교적 자유롭게 행동할 수 있었다. 쇼인은 수감 생활 중에 도미나가 유린富永有隣(1821~1900)을 비롯한 무사와 친분을 맺었는데, 그들 중 11명의 죄수를 위해 『맹자』 강의를 시작했다. 강의는 1855년 6월부터 11월까지 이어졌다.

1855년 12월 쇼인이 출소해 스기 가문에 유폐되었다. 쇼인은 유폐

중에 감옥에서 강의하다 중지한 『맹자』 강의를 계속했다. 강의를 마친 쇼인은 원고를 정리해 『고모요와講孟余話』를 집필했다. 1856년 8월부터 야마가 소코의 『부쿄쇼가쿠武敎小學』를 교재로 삼아 바람직한 무사의 정신에 대해 강의하기 시작했다. 강의는 무사의 정신, 무사의 일상생활에 초점이 맞춰졌다. 10월부터는 『니혼가이시日本外史』, 『다이헤이키太平記』를 비롯한 일본의 역사, 『춘추좌씨전』, 『자치통감』을 비롯한 중국의 역사서를 강의했다.

1857년부터 쇼인이 스기 가문의 부지에 쇼카손주쿠松下村塾라는 사립학교를 개원했다. 쇼인이 쇼카손주쿠에서 강의를 시작하자 수강생이 몰려들었다. 수강생은 한때 50여 명에 이르렀다. 그중에서 다카스기 신사쿠, 구사카 겐즈이, 요시다 도시마로吉田稔麿(1841~64), 이리에 구이치入江九一(1837~64), 데라지마 추자부로寺島忠三郎(1843~64) 등이 저명했다. 그들은 전국에서 가장 먼저 막부 타도의 기치를 내걸고 지사들을 결집하는 역할을 했다. 특히 다카스기 신사쿠는 신식 군대를 창설해 막부군 타도에 결정적인 역할을 했다. 메이지 정부의 중신 야마가타 아리토모山県有朋(1838~1922)와 이토 히로부미伊藤博文(1841~1909)도 쇼카손주쿠에서 배웠다. 쇼카손주쿠를 개원하기 전, 쇼인은 이미 조슈번의 공립학교 메이린칸明倫館을 대표하는 학자였다. 그때 메이린칸에서 쇼인에게 배운 가쓰라 코고로桂小五郎(기도 다카요시)는 쇼카손주쿠에 입학하지 않았다.

쇼카손주쿠

쇼인은 고향에서 1858년 새해를 맞이하면서 스물아홉 살이 되었다. 쇼인이 모처럼 한가한 나날을 보냈다. 그러나 이 무렵 막부의 수뇌부는 분주하게 움직이고 있었다. 1월 5일 미국의 압박을 견디지 못한 막부가 해리스 공사에게 60일 이내에 통상조약을 체결할 것이라고 약속했다. 하지만 막부는 조약을 체결할 자신이 없었다. 그래서 조약 체결을 허락한다는 천황의 칙허를 얻어서 반대 여론을 누르려고 했다. 막부의 로주 홋타 마사요시가 천황과 귀족들을 설득했다. 전쟁을 피하려면 조약을 체결해야 한다고 귀족들을 설득했다. 그러나 3월 20일 고메이 천황이 조약을 허락할 수 없다는 뜻을 밝혔다. 그러자 홋타가 로주의 지위에서 물러나고 이이 나오스케가 다이로에 취임했다. 6월 19일 이이가 일미수호통상조약을 체결했다.

이이 나오스케는 외교 담당 로주 마나베 아키카쓰間部詮勝(1804~84)를 교토로 보내 막부가 통상조약을 서두를 수밖에 없었던 사정을 설명하려고 했다. 9월 3일 마나베가 에도를 떠나 교토로 향했다. 그 소식을 접한 쇼인은 마나베를 습격하는 계획을 세웠다. 일단 마나베를 사로잡은 후 막부에 조약의 파기와 양이의 실행을 요구할 심산이었다. 그리고 에도로 향하는 조슈번의 참근교대 행렬을 후시미伏見(교토시 후시미쿠)에서 저지하고 번주 모리 다카치카를 교토로 안내한다는 계획도 세웠다. 일부 제자들이 요시다 쇼인의 뜻에 따랐으나 구사카 겐즈이, 다카스기 신사쿠, 가쓰라 코고로 등이 따르지 않았다. 조슈번의 중신들이 쇼인이 거사를 계획하고 있다는 정보를 입수했다. 12월 5일 쇼인이 다시 수감되었다.

1859년 4월 19일 막부가 조슈번에 요시다 쇼인을 에도로 송환하라고 명령했다. 5월 25일 쇼인이 하기를 떠나 에도로 향했다. 7월 9일 막부는 쇼인을 재판소로 소환해 심문하고 옥에 가두었다. 막부가 쇼인을 소환한 목적은 막부의 외교정책을 비판해 체포된 우메다 운핀과 내통한 사실이 있는지 조사하는 것이었다. 우메다와 내통한 사실이 없다는 것이 판명되면 막부가 쇼인을 극형에 처할 명분이 없었다. 그런데 쇼인이 경솔하게 자신이 막부의 로주 마나베 아키카쓰를 납치할 계획을 세웠다고 자백하고 말았다. 막부는 쇼인에게 사형을 선고했다. 10월 27일 덴마초伝馬町의 감옥에서 사형이 집행되었다. 향년 29세였다.

◇◇◇◇◇◇◇◇◇◇

요시다 쇼인은 노야마의 옥에 갇히면서 바깥세상의 일에 관심을 두지 않고 오로지 독서에 전념하겠다고 결심했다. 러시아와 미국에 관한 생각은 물론 양학에 대한 관심도 잠시 덮어두기로 했다. "지금은 영어의 몸이 되었다. 독서에 온 힘을 쏟을 수 있지만, 좋은 스승과 학우가 없으니 양학 공부도 쉬기로 한다." 쇼인은 사쿠마 쇼잔과 같은 스승이 없다면 양학 공부를 할 수 없다고 판단했을 것이다. 그러나 양학 공부를 덮어둔 근본적인 이유는 쇼인의 관심이 병학에서 사학과 경학으로 옮겨갔기 때문이다.

쇼인은 감옥에서 많은 책을 읽었다. 노야마의 옥은 무사들만 수용하던 곳이었다. 다행히 죄수들이 쇼인의 독서를 방해하지 않았다. 오히려 쇼인을 존경하고 가르침을 청하는 분위기였다. 쇼인은 형 스기 우메타로가 옥에 넣어준 책을 놀라운 속도로 읽고, 곧바로 다른 책을 요구해서 읽었다. 쇼인이 옥중에서 저술한 『노야마고쿠도쿠쇼키野山獄読書記』에 따르면, 옥에 갇힌 날부터 매월 30~40권의 책을 읽었다. 다음 해 12월에 출옥할 때까지 총 554권의 책을 읽었다.

쇼인은 병학서, 의학서, 지리서, 문학서, 시문 등 다양한 분야의 책을 탐독했지만, 그의 독서는 어디까지나 사학과 경학에 초점이 맞춰져 있었다. 『野山獄読書記』에 따르면, 쇼인은 『논어』, 『맹자』, 『맹자집주』, 『맹자어류』, 『장자』, 『장자구의莊子口義』, 『자치통감』, 『전국책』 등 중국의 경전과 역사서, 『릿코쿠시六国史』, 『엔기시키延喜式』, 『기지혼마쓰紀事本末』, 『니혼가이시』, 『니혼세이키日本政記』, 『신초기信長記』, 『오다군키織田軍記』, 『신겐카介信玄家集』, 『유히로쿠有斐錄』, 『서양열구사』 등 일본과 서양의 역사서를 탐독했다.

쇼인은 옥중에서 책만 읽고 있지 않았다. 죄수들을 대상으로 『맹자』를 강의했다. 그런데 그의 강의는 단지 맹자의 가르침을 후학들에게 전수하는 데 있지 않았다. 그의 유학 강의는 수강자들에게 애국심을 고취하는 정신교육의 수단이었다. 쇼인의 강의는 다른 유학자들의 그것과 질적으로 달랐다. 그는 수강자들에게 국가에 충성하는 것이 곧 무사의 의무라고 가르쳤다. 쇼인이 말하는 국가는 곧 천황 가문을 의미했다.

쇼인은 『니혼쇼키日本書紀』에 기록된 일본 신화를 사실로 받아들였다. 신화에는 천황이 일본의 개국신 아마테라스오미카미天照大神의 직계 자손으로 되어 있다. 신화와 천황 가문의 역사가 분리되지 않고 연결되어 있었다. 천황을 신성하고 절대적인 존재로 받들었던 쇼인은 신화를 부정하거나 비판할 수 없었을 것이다. 쇼인은 일본 신화에 대해 다음과 같이 말했다. "갑론을박하는 것은 옳지 않다. 의심하는 것은 더더욱 옳지 않다. 천황 가문의 역사는 모두 신대神代에 뿌리를 두고 있다. 신대의 '역사'는 신하가 된 자가 신봉해야 마땅한 것이다."

쇼인은 옥중에서도 집필을 게을리하지 않았다. 『野山獄読書記』, 『유슈로쿠幽囚録』, 『가이코로쿠回顧録』 등 많은 책을 썼다. 그의 저서 중에서 특히 『유슈로쿠』가 가장 주목된다. 쇼인은 이 책에서 서양 각국의 정세를 논하고, 일본이 처한 현실에 깊은 우려를 표하면서 일본이 융성하려면 서양 각국과 통상하고 해외로 진출해야 한다고 주장했다. 매우 간결하고 힘이 넘치는 문장이었다. 쇼인은 이 책을 탈고하자 역시 감옥에 갇혀 있던 양학의 스승 사쿠마 쇼잔에게 보냈다. 사쿠마는 쇼인의 원고에 첨삭하거나 비평하는 작업을 했다. 이렇게 완성된 『유슈로쿠』에는 고대 천황이 다스리던 시대의 역사를 그리워하고, 그때와 같이 다른 나라를 침략해 일본을 부강한 나라로 만들고 싶은 쇼인의 사상이 그대로 드러났다. 『유슈로쿠』 중에서 쇼인의 사상이 드러난 내용을 소개해 보기로 하겠다.

요시다 쇼인은 조슈번의 법도를 어기고 동북 지방을 여행했고, 에도 막부를 세운 도쿠가와 이에야스가 정한 법도를 어기고 해외로 밀항을 시도했다. 무모하리만치 다른 나라 사정에 관심이 많았던 것은 그만큼 쇼인이 일본의 앞날을 염려했기 때문이다. 쇼인이 말했다. "근년에 러시아, 미국 등이 잇달아 개항을 요구하지만, 관리들이 무기력하게 대응하고 있다." "이러한 때 만국의 정세를 잘 살펴서 잘 대처해야 하나 허송세월하고 탁상공론을 일삼는 자들과 같이 행동할 수 없다." "그래서 내가 밀항하려고 했다. 어찌할 수 없는 상황이었다."

쇼인은 이미 오래전부터 러시아와 네덜란드가 일본의 개항을 타진했고, 외국선이 일본 근해에 출몰하는 것을 확인했으면서도 에도 막부의 대응이 너무나 안일했다고 비판했다. "일본이 오랫동안 태평한 나날이 지속되어 실속 없는 말만 많았다. 다수가 모여 논의하며 전쟁 또는 평화를 이야기하나 정말로 몸을 던져서 책임을 지는 자가 없었다. 뜻있는 자가 분연히 외국으로 인재를 보낼 필요가 있다고 상서했지만 받아들여지지 않았다." 그러다가 미국의 페리가 와서 고압적으로 개항을 요구하자 막부의 태도가 급변했다. 쇼인은 막부의 태도에 크게 실망했다. "옛날에는 신하가 신하답지 않으면 (천황이) 국내외를 불문하고 정벌해 반드시 잘못을 뿌리 뽑았다. 그래서 세력이 매우 강성했다. 그런데 지금은 무릎을 꿇고 고개를 숙이고 오랑캐가 하자는 대로 한다. 나라의 위신이 이처럼 쇠퇴한 일이 예부터 아직 없던 일이다."

쇼인은 고대 천황이 다스리던 시대 일본은 매우 강성한 국가였음을 강조했다. 쇼인은 일본의 관찬 역사서 『니혼쇼키』를 읽고 천황을 열렬하게 숭배하게 되었다. 일찍이 역사가 나라모토 다쓰야奈良本辰也(1913~2001)가 주목했듯이, 쇼인은 "천하는 한 사람의 천하"라는 사상을 갖고 있었다. 중국인들은 "천하는 천하의 천하"라는 말을 당연하게 여겼다. 전국시대 일본인들도 그 말을 자연스럽게 받아들였다. 도쿠가와 이에야스가 다이묘들에게 말했다. "천하는 천하의 천하이니 자신이 있으면 권력을 빼앗아 보라." 에도 시대의 유학자들도 "천하는 천하의 천하" 사상을 견지했다. 그런데 쇼인은 신슈神州(일본)를 다스릴 수 있는 권한은 오로지 신성한 천황 '한 사람'에게 있다고 주장했다. 이러한 쇼인의 사상이 메이지 22년(1889년)에 공포된 「대일본제국헌법」에 그대로 반영되었다.

「대일본제국헌법」은 이토 히로부미의 손을 거쳐 제정되고 공포되었다. 이토는 쇼카손주쿠에서 요시다 쇼인에게 배웠다. 그는 「대일본제국헌법」의 입안·제정·공포의 전 과정에 관여했다. 「대일본제국헌법」의 제1조는 "대일본제국은 만세일계万世一系의 천황이 이를 통치한다." 제3조는 "천황은 신성神聖해 범할 수 없다."라고 규정했다. 일본은 모든 권력이 천황에게서 나오는 천황주권 국가였다. 법률에 국민이라는 용어가 없었다. 국민 대신에 신민臣民이라는 용어가 사용되었다. 신민의 기본권이라는 개념은 있었지만, 그것은 어디까지나 신민으로서 의무를 다했을 때에 한해 천황이 '베푸는' 것이었다.

쇼인이 말했다. "국가는 번창하지 않으면 쇠퇴한다. 그래서 당당한 나라를 세우는 자는 현재의 영토를 보존하고 유지할 뿐만이 아니라 부족하다고 생각하는 부분을 보충해야 한다. 지금 서둘러 군비를 충실히 하고 군함과 대포를 갖춘다면, 홋카이도를 개간해 여러 다이묘에게 영지로 나누어주고, 기회를 봐서 캄차카, 오호츠크를 빼앗고, 유구琉球를 타일러 일본의 여러 다이묘와 마찬가지로 막부에 복종하게 해야 할 것이다. 또 조선을 공략해 옛날 일본이 위세를 떨치던 때와 같이 인질과 공물을 바치게 하고, 북으로는 만주에서 남으로는 타이완, 필리핀의 여러 섬까지 수중에 넣어 점차로 진취적인 기세를 떨쳐야 할 것이다. 그런 다음에 인민을 보살피고 병사를 양성해 변경을 수비한다면 어엿하게 국가를 보전한다고 할 수 있을 것이다."

먼저 홋카이도를 일본 영토로 삼고, 그곳을 발판으로 북으로 캄차가, 오호츠크, 만주, 서북으로는 조선, 남으로는 유구, 타이완, 필리핀의 여러 섬에 이르기까지 일본이 직접 또는 간접으로 지배하자는 것이다. "조선을 공략해 옛날 일본이 위세를 떨치던 때와 같이 인질과 공물을 바치게" 하자는 것은 『니혼쇼키』의 진구 황후神功皇后 이야기를 염두에 두고 한 말일 것이다. 그런데 진구 황후는 『니혼쇼키』 편자가 의도적으로 날조한 인물이었다. 하지만 『니혼쇼키』의 기록을 그대로 믿었던 쇼인이었기에 진구 황후가 한반도 국가를 정벌하고 거느렸다는 주장을 폈을 것이다.

쇼인은 고대 천황의 역사를 시대별로 간략하게 기술하면서 때때로 자신의 견해를 덧붙였는데, 그중에 진구 황후의 기록이 있다. "추아이 천황仲哀天皇 9년 진구 황후가 직접 신라에 원정했다. 신라가 항복했다. 전리품이 창고에 가득했다. 그림·서적·문서도 많이 손에 넣었다. 고구려 백제도 일본의 신하임을 칭해 공물을 조정에 바쳤다. 신라에 천황의 직할지를 두었다." "진구는 황후임에도 불구하고 군대를 이끌고 원정했다. 고대에는 일본이 얼마나 강성했는지 이로써 잘 알 수 있다." "진구 황후 섭정 5년 신라가 사절을 일본에 보내 조공했다." "진구 황후 섭정 62년 신라가 조공하지 않았다. 소쓰히코襲津彦를 보내 신라를 토벌했다." "국위를 해외에 떨치니 기상이 얼마나 장엄하고 위대한가?"

진구 황후의 이야기는 필연적으로 임나일본부설과 연결될 수밖에 없었다. 쇼인이 말했다. "임나에는 일본의 식민지가 있어 기지를 설치하고, 군사를 두고, 지휘관을 임명해 다스리도록 했다. 삼한의 동정을 살피고 통제했다. 매우 현명한 술책이었다." 오늘날 일본 고대사 연구자 중에 임나일본부설을 따르는 사람은 거의 없다. 하지만 임나일본부설은 예부터 일본인이 한반도가 고대 일본의 식민지였다고 믿는 '역사적' 근거가 되었다. 쇼인은 노골적으로 조선을 침략하자고 주장했다. "조선과 만주는 서로 이어져 일본의 서북쪽에 위치한다. 또 모두 바다를 사이에 두었지만 가까이에 있다. 그리고 조선은 옛날에 우리의 신하가 되어 복종했는데, 요즈음에 점점 오만해졌다. 왜 그리되었는지 상세하게 연구하고 원래대로 신하가 되어 복종하도록 되돌려 놓아야 할 것이다."

쇼인은 옛날 일본이 한반도를 경략해 다스렸다는 역사 '경험'을 토대로 해외로 팽창하는 꿈을 꾸었다. 쇼인의 시야는 유구와 필리핀을 넘어 남쪽으로 확장해 오스트레일리아까지 넘보았다. "濠斯多辣利(오스트레일리아)는 神州(일본)의 남쪽에 있는데 바다를 사이에 두고 있기는 하지만 생각보다 멀지 않다. 그 위도는 정확히 지구의 한가운데 정도에 있다. 그래서 초목이 무성하고 인민이 번성해 다른 나라 사람들이 당연히 다투어 그곳을 차지하려고 할 것이다. 그런데 영국이 개간하는 것은 겨우 그곳의 십분의 일에 지나지 않는다. 내가 평소에 이상하게 여기고 있는 비이다. 만약 우리가 먼저 그곳을 차지한다면 반드시 큰 이익이 있을 것이다."

다카스기 신사쿠(사진)

CHAPTER2.

다카스기 신사쿠
– 불가능에 도전한 지도자

　다카스기 신사쿠高杉晉作(1839~67)는 1839년 8월 20일 조슈번의 본거지 하기萩의 기쿠야요코초菊屋横町에서 모리 가문의 가신 다카스기 고추타高杉小忠太(1814~91)의 아들로 태어났다. 열 살이 되었을 때 천연두에 걸려서 얼굴에 엷은 곰보 자국이 생겼다. 소년 다카스기는 열세 살 때 잠시 사설 교습소에 다니면서 글을 읽고 쓰는 공부를 했고, 열네 살이 되었을 때 조슈번이 세운 학교 메이린칸明倫館에 입학했다. 당시 메이린칸의 학생은 성적에 따라 대학생, 입사생入舍生, 거료생居寮生으로 분류했다. 다카스기의 성적은 그리 뛰어나지 못했던 것 같다. 열아홉 살이 되어서야 대학생에서 입사생으로 진급할 수 있었다. 이 무렵 다카스기는 공부보다 검술 수련에 힘을 기울였다.

다카스기 신사쿠는 유학에 초점이 맞춰진 메이린칸의 교육에 적응하지 못했다. 1857년에 요시다 쇼인이 쇼카손주쿠를 설립했다. 그러자 다카스기 신사쿠가 그 학교에 입학했다. 그때 스승 쇼인이 말했다. "다카스기 신사쿠는 아직 학문이 여물지 않았고 아집이 강한 면도 있으나 그는 유식한 무사이다. 10여 년 후에는 큰일을 할 인물이 될 것이다." 요시다 쇼인이 말하는 '유식한'이란 지식이 많다는 것이 아니라 판단력·통찰력·언변력을 의미했다. 쇼카손주쿠 학생 중에 수재라고 알려진 구사카 겐즈이가 있었다. 쇼인은 다카스기를 구사카 겐즈이와 경쟁시켰다. 그러자 다카스기의 학문이 단기간에 놀라울 정도로 성장했다. 학생들이 다카스기의 말에 따랐고 스승 요시다 쇼인도 때때로 다카스기의 말을 인용할 정도였다.

조슈번이 재능이 있는 학생들을 에도로 보내 견문을 넓히는 기회를 제공했다. 다카스기 신사쿠가 유학생으로 선발되었다. 1858년 7월 다카스기가 에도로 떠나기 전에 스승 요시다 쇼인을 찾아가 인사했다. 다카스기는 모처럼 스승과 편안한 시간을 보냈다. 그런데 다카스기가 에도로 떠난 후 막부가 요시다 쇼인을 에도로 소환했다. 다카스기는 에도로 가서 쇼헤이코昌平黌에 입학했다. 쇼헤이코는 에도 막부가 하타모토·고케닌의 자제들을 교육하기 위해 세운 대학이었지만, 막부 말기에는 여러 다이묘가 추천하는 우수한 학생에게 문호를 개방했다. 다카스기는 그곳에서 주로 문학을 공부했다.

1859년 7월 9일 막부가 요시다 쇼인을 재판소로 불러 심문하기 시작했다. 다카스기는 옥에 갇힌 쇼인을 면회하고 금전과 서책을 차입하면서 옥바라지했다. 그러나 조슈번의 중신들이 다카스기가 국사범인 쇼인과 자주 접촉하면 신변이 위험해질 수 있다고 판단했다. 그들은 조슈번의 무사가 또다시 막부의 수사 대상이 되는 것을 두려워했다. 번주 모리 다카치카가 다카스기에게 고향으로 돌아오라고 명령했다. 이어서 다카스기의 부친이 더 이상 쇼인과 접촉하면 부자의 인연을 끊겠다는 시신을 보냈디. 10월 17일 다카스기가 에도를 떠나 고향으로 향했다.

막부는 요시다 쇼인을 사형에 처했다. 11월 16일 다카스기가 고향에 도착해 스승의 처형 소식을 들었다. 다카스기는 평소에 요시다 쇼인을 감싸주고 보호했던 스후 마사노스케周布政之助(1823~64)에게 서신을 보냈다. "쇼인이 기어이 막부 관리의 손에 죽임을 당했습니다. 조슈번의 수치입니다. 발설하는 것도 부끄러워 얼굴이 붉어집니다. 저는 쇼인과 사제의 인연을 맺었습니다. 그러니 원수를 갚기 전까지 마음을 놓을 수 없습니다." 다카스기는 검술을 연마하고 독서에 힘쓰면서 마음을 다스렸다.

1860년 1월 다카스기 신사쿠가 혼인했다. 신부는 야마구치마치부 교산口町奉行 이노우에 헤이에몬井上平右衛門의 차녀 마사코雅子였다. 다카스기와 마사코 사이에 아들 한 명이 태어났다. 그러나 다카스기는 마사코에게 정을 주지 않았다. 주변 사람에게 부인에 대해 한마디도 말한 적이 없었다. 다카스기가 사망할 때까지 마사코와 같이 지낸 시간이 1년도 채 되지 않았다. 그가 사랑한 사람은 게이샤芸者 오노였다. 훗날 마사코는 남편에 대해 다음과 같이 회상했다. "밖으로 나돌아다니다가 젊어서 사망했기 때문에 같이 지낸 시간이 거의 없었다. 떠오르는 추억이 없다."

미국의 페리가 고압적인 자세로 통상을 요구한 직후, 에도 막부가 200여 년 지켜온 쇄국 방침을 철회하고 여러 번이 대형 선박을 건조하는 것을 허용했다. 조슈번은 1856년 5월부터 하기의 오바타우라小畑浦에 건설한 조선소에서 대형 선박을 건조했다. 1857년 1월 서양식 군함 헤이신마루丙辰丸의 진수식이 있었다. 길이 25미터 배수량 47톤의 군함은 선수에 대포 2문을 장착한 목조 범선이었다. 다카스기는 헤이신마루를 타고 큰 바다로 나가는 날을 고대했다.

다카스기 신사쿠는 에도에서 유학할 때부터 군함에 관심이 많았다. 그는 구사카 겐즈이에게 속내를 털어놓았다. 군함을 타고 큰 바다로 나아가려면 천문학과 지리학 공부가 필요하다고 말하기도 했다. 1857년 4월 20일 다카스기가 드디어 헤이신마루를 타고 에도로 향했다. 헤이신마루는 하기에서 혼슈의 서단을 돌아 세토나이카이瀨戶內海의 여러 항구와 사카이堺(오사카부 사카이시)를 거쳐 에도의 외항 시모다에 도착하기까지 무려 60여 일이나 걸렸다. 다카스기는 범선이 순풍을 만나지 못하면 항해할 수 없다는 것을 알았다. 성격이 급한 그는 더 이상 선박에 기대하지 않았다.

1860년 6월 다카스기는 에도에서 가쓰라 코고로와 구사카 겐즈이를 만났다. 가쓰라·구사카는 에도에 머물며 미토번의 존왕양이파 지사들과 접촉하고 있었다. 7월 20일 에도 만에 정박 중인 헤이신마루에서 조슈번의 가쓰라 코고로와 미토번의 사이마루 다테와키西丸帶刀(1822-1913)가 만나 맹약을 맺었다. 다카스기는 그 사실을 알았지만 관여하지 않았다. 8월 28일 다카스기가 동북 지방 여행길에 올랐다. 여행의 목적은 각 지역의 이름난 검객을 만나서 검술을 맞겨루고, 명망 있는 학자를 만나서 가르침을 받는 것이었다.

다카스기는 일기에 다음과 같이 썼다. "군함을 타고 에도까지 왔다. 항해술을 배우려고 했지만, 나의 성격은 거칠고 급하다. 항해술을 익힐 수 있는 능력이 없다는 것을 알았다. 그래서 에도에 머물면서 문학을 공부하고 검술을 연마하려고 했다. 하지만 주군이 허락하지 않았다. 부친도 고향으로 돌아오라고 재촉하는 서신을 보냈다. 할 수 없이 귀국하려고 하는데, 이번 기회에 홀로 이곳저곳을 여행하고 싶다." 다카스기는 50여 일간 동북 지방을 여행하고 고향으로 돌아왔다. 그동안 그는

90여 명의 검객과 승부를 맞겨뤘고, 미토번의 가토 오로 加藤桜老(1811~84), 후쿠이번의 요코이 쇼난横井小楠(1809~69) 등 여러 학자를 만나서 가르침을 받았다.

1860년 3월 3일 막부의 다이로 이이 나오스케가 미토번 출신 낭인들에게 암살되었다. 안도 노부마사가 막부의 로주에 취임해 공무합체 운동을 벌였다. 이 무렵에 조슈번

요코이 쇼난

에서 나가이 우타長井雅楽(1819~63)가 항해원략책航海遠略策을 기안해 번주에게 올렸다. 그의 주장은 대략 다음과 같았다. "막부가 개국을 결정한 이상, 막부의 방침에 따라 조슈번이 무역에 앞장서야 합니다. 서양 각국과 교역하려면 조슈번 내의 의견이 분열되어서는 안 됩니다. 공무합체 운동에 협력하면서 모든 문제를 지혜롭게 해결해야 합니다." 조슈번의 중신들이 나가이의 주장에 동의하면서 항해원략책이 조슈번의 공식 입장이 되었다. 동북 지방을 여행하고 고향으로 돌아온 다카스기는 침묵으로 항해원략책을 지지했다.

그러나 에도와 교토에서 활동하던 조슈번의 존왕양이파 지사들이 항해원략책에 반발했다. 그것은 결국 막부가 추진하는 공무합체 운동을 정당화할 뿐이라는 것이었다. 안도 노부마사가 추진하는 가즈노미야와 막부의 쇼군 도쿠가와 이에모치의 혼인이 성사된다면 존왕양이파의 활동이 위축될 수 있었다. 막부에 대항하는 것은 결국 천황과 조정을 공격하는 모양새가 되기 때문이었다. 바로 그것이 막부가 공무합체 운동을 추진하는 노림수이기도 했다. 항해원략책은 결국 존왕양이 운동의 발목을 잡는 것이었다. 이러한 주장이 조슈번에서 제기되자 전국의 존왕양이파 지사들이 동요했다.

한편, 나가이 우타는 교토의 귀족들을 만나 항해원략책을 고메이 천황에게 보고해 달라고 요청했다. 그리고 1861년 3월에 조슈번의 세자 모리 모토노리毛利元德(1839~96)를 에도로 보내 항해원략책의 내용을 설명하게 했다. 그해 6월 조슈번이 다카스기 신사쿠를 에도로 보내 모리 사다히로를 보좌하게 했다. 7월 말에 에도에 도착한 다카스기는 구사카 겐즈이를 만났다. 구사카는 다카스기에게 지사들이 왜 막부가 추진하는 공무합체 운동과 조슈번의 항해원략책에 반대하는지 설명했다. 사태의 심각성을 인식한 다카스기는 구사카를 비롯한 조슈번 존왕양이파 지사가 나가이 우타를 제거하는 계획에 동조하지 않을 수 없었다.

1862년 1월 3일 다카스기 신사쿠가 청나라로 가는 막부의 사절을 따라 증기선 치도세마루千歲丸를 타고 에도 만을 떠났다. 그런데 나가사키에 도착한 치도세마루의 출항이 늦어졌다. 사절 일행은 나가사키에서 100여 일간 머물렀다. 허송세월할 수 없었던 다카스기는 나가사키에서 영어 공부를 시작했다. 나가사키 무역의 실태를 조사하기도 했다. 미국인을 만나서 미국 사정을 묻기도 하고, 남북전쟁에 관한 이야기도 들었다. 다카스기는 일기에 다음과 같이 썼다. "외국과 싸우는 전쟁보다 내란이 더 무섭다는 생각이 들었다."

4월 29일 이윽고 51명을 태운 치도세마루가 상하이로 향했다. 다카스기는 매일 일기를 쓰며 선박의 위치, 바람의 방향을 정확하게 기록했다. 5월 5일 치도세마루가 양쯔강 하구에 도착했다. 치도세마루는 그곳에서 증기선에 예인되어 상하이로 향했다. 양쯔강의 풍경은 일본과 크게 다르지 않았다. 하지만 상하이의 중국인들은 모두 가난하고 비위생적으로 보였고, 그들 대부분이 외국인에게 부림을 당하고 있었다. 다카스기는 일기에 다음과 같이 적었다. "우리나라도 결국은 이처럼 될 수밖에 없는가?" 다카스기는 상하이에서 2개월간 체류한 후 귀국길에 올랐다.

7월 14일 치도세마루가 나가사키로 돌아왔다. 8월 23일 다카스기가 교토에 머물고 있던 주군 모리 다카치카를 알현했다. 그런데 다카스기가 중국의 각지를 견문하던 중에 조슈번의 정치 방향이 급선회했다. 모리 다카치카는 고메이 천황과 조정의 귀족들이 여전히 양이 방침을 버리지 않았다는 것을 확인하고 항해원략책을 파기했다. 그리고 막부에 서양 여러 나라와 맺은 조약을 파기하라고 요구했다. 궁지에 몰린 나가이 우타가 변명도 하지 못하고 실각했다. 그 후 암살 위협에 시달리던 나가이는 결국 스스로 생을 마감했다.

조슈번은 개국론을 버리고 존왕양이를 표방했다. 조슈번이 번론을 손바닥 뒤집듯이 바꾸자 세상 사람들이 비웃었다. "조슈번은 에도로 가면 개국론 교토에 오면 양이론, 어느 쪽이 본심인가." 다카스기는 극심한 수치심을 느꼈다. 실추한 조슈번의 위신을 회복하려면 자극적인 행동이 필요하다고 생각했다. 미토번 낭인들이 왜 이이 나오스케를 암살하고, 안도 노부마사를 습격하고, 외국인을 죽이면서 존왕양이를 실천하는지 알았다.

8월 21일 나마무기무라生麦村(가나가와현 요코하마시 쓰루미쿠)에서 사쓰마번 무사가 시마즈 히사미쓰의 행렬을 가로지른 영국인을 참살하는 사건이 일어났다. 이 소식을 들은 다카스기가 말했다. "사쓰마번은 나마무기에서 외국인을 참살해 양이를 실천했는데, 우리 번은 아직 공무합체 운운하고 있다. 어떻게 해서든지 양이의 실적을 올리지 않으면 안 된다." 다카스기는 미토번 낭인과 사쓰마번 무사의 행동을 지켜보면서 무력을 사용하지 않고는 양이론이 조슈번의 공식 입장이라는 것을 세상에 알릴 수 없고, 또 변혁의 실마리를 만들 수도 없다고 생각했다.

다카스기는 외국 공사가 가끔 요코하마 인근으로 나들이한다는 정보를 입수했다. 그는 외국인을 살해하는 계획을 세웠다. 구사카 겐즈이, 이노우에 가오루井上馨(1836~1915), 시나가와 야지로品川弥二郎(1843~1900), 아카네 다케토赤禰武人(1838~66) 등 11명의 조슈번 무사들이 다카스기의 뜻에 따랐다. 11월 12일 그들이 가나가와神奈川의 시모다야下田屋에 숙박했다. 그런데 그 사실을 안 조슈번의 세자 모리 모토노리가 행동을 중지하라고 명령했다. 다카스기 일행이 시모다야에서 물러났다. 조슈번이 다카스기에게 근신 명령을 내렸다. 다카스기는 근신 중에 미타테구미御楯組라는 비밀 조직을 결성했다. 이 조직에 시모다야에 모였던 동지 모두가 가입했다. 12월 12일 그들은 모리 모토노리가 자리를 비운 틈을 타서 시나가와品川의 고텐야마御殿山(도쿄토 시나가와쿠 소재)에 신축 중인 영국공사관을 습격해 불을 질렀다.

1863년 1월 5일 다카스기는 구사카 겐즈이, 이토 히로부미 등과 함께 고즈카하라小塚原(도쿄토 아라카와쿠 미나미센주) 처형장에 매장되었던 요시다 쇼인의 시신을 와카바야시若林(도쿄토 세타가야쿠 와카바야시)에 있던 모리 가문의 저택 터로 옮겨 장사지냈다. 훗날 이곳에 쇼인 신사松陰神社를 건립했다. 쇼인의 개장이 가능했던 것은 1862년에 조정이 "안세이安政 이래 막부에 의해 체포되어 처형된 국사범을 사면하고 개장을 허용한다."라는 칙령을 내린 덕분이었다. 조정이 막부가 사형한 범인을 사면했다는 것은 막부의 권력이 쇠퇴했음을 알리는 신호였다.

쇼인 신사

다카스기 신사쿠의 활약으로 조슈번의 존왕양이파 지사들이 힘을 얻었다. 그 무렵 도사번에서도 존왕양이파가 득세했다. 도사번의 야마우치 도요시게山內豊信(1827~72)가 일시적이나마 존왕양이파 지사들을 보호했다. 조슈·도사번의 존왕양이파를 중심으로 사쓰마·미토·사가·구마모토 등 여러 번의 지사가 결집했다. 막부의 외교정책을 불신하는 지사들이 조정의 귀족들과 빈번하게 접촉했다. 존왕양이론에 동조하는 귀족이 늘어났다. 이러한 정세 속에서 조정은 산세이參政와 기진奇人이라는 관직을 신설해 현안에 대응하려고 했다. 산세이·기진에 급진파 소장 귀족이 임명되었다.

조정은 귀족의 자제를 교육하기 위해 설립한 가쿠슈인學習院을 존왕양이파 지사들에게 개방했다. 조정의 급진파 귀족과 존왕양이파 지사들이 가쿠슈인을 거점으로 교류하기 시작했다. 가쿠슈인이 존왕양이파의 산실이 되었다. 1862년 윤8월 조정이 다카스기 신사쿠를 가쿠슈인의 관리에 임명했다. 이 무렵 도사번에서 정변이 일어나 존왕양이 세력이 축출되었다. 그러자 조슈번이 조정과 다이묘의 가교역할을 하면서 존왕양이 운동을 선도하는 모양이 되었다. 산조 사네토미와 아네가고지 긴토모姉小路公知(1840~63)를 비롯한 귀족들이 조슈번을 믿고 의지했다. 그들은 다카스기의 책략과 결단력을 높이 샀다.

다카스기 신사쿠는 얼마 지나지 않아 가쿠슈인에서 물러났다. 조슈번의 앞날을 염려했기 때문이다. 당시 조슈번은 조정의 급진파 귀족들과 손을 잡고 천황도 움직일 수 있었다. 그동안 조슈번은 천황이 칙령을 내려 안세이 대옥 때 막부가 처형한 국사범을 사면하거나 표창하도록 하고, 천황이 가모 신사加茂神社로 행행하도록 하고, 14대 쇼군 도쿠가와 이에모치가 상경했을 때 천황을 수행하도록 하는 등 조정에 막강한 영향력을 행사했다. 그러자 사쓰마번의 시마즈 히사미쓰를 비롯한 공무합체파 다이묘들이 조슈번의 움직임을 경계하면서 반격의 기회를 엿보고 있었다. 막부와 공무합체파 다이묘들이 연합해 반격을 개시했을 때 과연 조슈번이 그들에 맞서 싸울 수 있을까? 다카스기의 고민이 깊어졌다.

1863년 3월 16일 다카스기 신사쿠가 스스로 상투를 잘랐다. 그는 귀족들을 잇달아 방문해서 외국의 침략에 대비해야 한다고 역설했다. 이 무렵 영국의 대리공사가 막부를 방문해 일본인이 영국인을 살해하고 공사관을 습격한 사건에 대해 항의했다. 범인을 처벌하고 영국이 만족할만한 손해배상을 하지 않으면 군함을 동원하겠다고 협박했다. 우라가浦賀에 곧 전쟁이 일어난다는 소문이 돌았다. 우라가의 상인들이 가족을 피신시키고 가재도구를 옮기기 시작했다. 나가사키에서도 전쟁이 일어난다는 소문이 퍼졌다. 4월 10일 다카스기가 호리 신고로堀真五郎(1838~1913)와 함께 고향으로 돌아왔다. 조슈번은 다카스기에게 10년간 근신하라고 명령했다.

그 무렵 막부의 14대 쇼군 도쿠가와 이에모치가 교토에 머물고 있었다. 고메이 천황은 쇼군 이에모치에게 서양 세력을 물리치라고 거듭 촉구했다. 궁지에 몰린 쇼군은 그해 5월 10일을 기한으로 양이를 결행하겠다고 약속했다. 쇼군이 약속한 기일이 되자, 5월 10일 조슈번이 시모노세키 해협을 지나는 미국 상선에 대포를 쏘았다. 23일에는 프랑스 군함, 26일에는 네덜란드 군함에 잇달아 포격을 가했다. 외국 상선과 군함이 피해를 입고 물러갔다. 조슈번 번주 모리 다카치카는 전황을 조정에 보고했다. 천황은 모리 다카치카의 공을 치하하는 칙서를 내렸다. 조슈번 무사들이 승리에 들떠 있었다.

6월 1일 미국 군함이 시모노세키 앞바다에 모습을 드러냈다. 미군은 조슈번의 포대를 공격해 파괴하고, 조슈번의 군함 고신마루庚申丸와 키가이마루癸亥丸를 침몰시켰다. 전투는 한 시간도 채 되지 않아서 끝났다. 많은 조슈번 병사가 사망하거나 중상을 입었다. 6월 5일 프랑스 순양함 2척이 시모노세키에 나타나 조슈번의 포대에 집중 사격을 가한 후, 300여 명의 육전대가 상륙해 마을에 방화하고 포대를 점령했다. 조슈번 병사들이 시모노세키 방향으로 진군했다. 하지만 프랑스 군함에서 대포를 쏘자 더 이상 전진할 수 없었다. 조슈군이 대패했다. 프랑스 군함은 저녁 무렵에 유유히 물러갔다.

패전 소식을 접한 조슈번 번주 모리 다카치카가 중신 회의를 열었다. 난국을 타개할 방도를 찾기 위해서였다. 회의가 열리자마자 다카스기 신사쿠의 이름이 맨 먼저 거론되었다. 모리 다카치카는 10년간 근신하라고 명령한 지 2개월도 지나지 않아서 다카스기를 불렀다. 『기헤이타이닛키奇兵隊日記』에 당시 상황이 다음과 같이 기록되었다. "公(모리 다카치카)께서 시모노세키 패전 소식을 듣고 크게 노했다. 다카스기 신사쿠를 불러 말했다. '대책이 있겠는가?' 다카스기가 말했다. '시모노세키의 일을 신에게 맡겨주십시오. 신에게 생각이 있습니다.' 公이 기뻐하며 허락했다. 그러자 다카스기가 시모노세키로 갔다. 6월 6일이었다."

다카스기 신사쿠는 시모노세키에서 기헤이타이奇兵隊를 창설했다. 이 부대는 조슈번의 정규 군대가 아니었다. 조슈번에 충성하기를 희망하는 자라면 누구라도 입대할 수 있는 신개념 부대였다. 맨 처음 기헤이타이에 지원한 자는 50여 명이었지만, 그 후 청년들이 줄을 이어 입대했다. 그중에는 조슈번의 소총부대에 편성된 하급 무사도 있었고, 낭인으로 생활하던 자도 있었고, 사무를 담당하던 하급 관리도 있었다. 번주의 허락을 얻어 기헤이타이에 입대하는 정규군 출신도 있었다. 그러나 기헤이타이의 근간은 어디까지나 농민과 상공인의 자제들이었다. 다카스기는 기헤이타이 병사들을 근대전에 익숙한 전투원으로 양성했다.

이 무렵 모리 다카치카는 서양의 군대가 일본을 침략하면 천황이 직접 나서서 전투를 지휘해야 한다고 주장했다. 그 준비 단계로 고메이 천황이 진무릉神武陵(나라현 가시하라시)과 가스가 신사春日神社(나라현 나라시)로 행행해 양이攘夷를 기원하는 행사를 기획했다. 명분은 천황이 양이를 기원하는 것이었으나 사실은 조슈번이 천황을 앞세워 막부를 압박하고 정치의 중심을 에도에서 교토로 옮기기 위한 것이었다. 그런데 사쓰마번과 아이즈번会津藩(후쿠시마현 서부·니가타현 및 도치기현 일부)이 연합해 존왕양이파 지사들을 제거하는 한편, 정변을 일으켜 조슈군의 입경을 금지하고 산조 사네토미를 비롯한 급진파 귀족 일곱 명의 관직을 박탈했다. 8·18 정변이었다. 일곱 명의 귀족이 교토를 탈출해 조슈번으로 피신했다.

정변 소식을 들은 다카스기 신사쿠는 조슈번의 세자 모리 모토노리의 상경을 주장했다. 하지만 조슈번은 중신 네고로 가즈사根来上総(1816~92)를 보냈다. 이 무렵 기지마 마타베에来島又兵衛(1817~64)를 비

2. 다카스기 신사쿠 - 불가능에 도전한 지도자　133

롯한 조슈번의 존왕양이파가 상경할 움직임을 보였다. 모리 다카치카는 다카스기를 기지마에게 보냈다. 다카스기는 번주의 서신을 기지마에게 보여주며 행동을 중지하라고 요구했다. 그러나 기지마는 다카스기의 말을 듣지 않았다. 그때 다카스기는 즉시 번주에게 달려가 자초지종을 보고했어야 마땅했다. 그러나 다카스기는 기지마 설득에 실패한 자신의 무능함을 용서할 수 없었다. 그는 번주에게 보고해야 하는 의무를 저버리고 탈번脫藩, 즉 무단으로 번의 통제에서 벗어나는 경솔한 짓을 하고 말았다. 탈번의 죄는 무거웠다. 1864년 3월 27일 고향으로 돌아온 다카스기가 노야마의 옥에 갇혔다. 하지만 번주 모리 다카치카는 6월 20일 다카스기를 옥에서 석방하고 본가에서 근신하라고 명령했다.

1864년 6월 하순에서 7월 초에 걸쳐서 조슈번의 군사 1,700여 명이 교토로 향했다. 교토에 잠복하던 여러 번의 지사 100여 명도 조슈군 진영에 합류했다. 조슈번은 조정에 혁신을 탄원한다는 구실을 내세웠지만 실은 천황 궁전을 탈환하기 위해서였다. 그러나 천황 궁전을 방어하던 사쓰마번·아이즈번·구와나번桑名藩(미에현 구와나시)의 군대가 조슈번 군대를 물리쳤다. 이 전투에서 기지마 마타베에가 장렬하게 전사했다. 구사카 겐즈이, 데라지마 추사부로, 이리에 구이치 등 쇼카손주쿠에서 배운 젊은 무사들도 전사했다. 이 사건을 긴몬禁門의 변이라고 한다. 조정은 조슈번을 조적朝敵으로 규정했다. 막부는 조슈 정벌의 칙서를 얻어냈다.

1864년 8월 2일 영국 · 프랑스가 4개국 연합함대 군함 16척을 이끌고 시모노세키로 향했다. 1863년 5월에 시모노세키에서 조슈번의 포격을 받은 영국 · 프랑스 · 미국 · 네덜란드가 조슈번에 보복하기 위해서였다. 그와 동시에 막부가 여러 번의 다이묘에게 출병을 명했다. 8월 5일 시모노세키 앞바다에 모습을 드러낸 연합함대가 대포를 쏘아 포대를 파괴하고 2,000여 명의 육전대를 상륙시켜 시모노세키를 점령했다. 8월 8일 대패한 조슈번이 항복하고 다카스기 신사쿠를 보내 강화를 청했다. 다카스기는 연합군이 요구한 배상금을 단호하게 거절하고, 간몬関門 해협(오늘날 야마구치현 시모노세키시와 후쿠오카현 기타큐슈시 사이에 있는 해협)을 통과하는 외국선이 석탄, 식량, 장작, 물, 생활용품을 요구하면 제공할 것, 폭풍우로 외국선이 위험에 처하면 승무원의 상륙을 허가할 것, 해협에 새로이 포대를 설치하지 않을 것 등을 약속했다. 강화가 성립하면서 조슈번이 위기에서 벗어났다. 그러나 다시 전운이 몰려왔다.

　8월 21일 막부는 오와리번尾張藩(아이치현) 번주 도쿠가와 요시카쓰徳川慶勝(1824~83)를 조슈번 정벌 총독에 임명하고, 오와리 · 후쿠이번을 비롯한 35개 번에서 약 15만 명의 군사를 동원해 조슈 정벌군을 편성했다. 제1차 조슈 정벌이 시작되었다. 정벌군은 조슈번을 사방에서 공격할 계획을 세웠지만, 정벌 총독 요시카쓰는 가능하면 무력 충돌을 피하려고 했다. 조슈번이 정벌군의 위세에 굴복하도록 할 심산이었다. 때마침 정벌군으로 참전한 사쓰마번의 지휘관 사이고 다카모리가 도쿠가와 요시카쓰에게 조슈번의 내분을 조장해 스스로 무너지게 하는 술책을 건의했다. 요시카쓰는 사이고를 참모로 발탁하면서 전권을 위임했다. 사이고는 첩자를 활용하면서 조슈번의 내분을 조장했다.

한편, 조슈번에서 무쿠나시 도타椋梨藤太(1805~65)를 중심으로 하는 보수파가 목소리를 내기 시작했다. 보수파는 사죄공순謝罪恭順, 즉 막부에 공순한 태도로 사죄하면서 조슈번의 존속을 간청하기로 의견을 모았다. 하지만 존왕양이파는 무비공순武備恭順, 즉 일단 공순한 태도를 보여 위기를 벗어난 후에 군비를 갖추어 막부에 대항하자고 주장했다. 조슈번이 분열했다. 9월 25일 조슈번의 중신들이 모리 다카치카 부자 앞에서 조슈번의 앞날을 결정하는 회의를 열었다. 당시 막부는 이미 조슈 정벌을 개시한 상황이었지만, 존왕양이파 이노우에 가오루의 열정적인 웅변에 감복한 번주 모리 다카치카가 존왕양이파의 의견을 수용했다.

9월 26일 보수파 무사들이 이노우에 가오루를 습격해 중상을 입혔다. 같은 날 요시다 쇼인과 다카스기 신사쿠를 후원하던 중신 스후 마사노스케가 조슈번을 궁지에 몰아넣은 책임이 자신에게 있다는 유언을 남기고 자결했다. 그는 당시 자택에 연금되어 있었는데, 조만간 보수파에 의해 처형될 예정이었다. 드디어 보수파가 조슈번의 요직을 독점했다. 그들은 1864년 7월 19일에 조슈번이 일으킨 긴몬의 변禁門の変의 책임을 물어 가로家老 세 명에게 칩거를 명하고, 일곱 명의 참모를

옥에 가두고, 존왕양이파를 모두 추방하는 조치를 단행했다. 강화에 나섰던 다카스기 신사쿠에게는 근신을 명했다. 다카스기는 근신 중에 이노우에의 피습과 스후의 자결 소식을 들었다.

다카스기 신사쿠 신변에도 위험이 다가오고 있었다. 10월 25일 새벽 다카스기가 감시망을 피해 도망했다. 그는 농민의 복장으로 변복하고 미타지리三田尻(야마구치현 호후시)를 거쳐 도쿠지德地(야마구치시 도쿠지초)로 가서 야마가타 아리토모를 비롯한 동지들을 만나 힘을 모아 보수파를 타도하자고 제안했다. 그러나 아무도 다카스기의 의견에 따르지 않았다. 다카스기는 다시 규슈로 건너가 지사들과 힘을 합하여 의병을 일으키자고 제인했다. 역시 따르는 자가 없었다. 실망한 다카스기는 홀로 규슈로 건너가 11월 21일까지 후쿠오카福岡의 히라오 산장平尾山莊에서 숨어 지냈다.

다카스기 신사쿠가 여러 지역을 전전하는 동안 조슈번의 보수파는 막부에 항복할 준비를 했다. 11월 11일에 마스다 지카노부益田親施(1833~64), 12일에 후쿠하라 모토타케福原元僴(1815~64)와 구니시 지카스케国司親相(1842~64) 등 조슈번의 가로 세 명을 자결 형식으로 처형했다. 12일에는 시시도 마스미宍戸真澂(1804~64)를 비롯한 참모 네 명을 처형했다. 11월 16일 막부의 조슈번 정벌 총독이 이들의 수급을 직접 확인했다. 조슈번은 야마구치성山口城(야마구치시 다키마치)을 허물고, 번주 모리 다카치카 부자가 근신하고, 긴몬의 변 때 조슈번으로 도망했던 귀족들을 규슈의 여러 다이묘에게 보내겠다고 약속했다. 조슈 정벌군이 히로시마広島(히로시마현 히로시마시) 본영으로 물러갔다.

다카스기 신사쿠는 히라오 산장에서 조슈번이 항복했다는 소식을 들었다. 그는 더 이상 보수파에게 조슈번의 앞날을 맡겨둘 수 없다고 판단했다. 11월 25일 시모노세키로 돌아온 다카스기는 무력으로 보수파를 타도할 계획을 세웠다. 그리고 기헤이타이 총관總管 아카네 다케토를 비롯한 여러 부대 간부에게 거병을 요청했다. 그러나 그들은 자중론을 내세우며 다카스기의 요청에 응하지 않았다. 그의 요청에 응한 것은 이시카와 코고로石川小五郎(1840~1919), 이토 히로부미, 마에바라 잇세이前原一誠(1834~76) 등 몇몇 동지에 불과했다. 동원할 수 있는 군사는 80명을 넘지 않았다.

12월 15일 아침 다카스기 신사쿠가 시모노세키 관청을 점령하고, 이어서 미타지리 해군국을 습격해 군함 세 척을 탈취했다. 다카스기는 방을 붙여 병사를 모집했다. 그러자 청년 및 다른 부대의 병사 120여 명이 모였다. 다카스기는 새로 모집한 부대를 호의대好義隊로 명명하고 이토 히로부미를 지휘관으로 임명했다. 그러자 기헤이타이를 비롯한 여러 부대가 다카스기의 거병에 동조했다. 순식간에 다카스기 휘하에 2,000여 명의 병사가 몰려들었다. 여러 지역에서 농민과 상공인이 의병대를 조직했다. 자진해서 군자금을 내는 자들이 늘어났다. 당황한 보수파 정권이 다카스기 신사쿠 추포령을 내렸다.

1865년 1월 3일 다카스기 신사쿠 휘하의 군사 100여 명이 하기萩로 진격하며 조슈번의 정규군 1,000여 명과 싸웠다. 다카스기는 군함 한 척을 하기 앞바다로 보내 공포를 쏘며 위협하는 한편, 본영을 야마구치山口로 옮기고 하기로 진격할 태세를 취했다. 그러자 조슈번의 정규군에 속한 병사들이 부대를 이탈하기 시작했다. 정규군을 제대로 통제할 수 없었던 보수파 정권이 5개월이 되지 않아서 스스로 무너졌다. 쿠데타에 성공한 다카스기는 무쿠나시 도타를 비롯한 보수파 일당을 체포해 처형한 후, 3월 17일 조슈번 번주 모리 다카치카의 재가를 얻어 무비공순을 번론으로 확정했다.

다카스기 신사쿠는 서양 여러 나라에 대항하기 위해 부국강병을 추진하는 한편, 농촌 지도자와 협력해 신식 군대 기헤이타이의 전력을 보강했다. 군사제도를 대대적으로 개혁하는 작업에도 착수했다. 조슈번의 신식 군대를 양성한 인물은 훗날 오무라 마스지로大村益次郎로 개명한 무라타 조로쿠村田蔵六였다. 무라타는 신식 총대를 주력으로 하는 군대 편성을 서둘렀다. 기헤이타이는 근대식 보병이었다. 병사는 서양에서 수입한 최신식 소총으로 무장했다. 신식 군대는 병영에서 생활하면서 군사훈련에 전념했다. 무사와 서민을 구별하지 않고 같은 봉록을 주었다. 군사훈련 시간은 오전 5시부터 오후 8시까지였다. 중간에 2시간 정도의 휴식 시간을 제외하고 하루 훈련 시간이 13시간이었다. 훈련 과목은 검술, 집단전술, 사격술 등이었다. 아침과 밤에 2시간을 할애해 문학 공부도 시켰다.

조슈번에서 다시 존왕양이파가 정권을 잡자 막부가 제2차 조슈 정벌에 나섰다. 1866년 6월 막부의 군함이 스오周防의 오시마大島(야마구치현 스오오시마초)에 포격을 가하면서 전쟁이 시작되었다. 조슈번의 해군총독에 임명된 다카스기 신사쿠가 오시마로 가서 군함과 기헤이타이 부대를 지휘해 막부군을 무찔렀다. 히로시마 방면에서는 이노우에 가오루, 시마네島根 방면에서는 오무라 마스지로가 이끄는 부대가 막부군에 맞섰다. 제2차 조슈 정벌에 동원된 막부군은 15만 명이었다. 조슈번 병력은 4,000여 명이었지만 실제로 전투에 투입된 병력은 2,000여 명이었다. 조슈번의 신식 군대는 30명 정도의 소대 단위로 편성되었다. 독자적인 전투가 가능한 부대는 약 400명으로 편성되고, 7개 총대와 8개 포대로 구성되었다. 소총으로 무장한 병사는 옷 세 벌 이외에는 몸에 지니지 않았다. 그래서 소대·중대 단위의 기동작전이 가능했다. 규슈에서는 다카스기 신사쿠가 직접 1,000여 명의 군사를 이끌고 다노우라田野浦(후쿠오카현 기타큐슈시 몬지쿠)에 상륙해 막부군 2만여 명과 싸웠다.

조슈군이 막부군을 연이어 무찔렀다. 1866년 7월 20일 14대 쇼군 도쿠가와 이에모치가 21세의 젊은 나이에 오사카에서 병사했다. 8월 1일에는 다카스기 신사쿠의 조슈군이 고쿠라성을 점령했다. 고쿠라성의 지휘관이 막부의 군함을 타고 오사카로 도주했다. 8월 20일 막부가 쇼군 이에모치의 사망을 공포하고 도쿠가와 요시노부德川慶喜(재위:1866~67)를 15대 쇼군으로 내정했다. 8월 21일 조정이 제2차 조슈

도쿠가와 요시노부

정벌 중지를 명령했다. 9월 2일 막부 측의 가쓰 가이슈勝海舟(1823~99) 와 죠슈번의 히로사와 사네오미広沢真臣(1834~71)・이노우에 가오루가 정전에 합의했다. 9월 하순부터 막부군이 순차적으로 철군을 단행했다.

이 무렵에 각혈이 심해진 다카스기 신사쿠가 병석에 누웠다. 규슈 방면 지휘권을 마에바라 잇세이에게 물려주고 요양에 전념했으나 병세가 악화했다. 1867년 2월 초 다카스기의 처 마사코가 아들을 데리고 하기에서 시모노세키로 왔다. 그때까지 다카스기를 간호하던 애인 오노가 본처 마사코에게 자리를 양보했다. 3월이 되자 다카스기가 중태

2. 다카스기 신사쿠 - 불가능에 도전한 지도자 141

에 빠졌다. 조슈번의 번주 모리 다카치카가 다카스기 신사쿠의 영지를 늘려 주며 공적을 치하했다. 4월 14일 다카스기가 가족과 친족 그리고 동지들이 지켜보는 가운데 숨을 거두었다. 향년 28세였다.

사카모토 료마(사진)

CHAPTER3.

사카모토 료마
– 새 시대의 밑그림을 그린 선각자

1835년 11월 사카모토 료마坂本竜馬(1835~67)가 시코쿠四国에 있던 도사번土佐藩의 고치성高知城(고치현 고치시) 주변에 형성된 조카마치城下町에서 사카모토야坂本屋라는 상점을 경영하던 상인의 차남으로 태어났다.

사카모토 료마의 조상은 오다 노부나가를 암살한 아케치 미쓰히데明智光秀(1516~82)의 혈통을 이었다고 전해진다. 미쓰히데가 도요토미 히데요시豊臣秀吉에게 패배해 죽은 후, 그 일족이 바다를 건너 시코쿠 지방으로 도망해 정착했다는 이야기가 사카모토 가문에 구전되었던 것 같다. 그러나 이러한 이야기를 사실로 단정할 수 없다. 에도 시대 초기는 가문의 권위를 높이기 위해 가계도를 조작하는 일이 일상사였던 시대였다. 사실로 인정할 수 있는 것은 17세기 중엽에 사카모토씨 일족이 도사번의 조카마치로 이주해 사이타니야才谷屋라는 간판을 걸고 장사를 시작해 부를 축적했다는 것뿐이다. 그러다가 18세기 중엽에 6대 당주 하치로베에八郎兵衛가 도사번의 향사鄕士 신분을 취득하면서 사카모토라는 성을 사용하기 시작했다.

향사 제도를 이해하려면 에도 시대 일본의 신분제도를 살펴보아야 한다. 조선은 신분이 혈통에 따라 관습적으로 부여되는 사회였지만, 에도 시대 일본은 직분과 거주 지역에 따라 막번권력이 신분을 부여하는 사회였다. 물론 혈통은 신분을 결정하는 중요한 요소의 하나였으나 그것보다 직분과 거주 지역이 우선되었다. 무사단에 속해 전투라는 직분을 수행하는 자가 무사였다. 그들은 주군의 거성 주변에 조성한 집단 거류지에서 생활하는 것이 원칙이었다. 무사는 다이묘를 주군으로 섬기며 정해진 직책을 담당하고 봉토나 봉록을 받았다. 무사에게는 묘지苗字, 즉 성을 사용하면서 대도帶刀, 즉 길고 짧은 두 자루의 도검을 찰 수 있는 특권이 부여되었다.

농촌에 거주하며 농업에 종사하는 자는 농민, 도시에 거주하며 상업이나 공업에 종사하는 자는 상공인으로 분류되었다. 중세 시대의 무사는 농촌에 토착했으나 전국시대를 거치면서 다이묘의 거성 주변으로 이주했다. 농촌에는 농민만 거주하게 되었다. 좀 더 명확하게 말하자면, 막번권력은 농촌에 거주하는 사람을, 그가 설령 무사 가문의 후예라도 예외 없이, 농민 신분으로 확정했다. 무사의 집단 거류지 주변에 상공업 도시가 형성되었다. 도시에 거주하며 상공업에 종사하는 자는 상공인 신분이 되었다. 서민은 공식적으로 성을 사용하거나 대도를 할 수 없었다. 하지만 막번권력과 유착된 예능인이나 어용상인 중에 성을 사용하거나 도검을 찰 수 있는 특권이 허용된 자도 있었다.

17세기 중엽부터 일본 사회에 향사라는 존재가 모습을 드러냈다. 서민이 무사로 신분 상승할 가능성이 거의 없는 시대에 이르렀을 때였다. 다이묘는 농촌 지도자를 행정의 말단에 편입해 농민을 지배했는데, 농촌 지도자 중에서 무사의 혈통을 이은 가문에 향사 자격을 부여하는 사례가 늘어났다. 18세기 중엽이 되면 향사의 숫자가 급증했다. 다이묘의 재정이 궁핍해지면서 자금을 헌납한 부농이나 상인에게 향사 자격을 부여했기 때문이다. 다이묘는 헌납 금액에 따라 향사의 등급을 나누었다. 묘지와 대도의 특권을 함께 보유한 자, 묘지 또는 대도의 특권 어느 한쪽만 보유한 자로 차등을 두었다. 특별한 경우를 제외하고 향사는 봉록을 받지 않았다. 이를테면 명예 무사 제도였다고 할 수 있다.

도사번의 다이묘 야마우치山內 가문은 일찍부터 향사 제도를 두었다고 전해진다. 그것은 도사번의 초대 번주 야마우치 가즈토요山內一豊

(1545~1605)가 처한 특수한 상황 때문이었다. 도사는 원래 시코쿠를 제패한 조소카베 가문의 영지였다. 그런데 1600년 9월 세키가하라関ヶ原 전투 때 조소카베 모리치카長宗我部盛親(1575~1615)가 도요토미 가문 편에서 싸웠으나 도쿠가와 이에야스에게 패배해 영지가 몰수되었다. 이에야스는 야마우치 가즈토요를 도사번의 번주로 임명했다. 가즈토요가 가신단을 이끌고 도사로 들어왔다. 주군을 잃은 조소카베 가문의 가신들은 졸지에 피지배자가 되었다. 그들이 언제 반란을 일으킬지 알 수 없는 상황이었다. 야마우치 가문은 조소카베 가문을 섬겼던 유력한 무사 가문을 향사 신분으로 대우했다. 18세기 후반에는 대토지를 보유한 부농이나 부를 축적한 상인이 도사번에 거금을 헌납하고 향사가 되었다. 사카모토 가문도 그중의 하나였다.

사카모토 가문의 본가 사이타니야는 전당포와 양조장을 겸하면서 도사번에서 손꼽히는 상인이 되었다. 상급 무사 가문에 금전을 대출해 주고 고리의 이자를 받는 금융업에도 진출했다. 18세기 말에 6대 당주 하치로베에가 별가를 창립하고 장남에게 향사 신분을 물려주면서 사카모토 가문이 성립되었다. 본가인 사이타니야는 차남에게 물려주었다. 사카모토 가문은 도사번에게서 192석이 생산되는 토지와 10여 석의 봉록을 받았다. 그리고 사카모토 가문이 사이타니야에서 독립할 때 상당한 자금을 물려받았다. 다른 향사 가문과 비교할 수 없을 만큼 풍부한 경제력을 보유하고 있었다.

사카모토 료마는 2남 3녀 중 막내였다. 큰형과의 나이 차이가 스무 살이나 되었다. 형제자매들은 막내 료마를 사랑으로 돌보았다. 료마는 손위 누이 오토메乙女와 매우 가깝게 지냈다. 부잣집 막내 료마는 매우 평범한 어린 시절을 보냈다. 열두 살이 되어서 하급 무사의 자제들이 공부하는 학교에 다녔다. 열네 살이 되어서 처음으로 하급 무사 자제들이 다니는 검도 도장에서 검술을 연마했다. 동급생보다 몸이 좋고 키가 컸던 사카모토의 검술 실력이 날로 향상되었다. 1853년 4월 열여덟 살이 된 사카모토가 검술을 배우기 위해 에도로 유학했다. 그는 에도의 지바 사다키치千葉定吉(?~1879)가 지도하는 도장에 유숙하며 호쿠신잇토류北辰一刀流라는 검법을 익혔다.

이때 사카모토 료마의 부친은 이미 쉰여섯 살의 노인이었다. 어린 아들이 처음으로 먼 길을 떠나는 것이 못내 마음이 놓이지 않았을 것이다. 료마에게 다음과 같은 내용의 훈계장을 건네주었다. 첫째, 한시라도 충효를 잊지 말고 수련에 전념할 것. 둘째, 여러 가지 물건에 마음을 빼앗겨 금전을 낭비하지 말 것. 셋째, 색정에 흔들려 국가의 대사를 그르치는 일이 있어서는 안 될 것. 여기서 '국가'는 물론 도사번을 이르는 것이고, 충성의 대상은 야마우치 가문이었다. 에도 시대 사람들은 일본을 다이묘들이 나누어 다스리는 사회, 즉 봉건국가 연합으로 인식하고 있었다. 사카모토 료마 또한 여느 일본인과 같이 260여 다이묘 중의 한 명에 지나지 않았던 도사번의 야마우치 가문이 다스리는 영역을 '국가'로 인식했고, 그러한 관점에서 일본 열도를 바라보았을 것이다.

1853년 6월 미국의 동인도함대 사령관 페리가 에도 만에 나타나 개국을 요구했다. 역사의 소용돌이가 일본을 휩쓸기 시작한 시점에 사카모토는 일본 정치의 중심인 에도에서 견문을 넓힐 수 있는 기회를 얻었다. 1853년 4월부터 에도에 머물고 있던 사카모토는 미국의 페리 함대가 에도 만에 진입했다는 소식을 들었다. 그해 9월 사카모토는 부친에게 보낸 서신에서 페리 함대의 미국 군인을 '서양 오랑캐'라고 칭했다. 당시 막부는 쇄국을 국시로 하며 일본인이 다른 세계와 교류하는 것을 금하고 있었다. 다이묘들은 막부의 정책에 따르며 봉건 체제 유지에 급급했다. 그러나 정식 무사 가문 출신이 아니었던 사카모토는 도사번이라는 '국가'를 넘어 일본이라는 관점에서 페리 함대를 바라보았던 것 같다.

야마우치 도요시게

도사번의 번주 야마우치 도요시게는 매우 개명한 인물이었다. 일찍부터 다른 나라가 섬나라 일본을 침략하지 못하게 하려면 해방海防, 즉 바다를 방위해야 한다고 생각하고 있었다. 바다를 지키려면 군함과 대포가 필요했다. 그러나 도사번은 군함도 대포도 보유하지 않았다. 에도 막부가 이미 200여 년 전에 다이묘가 군함을 건조하는 것을 금했고, 또 평화 시대가 지속되면서 해안 방비를 게을리 한 탓이었다. 더구나 18세기에 들어서면서 도사번의 재정이 악화했다. 설령 막부가 허락했어도 도사번이 독자적으로 군함을 건조하고 대포를 제조할 수 있는 여력이 없었다.

1853년 9월 도사번의 번주 야마우치 도요시게가 요시다 모토요시吉田元吉(1816~62)를 등용해 번정 개혁을 시작했다. 보통 도요東洋라는 호로 불렸던 모토요시는 고토 쇼지로後藤象二郎(1838~97)를 번정 개혁에 참여시켰다. 예부터 기득권을 누리던 상급 무사 가문이 개혁에 반대했다. 도요시게는 보수적인 상급 무사들을 설득하면서 개혁을 추진했다. 도시번 내부의 분위기를 감지한 사카모토는 어떻게 반응했을까? 정식 무사 가문 출신이 아니었고 또 장남도 아니었던 사카모토는 도사번에 충성해야 한다는 생각에서 어느 정도 자유로운 사람이었다. 더구나 도사번이 개혁을 선언했을 때 사카모토는 에도에 머물면서 검술을 연마하고 있었다.

1853년 말 사카모토 료마는 양학자 사쿠마 쇼잔佐久間象山이 지도하는 서양식 포술 수업에 참가했다. 검술을 연마하던 사카모토가 점차로 양이론에 관심을 보이기 시작했다. 1854년 6월 사카모토가 에도에서 고향으로 돌아왔다. 그는 약 2년간 고향에 머물렀는데, 그동안 그는 화가이며 난학자로 활동하던 가와다 쇼료河田小龍(1824~98)를 여러 차례 방문했다. 당시 일본인들은 서양 학문을 난학蘭学이라고 불렀다. 에도

막부는 홀랜드[和蘭]=네덜란
드 상인에게 교역을 독점할 수
있는 권리를 주었다. 그들은 나
가사키에 상관을 마련하고 상
주했다. 그들 중에는 서양의 학
문, 과학, 의학 등에 밝은 지식
인이 있었다. 일본인은 그들에
게서 서양의 학문을 배웠다.

나가사키에서 공부한 가와
다 쇼료는 마침 미국에서 돌

가와다 쇼료

아온 만지로万次郎를 만나서 미국의 소식을 들었다. 도사번의 하타군
幡多郡 나카노하마무라中浜村(고치현 도사시미즈시)에 살던 어부 만지로는
1841년 1월 고기잡이를 나갔다가 표류하던 중 미국의 포경선에 구조
되었고, 그 후 미국에 머물면서 포경선을 타기도 하고 광산에서 일하기
도 하면서 지냈다. 그러다가 1852년 7월에 고향에 돌아왔다. 당시 일
본에는 네덜란드어에 통달한 자들은 많았으나 영어를 구사하는 자가
없었다. 막부는 만지로를 무사로 채용해 외교문서를 작성하게 했다. 가
와다는 만지로에게서 들은 해외 사정을 『효손키랴쿠漂巽紀略』라는 책으
로 엮었다.

가와다를 만난 사카모토 료마는 그가 에도에서 견문했던 일을 말하

며 가르침을 청했다. 가와다는 사카모토에게 새로운 해외 사정과 그때까지 일본에서는 상상하지도 못했던 서양 관련 지식을 전수했다. 가와다는 일본이 당면한 시급한 과제는 외국 선박을 들여와 화물과 여객을 나르면서 항해술에 능한 자들을 양성하는 일이라고 역설했다. 에도에서 페리의 침입에 대책 없이 비분강개하던 무사들에게 실망했던 사카모토는 가와다의 말을 듣고 크게 기뻐했다. 사카모토는 가와다를 만나면서 선박과 해군에 관심을 기울이게 되었다.

1856년 가을 스물한 살이 된 사카모토 료마는 다시 검술 수련을 위해 에도로 갔다. 그는 전국 각지에서 모여든 청년들과 교류하면서 검술 훈련에 열중했다. 그 무렵 훗날 도사번 존왕양이 운동의 중심인물이 되는 다케치 즈이산武市瑞山(1829~65)이 에도의 3대 검술 도장으로 알려진 시가쿠칸士学館에서 쿄신메이치류鏡新明智流 검법을 연마하고 있었다. 사카모토는 다케치와 가까운 사이가 되었고, 여러 번의 무사들과도 친교를 맺게 되었다. 1857년 10월 에도의 도사번 다이묘 저택에서 검술대회가 열렸는데, 출장자 명단에 조슈번의 가쓰라 코고로桂小五郎(훗날 기도 다카요시)의 이름도 있었다.

에도에서 약 2년 동안 수련해 상당한 검술 실력을 갖춘 사카모토 료마가 다시 고향으로 돌아왔다. 이 무렵 에도 막부는 미국과 통상조약을 체결하는 문제로 분주했다. 1858년 6월 막부의 다이로 이이 나오스케가 천황의 칙허도 없이 일미수호통상조약을 체결했다. 그러자 존왕양이파 세력이 크게 반발했다. 위기감을 느낀 이이가 존왕양이파를 색출해 처형했다. 1858년 10월 막부는 도사번의 야마우치 도요시게에게 번주의 지위에서 물러나라고 명령했다. 도요시게의 언행이 막부의 다이로 이이의 심기를 불편하게 했기 때문이다. 그동안 도요시게는 막부에 해안을 방위할 수 있는 서양식 무기를 지원해 달라고 요구했고, 참근교대 제도를 폐기해야 한다고 주장하기도 했다. 1859년 2월 도요시게가 동생 야마우치 도요노리山內豊範(1846~86)에게 번주의 지위를 물려주었다. 그해 9월 막부는 번주의 지위에서 물러난 야마우치 도요시게에게 근신을 명했다. 교토 조정의 귀족과 친밀하게 지냈다는 이유였다.

막부가 야마우치 도요시게를 탄압하자, 그동안 그를 보필하던 존왕양이파 세력이 뒷선으로 물러나고, 요시다 모토요시가 번정의 전면에 나섰다. 학식이 풍부하고 노련한 요시다는 에도 막부의 대외 정책에 동조하면서 부국강병의 길을 모색했다. 좌막파佐幕派로 불리는 무리가 요시다를 보좌하면서 도사번의 군비를 강화하는 일에 매달렸다. 그러나 일이 좌막파의 뜻대로 진행되지 않았다. 다케치 즈이산, 사카모토 료마 등과 같은 향사 가문 출신, 나카오카 신타로中岡慎太郎, 요시무라 도라타로吉村虎太郎(1837~63) 등과 같은 호농 출신들의 정치적 발언이 드세졌다. 그들은 막부의 정책에 따르는 좌막파를 비판했다. 다케치 즈이산이 존왕양이 운동의 지도자로 부상했다. 1861년 여름 다케치는 하급 무사와 향사 중에서 192명을 모아 근왕당勤王党을 결성했다. 사카모토도

이 단체에 가입했다.

1861년 10월 사카모토 료마가 다케치 즈이산을 대신해 조슈번의 무사 구사카 겐즈이久坂玄瑞가 보낸 사자를 만났다. 다케치와 구사카는 존왕양이를 위해 사쓰마·조슈·도사번 지사들이 교토에서 만나자고 약속한 사이였다. 구사카는 요시다 쇼인 문하에서 다카스기 신사쿠와 쌍벽을 이루던 수재였다. 다케치와 구사카는 타고난 정치가라고 일컬어지던 인물이었다. 그들이 동지가 되어 조슈번과 도사번 지사들이 연대하는 길을 모색했던 것 같다. 구사카의 사자를 만난 사카모토는 그길로 조슈번으로 가서 정치 상황을 살핀 후 오사카를 거쳐 도사번으로 돌아왔다.

1861년 11월 23일 다케치 즈이산이 번청에 건의서를 제출했다. 거기에 다음과 같은 내용이 있었다. "내년 봄이 되면 사쓰마·조슈번 번주가 교토로 올라가 조정에 존왕양이의 필요성을 건의할 것이 확실합니다. 도사번도 두 번에 뒤지지 않도록 대책을 세울 필요가 있습니다." 다케치의 건의서는 사카모토 료마가 조슈번과 오사카를 돌면서 각 번의 지사들에게 들은 정보를 기초로 작성되었던 가능성이 있다. 그러나 막부에 타협적이었던 요시다 모토요시 일파는 다케치의 건의를 받아들이지 않았다.

1862년 1월 사카모토 료마가 다케치의 서신을 갖고 조슈번의 존왕양이파 대표 구사카 겐즈이를 만났다. 사카모토는 자의반 타의반 존왕양이 운동의 한복판에 서 있었다. 1월 14일 사카모토가 구사카를 만나서 다케치의 서신을 전했다. 그런데 다음 날 사쓰마번의 가바야마 산엔樺山三円이 보낸 사자가 구사카를 방문했다. 가바야마는 1861년 여름 에도에서 도사번의 다케치, 조슈번의 구사카와 함께 맹약을 맺은 동지였다. 사쓰마·조슈·도사번의 존왕양이파를 대표하는 지사가 하기에서 대면한 것이다. 이때 사카모토가 사쓰마번의 시마즈 히사미쓰가 교토로 상경한다는 정보를 얻었을 가능성이 있다.

사카모토 료마는 조슈번의 조카마치 하기萩에 열흘 가까이 머물며 네 차례에 걸쳐서 구사카 겐즈이를 만났다. 구사카는 다케치에게 보내는 서신을 사카모토에게 전했다. 그 서신에 다음과 같은 내용이 있다. "저와 동지들은 초망지사草莽志士를 규합해 봉기를 일으키는 것 외에는 다른 방책이 없다고 믿고 있습니다. 실례가 될지 모르겠지만 도사번이 멸망해서 대의가 이루어진다면 나쁘지 않을 것입니다." 초망지사는 초야에 묻혀 있는 지사라는 뜻인데, 그 범위는 하급 무사와 향사鄕士는 물론 뜻이 있는 서민까지 포함했다. 요시다 쇼인이 존왕양이 운동이 성공하려면 여러 번의 초망지사들이 연대해 봉기해야 한다고 주장했다. 이른바 초망굴기론草莽崛起論이었다. 그것을 쇼인의 제자 구사카 겐즈이가 다시 거론한 것이다. 쇼인의 뜻을 이은 제자들은 천황을 신성한 권위로 받드는 국가를 세우려면 조슈번은 물론 여러 번이 멸망해도 할 수 없다고 생각하고 있었다.

구사카 겐즈이와 작별한 사카모토 료마는 오사카와 교토를 거쳐 3월 1일 고향으로 돌아왔다. 이 무렵 요시무라 도라타로가 규슈를 여행하고 돌아왔다. 요시무라는 다케치에게 규슈에서 후쿠이번 출신 지사 히라노 구니오미平野国臣(1828~64)를 만나서 거병을 약속했다고 보고했다. 당시 히라노는 구루메번久留米藩(후쿠오카현 구루메시)의 존왕양이파 신관 마키 야스오미真木保臣(1813~64) 등과 함께 서부 일본의 동지를 규합하고 있었다. 그들은 사쓰마번의 시마즈 히사미쓰가 상경하는 시기에 거병할 계획이었다. 요시무라는 근왕당의 당수 다케치에게 동지들을 이끌고 탈번해 히라노 일당과 함께 막부 타도의 기치를 올리자고 제안했다. 다케치는 요시무라의 제안을 받아들이지 않았다. 그러자 요시무라는 3월 6일 홀로 탈번을 결행했다.

1862년 3월 24일 밤 사카모토 료마가 탈번을 감행했다. 그의 나이 스물일곱 살 때였다. 사카모토는 가족과 친족에게 탈번의 뜻을 밝히지 않았다. 향사 가문의 차남이었던 료마는 도사번을 떠나면 그만이었지만, 계속 고향에 남아 장사하면서 향사 신분으로 도사번에 봉공해야 했던 형과 친족들이 료마의 탈번 책임을 져야 했다. 가족과 친족은 료마의 생각과 행동을 이해하지 못했지만, 손위 누이 오토메는 료마를 이해하고 응원했다. 그녀는 사카모토 가문의 여장부로 알려진 여인이었다. 키도 컸을 뿐만 아니라 몸집도 듬직했고 마음 씀씀이도 넉넉했다. 고향에서는 오토메가 료마보다 씩씩하다고 알려져 있었다. 료마는 누이 오토메에게 탈번의 뜻을 밝혔다. 오토메는 조상 대대로 전해오던 도검을 료마에게 건네주며 성공을 빌었다.

당시 도사번에서는 개혁을 주도하던 요시다 모토요시 일파와 다케치 즈이산을 중심으로 하는 근왕당이 대립하고 있었다. 다케치는 사카모토 료마를 신임했다. 그런데 사카모토는 현실적이고 합리적인 사상의 소유자였다. 그는 요시다 모토요시의 개혁 정책을 이해하고 있었다. 학식이 풍부하고 노련한 정치가였던 요시다의 정치는 도사번의 부국강병에 초점이 맞춰져 있었다. 그는 개혁을 달성하기 위해 서양과 조약을 맺은 막부의 대외 정책에 협력할 필요가 있다고 판단했다. 그러나 명분론에 집착한 다케치 즈이산은 요시다의 현실주의 정책을 비판했다. 급기야 다케치가 요시다 암살계획을 세웠다. 다케치의 심복이었던 사카모토도 암살에 가담하지 않을 수 없었다. 손에 피를 묻히고 싶지 않았던 사카모토가 탈번을 결행해 다케치의 영향력에서 벗어났다. 당시 탈번은 오늘날 국적을 이탈하는 것과 같은 것이었다. 그런 만큼 용기가 필요한 행동이었다. 사카모토가 탈번한 후 다케치 일파가 요시다 모토요시를 암살했다.

도사번의 통제에서 벗어난 사카모토 료마는 조슈번의 시모노세키, 막부의 직할령 오사카, 규슈 각지를 여행하면서 여러 번의 지사들과 교류하기 시작했다. 사카모토가 에도에 모습을 드러낸 것은 1862년 8월이었다. 12월 5일 사카모토는 후쿠이번의 번주로 막부의 정사총재직에 취임한 마쓰다이라 요시나가松平慶永(1828~90)를 알현했다. 요시나가는 보통 슌가쿠春嶽라고 불리는 인물이었다. 그는 처음 만난 사카모토 료마의 인물 됨됨이를 높이 평가했던 것 같다. 요시나가는 당시 막부의 군함조련소軍艦操鍊所 교수에서 군함봉행軍艦奉行 대리로 승진한 가쓰 가이슈에게 소개장을 써 주었다. 사카모토 료마와 가쓰 가이슈의 운명적인 만남이 이루어졌다.

가쓰 가이슈

지난 1860년 1월 13일 군함조련소 교수 가쓰 가이슈는 군함봉행 기무라 요시타케木村喜毅(1830~1901)와 함께 막부의 군함 간린마루咸臨丸를 타고 태평양을 건넜다. 일미수호통상조약 비준을 위해 미국을 방문하는 사절을 수행하기 위해서였다. 가쓰는 미국을 돌아보면서 그곳의 문명이 정치·경제·문화 등 모든 면에서 일본과 다른 것에 충격을 받았다. 미국에서 돌아온 가쓰는 막부의 중신 중에서 가장 진취적인 인물이 되었다. 그는 아무 대책이 없는 양이론을 비판하면서 서양 여러 나라에 문호를 개방하고 근대적 군비를 갖추어야 한다고 역설했다. 거대한 군함을 건조해 해군을 강화하는 방책을 제시하기도 했다. 그런데 근대적 군비를 갖추기 위해서는 단지 무기를 손에 넣으면 되는 것이 아니었다. 인재를 양성할 필요가 있었다. 가쓰는 신분제 철폐와 같은 근본적인 사회 개혁이 필요하다고 주장했다. 가쓰 가이슈를 만난 사카모토는 양이론자에서 개국론자로 전향했다.

에도 막부와 교토의 조정 사이에 긴장감이 고조되고 있을 때, 사카모토 료마는 막부의 증기선 준도마루順動丸를 타고 교토로 향했다. 그는 막부의 고위 관료 가쓰 가이슈의 부하 신분이었다. 그는 1862년 12월 17일 에도의 시나가와品川를 출발해 1863년 1월 1일 교토에 도착했다. 당시 교토는 존왕양이 운동의 열기로 달아오르고 있었다. 하지만 사카모토는 이미 관념적인 명분론에서 멀어져 있었다. 그는 존왕양이파 동지들에게 개국의 필요성을 설파했다. 1월 8일 사카모토는 당시 교토의 도사번 번저에 머물던 사카모토 나오坂本直(1842~98), 지야 도라노스케千屋寅之助(1842~93), 모치즈키 가메야타望月亀弥太(1838~64) 등을 설득해 가쓰 가이슈의 제자가 되게 했다. 이들 세 명은 1월 15일 가쓰 가이슈를 따라 막부의 군함을 타고 에도로 향했다. 그리고 사카모토와 함께 탈번한 후 교토에서 숨어 지내던 사와무라 소노조沢村惣之丞(1843~68), 호농 출신으로 도사번 근왕당원이었던 야스오카 가네마安岡金馬(1844~94), 자객으로 이름이 났던 오카다 이조岡田以蔵(1838~65) 등도 사카모토의 소개로 가쓰 가이슈를 섬기게 되었다.

이 무렵 도사번은 마쓰다이라 요시나가와 가쓰 가이슈의 요청으로 사카모토 료마의 탈번 죄를 사면했다. 요시나가는 정사총재직이라는 막부의 최고위직에 있었고, 가쓰 가이슈 또한 막부의 해군 업무를 총괄하는 중신이었다. 도사번이 사카모토 료마 문제로 그들과 대립하는 것이 무익했다. 오히려 사카모토가 가쓰 가이슈를 섬기는 것이 도사번에 유리할 수도 있었다. 1863년 2월 25일 도사번은 사카모토를 교토의 도사번 관저에서 7일간 근신하게 한 후 탈번의 죄를 용서했다. 사카모토 료마가 자유롭게 고향으로 돌아갈 수 있게 되었다. 3월 6일 도사번은 사카모토에게 항해술을 익히라고 명령했다. 그는 도사번의 후원하에 가쓰 가이슈를 섬기면서 해군 업무에 전념할 수 있었다.

3월 20일 사카모토 료마는 누이 오토메에게 서신을 보냈다. "지금 일본 제일의 인물 가쓰 가이슈님이라고 하는 분의 제자가 되어 이전부터 생각했던 일을 열심히 하고 있습니다. 그래서 나는 마흔 살이 될 때까지 집에 돌아가지 않을 생각입니다. 형님과 상의했는데, 형님도 허락해 주셨습니다. 국가(도사번)를 위해, 천하(일본)를 위해 진력할 것입니다. 모쪼록 기쁜 마음으로 지켜봐 주시기 바랍니다." 스물아홉 살이 된 사카모토 료마가 드디어 자신이 갈 길을 발견한 것이다.

1863년 4월 24일 막부는 가쓰 가이슈의 건의를 수용해 오사카에서 가까운 고베神戶(효고현 동남부)에 해군학교와 조선소를 건설하기로 했다. 막부는 해군 교육을 위해 매년 3,000냥의 경비를 지출하기로 했다. 5월 9일 조정이 막부에 오사카 해안방위에 힘쓰라고 명령했다. 거기에 양이의 실현에 필요한 '견고한 군함과 대포'를 건조하기 위해서 제철소의 건설이 필요하다는 내용이 포함되어 있었다. 귀족 아네가코지 긴토모姉小路公知가 천황에게 제철소 건설의 필요성을 상주한 결과라고 알려졌다. 사카모토 료마는 누이 오토메에게 서신을 보냈다. "요즘 천하제일의 위대한 군학자 가쓰 가이슈라는 훌륭한 선생님의 부하가 되어 특별히 능력을 인정받았습니다. 나는 그의 참모나 다름없는 존재입니다. 가까운 시일 내에 오사카에서 얼마 떨어지지 않은 곳 효고兵庫에 거대한 해군학교를 설립하고, 또 40~50간(80~90미터)이나 되는 배를 건조할 것입니다. 벌써 제자들 400~500명이 각지에서 모여들고 있습니다."

사카모토 료마는 가쓰 가이슈를 보좌하며 해군학교 설립에 힘을 기울였다. 5월 16일 사카모토는 가쓰의 명령으로 후쿠이번으로 향했다. 후쿠이번 번주 마쓰다이라 요시나가에게 해군학교 비용을 원조해 달라고 청하기 위해서였다. 요시나가를 알현한 사카모토는 1,000냥 정도 지원해 달라고 요청했다. 그런데 요시나가는 선뜻 5,000냥을 지원하겠다고 약속했다. 사카모토가 요시나가와 접촉하면서 자연스럽게 요코이 쇼난과 친분을 맺었다. 요코이는 원래 구마모토번 출신 무사였으나 당시 후쿠이번에 출사해서 마쓰다이라 요시나가를 보좌하고 있었다. 요코이는 일찍부터 후쿠이번의 중신 유리 기미마사由利公正(1829~1909), 구마모토번의 모토다 나가자네元田永孚(1818~91), 조슈번의 이노우에 고와시井上毅(1844~95) 등이 가르침을 청했던 학자였고, 막부의 중신 가쓰 가이슈, 오쿠보 타다히로大久保忠寬(1818~88) 등과 교류했던 인물이었다. 요코이는 사카모토의 능력을 높이 평가했다. 사카모토는 자연스럽게 요코이와 친분이 있던 인물들과 교류하게 되었다.

사카모토 료마가 후쿠이번에 머물고 있을 때 교토에서 귀족 아네가코지 긴토모 암살 사건이 일어났다. 아네가코지는 급진적인 양이론자였다. 이 사건은 공무합체파의 소행이며 그 배후에 사쓰마번이 있다는 소문이 돌았다. 당시 막부의 14대 쇼군 도쿠가와 이에모치가 교토에 머물고 있었다. 쇼군 이에모치는 양이를 실현하라는 천황과 조정의 압박을 견디지 못하고 1863년 5월 10일을 기한으로 양이를 실현하겠다고 약속하고 말았다. 그러나 막부는 양이를 결행할 실력도 의지도 없었다. 허지만 존왕양이파는 5월 10일이면 서양 여러 나라와 싸우겠다고 벼르고 있었다. 아네가코지 암살 사건은 급진적인 양이파와 다른 세력의 대립을 촉진하는 계기가 되었다.

고메에 천황孝明天皇은 양이론자였으나 그렇다고 서양 각국과의 전쟁에 찬성한 것은 아니었다. 그런데 5월 10일 양이파의 본거지라고 할 수 있는 조슈번이 시모노세키 앞바다를 항해하던 미국 선박에 포격을 가하고, 이어서 프랑스와 네덜란드 군함에도 포격을 가했다. 6월 29일 사카모토는 가쓰 가이슈의 대리인 자격으로 후쿠이번의 중신 무라타 우지히사村田氏寿(1821~99)를 만나 시국을 논의했다. 사카모토가 말했다. "조슈번은 죽음을 각오했다. 그 의기는 칭찬하고 응원해야 할 것이다. 그대로 방관한다면 조슈가 외국에 점령당할 것이다. 어쨌든 서둘러 막부의 고위직을 차지하고 있는 구태의연한 자들을 내쫓고 외국인의 퇴거 문제를 담판해야 할 것이다." 무라타가 말했다. "외국인이 퇴거하지 않는다면 어찌할 것인가?" 사카모토가 말했다. "만약 외국인이 담판에 승복하지 않고 전쟁하게 된다면 전국의 다이묘들이 힘을 합해 싸워야 마땅하다."

　사카모토 료마는 이미 양이파의 무모한 과격론이 작금의 사태를 슬기롭게 해결하는 데 도움이 되지 않는다고 생각하고 있었다. 매우 현실주의적인 태도를 보였다. 그러나 한편으로 조슈번이 미국·프랑스·네덜란드 함선에 포격한 행동에 공감했고, 서양의 함대가 시모노세키 항구를 공격하자 분개했다. 그는 조슈번의 급격한 양이론에 동조하지 않았다. 하지만 그에게 조슈번은 아군이었다. 그는 개국에 동조하고 서양 여러 나라와 원만한 관계를 맺는 것이 상책이라고 생각했다. 하지만 그에게 서양 여러 나라는 적군이었다. 그런데 당시 막부의 고위 관료들이 미국·영국·프랑스·네덜란드의 요구에 따르는 듯한 낌새를 보이자 분개했다.

　6월 29일 사카모토 료마가 누이 오토메에게 서신을 보냈다. "정말 기가 막힌 것은 조슈에서 싸우는 외국 함선을 에도江戶에서 수리해 다시 조슈에서 싸운다는 것입니다. 이것은 모두 막부의 간악한 관료들이 서양 오랑캐와 내통하고 있기 때문입니다. (중략) 한번 싸움을 일으켜 위에서 말한 간악한 관료들을 모두 죽이고 일본을 다시 한번 세탁해야 한다고 신에게 빌고 있습니다." 사카모토는 서양의 침략에 일본인 모두가 단결해야 마땅하다고 생각하고 있었다. 그런데 일본은 봉건제 사회였다. 260여 명의 다이묘가 일본 열도를 나누어 지배하고 있었다. 일본의 진정한 통일은 봉건제도를 철폐해야 가능한 일이었다. 사카모토도 그 시대의 인물이었다. 거기까지 생각할 엄두를 내지 못했다. 그러나 사카모토는 아군인 조슈번을 공격하는 서양 세력에 협조하면서 그런 행동이 일본을 위기로 몰아넣는다는 것조차 인식하지 못하는 막부의 고위 관료들을 개혁의 대상으로 보았다.

1863년 8월 18일 아침 아이즈·사쓰마번 군사들이 천황 궁전을 에워싸고, 공무합체파 귀족들이 산조 사네토미를 비롯한 급진적인 존왕양이파 귀족 일곱 명을 추방했다. 이어서 그동안 천황 궁전을 경비하던 조슈번 군사들을 몰아냈다. 조약 파기와 양이의 방침에 반대하는 아이즈·사쓰마번과 공무합체파 귀족이 연합해 일으킨 8·18 정변이었다. 이 정변은 도사번의 정국에도 영향을 미쳤다. 9월 21일 도사번의 실권자 야마우치 도요시게가 다케치 즈이산을 비롯한 근왕당 일파를 옥에 가두었다. 나카오카 신타로를 비롯한 근왕당원이 탈번해 조슈번에 몸을 의탁했다.

가쓰 가이슈는 에도에서 8·18정변 소식을 들었다. 그는 정변이 조슈번과 사쓰마번 사이에 일어난 세력 다툼으로 인식했다. 실제로 교토의 정국은 대군을 이끌고 상경한 사쓰마번의 시마즈 히사미쓰가 주도

3. 사카모토 료마 - 새 시대의 밑그림을 그린 선각자   165

했다. 히사미쓰는 마쓰다이라 요시나가, 도쿠가와 요시노부 등과 함께 참예회의參預會議라는 협의기관을 결성했다. 히사미쓰는 참예회의를 통해 공무합체를 실현함과 동시에 막부의 독재 정치를 견제하려고 했다. 이 기관이 실질적으로 기능했다면 막부 쇼군의 권한이 크게 위축되었을 것이다. 하지만 1864년 3월 참예회의가 해체되면서 모든 가능성이 사라졌다.

한편, 사카모토 료마는 속으로는 존왕양이파의 충정을 높이 평가하면서 겉으로는 다이묘 연합세력에 기대고 있었다. 사카모토는 봉건적인 권위주의나 명분론과는 거리가 먼 존재였다. 다분히 편의주의적이고 기회주의적인 인물이었다. 그의 성향은 상인 집안에서 성장하면서 몸에 밴 특유의 현실주의에 뿌리를 두었다고 할 수 있다. 사카모토 료마가 집필했다고 알려진 『에이쇼히케쓰英将秘訣』에 다음과 같은 내용이 있다. "의리 따위는 꿈에도 생각하지 말아라. 몸을 얽어매는 것이다." "수치라는 것을 단호하게 버려야 세상의 일이 바라는 대로 된다." "예의 따위는 사람을 묶어두는 수단이다. 세상을 움켜쥐어 손에 넣는 도구이다." 이 책은 훗날 사카모토가 집필한 것이 아니라는 것이 밝혀졌다. 하지만 사사키 다카유키佐々木高行(1830~1910)를 비롯한 사카모토 료마와 가깝게 지냈던 사람들은 그 내용이 사카모토가 평소에 사용했을 법한 말이라고 증언했다.

1864년 봄 사카모토 료마가 가쓰 가이슈를 수행해 나가사키로 갔다.

영국 · 미국 · 프랑스 · 네덜란드 연합함대에게 조슈번 공격을 연기해 달라고 요청하기 위해서였다. 그러나 가쓰가 만난 영국 · 네덜란드 · 미국의 영사와 연합함대 사령관은 조슈번 공격 의지를 꺾지 않았다. 이때 사카모토는 구마모토에 유폐되어 있던 요코이 쇼난을 면회했다. 4월 14일 가쓰 가이슈 일행이 교토로 돌아왔다. 7월 19일 조슈번 군사들이 교토로 진격해 천황 궁전 탈환을 위한 전투를 벌였다. 하지만 궁전을 지키던 아이즈 · 사쓰마번 군사의 방어선을 돌파하지 못했다. 조슈번 군대가 많은 사상자를 내고 물러났다. 7월 23일 고메이 천황이 조슈번을 토벌하라는 칙명을 내렸다. 막부는 조슈번 정벌을 선포했다. 그러자 교토에서 존왕양이파 세력이 자취를 감췄다.

조슈번이 조적으로 몰려 멸망할 위기에 처하자, 가쓰 가이슈는 사카모토 료마를 교토의 사쓰마번 번저로 보내 그곳의 분위기를 살폈다. 특히 가쓰는 사쓰마번의 군사 지도자로 부상한 사이고 다카모리의 인물 됨됨이를 알고 싶었다. 교토에서 가쓰 가이슈가 머물던 고베神戸로 돌아온 사카모토는 사이고에 대해 아무 말도 하지 않았다. 2~3일을 기다려도 사카모토가 아무 말이 없자 가쓰가 사카모토에게 물었다. "사이고는 어떠하던가?" 그러자 사카모토는 사이고에 대해 다음과 같이 평했다. "사이고 다카모리는 바보입니다. 그런데 그 바보의 폭이 어느 정도인지 알 수 없습니다. 살짝 두드리면 작게 울리고, 세게 두드리면 크게 울립니다." 가쓰는 사카모토의 말을 들으며 고개를 끄떡일 뿐이었다.

9월 16일 가쓰 가이슈와 사이고 다카모리가 오사카에서 처음으로 대면했다. 가쓰는 일본의 개국 교섭을 막부 관리에게 맡기지 말고 웅번연합을 강화한 후에 문호를 개방하는 것이 좋다고 말했다. 가쓰의 외교방침에 감복한 사이고는 그 내용을 오쿠보 도시미치에게 전했다. 이때 사이고는 웅번연합을 "공화정치"라고 표현했다. 가쓰를 만난 사이고는 웅번연합의 실현을 목표로 하지만, 만약에 막부와 여러 번이 반대한다면, 사쓰마번 단독으로라도 경제·군사력을 기르겠다는 방침을 세웠다. 사쓰마번의 군사 지도자 사이고가 막부나 여러 번과 맞서겠다는 뜻을 굳힌 순간, 막번체제에 금이 가기 시작했다고 할 수 있다.

1864년 11월 막부가 15만 명의 군사를 동원해 조슈번을 포위했다. 제1차 조슈정벌이었다. 그러자 조슈번 내에서 보수파가 주도권을 장악하고 막부에 항복의 뜻을 전했다. 11월 18일 정벌군 총독 도쿠가와 요시카쓰가 히로시마에서 조슈번이 보낸 존왕양이파 가로 세 명의 수급을 확인했다. 이 무렵 막부는 조슈번의 영지 중에서 스오周防(야마구치현 스오시)를 몰수하고 나머지 영지는 깃카와吉川 가문이 영유하도록 한다는 방침을 정했다. 조슈번이 해체되는 것이었다. 그런데 사쓰마군을 이끌고 정벌에 나섰던 사이고 다카모리가 막부의 강경책에 반대했다. 강경한 조처는 조슈번 무사들의 봉기를 불러일으켜 오히려 전쟁이 장기화할 수 있다는 이유였다. 정벌군은 조슈번 처분을 결정하지 않고 12월 27일에 철병했다.

이 무렵 조슈번에서 정변이 일어났다. 보수파에 밀려나 규슈로 피신했던 존왕양이파 지도자 다카스기 신사쿠가 시모노세키에서 거병해 1865년 2월경에 조슈번의 정권을 장악했다. 다카스기를 비롯한 존왕양이파는 막부에 저항하지 않는다는 방침을 정했다. 하지만 조슈번 내에서 철저한 군제개혁을 단행했다. 화승총이나 갑옷과 같은 구식 무기와 방호구를 폐기하고 서양식 소총을 매입해 무장했다. 조슈번 군제개혁의 목표는 막부에 맞설 수 있는 군사력 양성이었다.

사쓰마번은 조슈번의 내전을 직접 견문하고 돌아온 도사번 출신 나카오카 신타로·히지카타 히사모토土方久元(1833~1918)를 내세워 8·18 정변으로 험악해진 사쓰마·조슈번의 화해 가능성을 타진했다. 나카오카·히지카타는 수시로 사이고·오쿠보를 만나 대책을 논의했다. 1865년 4월 25일 사카모토 료마가 사이고 다카모리·고마쓰 기요카도小松清廉(1835~70)와 함께 사쓰마번의 증기선을 타고 오사카를 떠나 5월 1일에 가고시마에 도착했다. 사카모토는 보름 동안 그곳에 머물렀다. 5월 12일 오쿠보 도시미치가 동료에게 보낸 편지를 보면, 5월 10일 전후에 사쓰마번 수뇌부는 막부가 다시 조슈번 정벌에 나선다면 참가하지 않겠다는 방침을 정한 것 같다. 사카모토 료마는 사쓰마번 분위기를 직접 살필 수 있었다.

5월 16일 사카모토 료마가 가고시마를 떠나 23일에 다자이후大宰府 (후쿠오카현 다자이후시)에 도착했다. 다음 날 교토에서 추방된 산조 사네토미를 비롯한 귀족들을 예방하고 시모노세키로 건너갔다. 사카모토는 시모노세키에서 히지카타 히사모토를 만나 사이고가 사쓰마·조슈번의 화해를 원한다는 말을 들었다. 사카모토는 즉시 조슈번의 기도 다카요시에게 연락했다. 다음 날 기도가 시모노세키로 왔다. 기도와 사카모토는 이미 에도에서 검술을 연마할 때 인사를 나눈 사이였다. 사카모토를 통해 사이고의 뜻을 간파한 기도의 마음은 복잡했다. 당시 조슈번은 고립무원 상태였다. 사쓰마번이 내민 손을 잡는 것이 상책일 수 있었다. 그러나 8·18 정변과 긴몬의 변 이후 조슈번 무사들은 사쓰마번을 철천지원수로 여겼다. 기도가 신중할 수밖에 없었다. 그러나 사카모토는 며칠 전에 본인이 직접 견문한 사쓰마번의 분위기를 기도에게 설명하면서 양번의 제휴 필요성을 역설했다.

사카모토 료마의 끈질긴 설득에 기도가 마음을 열었다. 그러자 나카오카 신타로가 사쓰마번으로 향했다. 윤5월 6일 가고시마에 도착한 나카오카는 사이고에게 조슈번의 사정을 설명했다. 사이고는 상경할 때 시모노세키에 들르겠다고 약속했다. 윤5월 15일 사이고와 나카오카가 가고시마를 떠나 시모노세키로 향했다. 그런데 사이고 일행이 사가번에 이르렀을 때 오쿠보 도시미치로부터 급히 상경하라는 연락이 왔다. 사이고는 시모노세키 경유 일정을 변경해 오사카로 직행했다. 그 무렵 막부의 쇼군 도쿠가와 이에모치가 상경하고 있었다. 제2차 조슈 정벌을 위한 칙허를 받기 위해서였다. 오쿠보가 조정의 귀족들과 연락을 취하며 조슈번 정벌의 칙허 연기를 획책하던 중이었다.

기도 다카요시는 사쓰마번에게 또 속은 것 같다고 생각했다. 기도의 사쓰마번에 대한 불신이 더욱 깊어졌다. 기도는 사쓰마번의 속내를 확인하고 싶었다. 당시 전쟁에서 패배한 조슈번은 나가사키에서 서양 무기를 구매할 수 없었다. 기도는 조슈번이 군제개혁에 필요한 소총과 선박이 필요하니 사쓰마번의 명의를 빌려달라고 요청했다. 기도 다카요시의 부탁을 받은 사카모토 료마와 나카오카 신타로가 윤5월 29일에 시모노세키를 떠나 교토로 향했다.

사카모토는 양번의 협상을 주선하면서 단박에 엄청난 재산을 손에 넣을 수 있는 묘안을 떠올렸다. 자신이 회사를 설립하고, 그 회사가 서양 상인으로부터 무기와 선박 매입을 대행하면서 수수료를 챙기는 방안이었다. 사카모토는 나가사키의 가메야마亀山(나가사키시 이라바야시무라)에 가메야마샤추亀山社中라는 회사를 설립했다. 직원 대부분이 사카모토 료마와 인연이 있던 도사번 출신이었다. 가메야마샤추는 훗날 가쓰 가이슈가 실각하고 막부의 해군학교가 해산된 후에 가이엔타이海援隊라는 회사로 거듭났다.

6월 하순 교토에 도착한 사카모토는 즉시 사이고 다카모리를 만나서 조슈번의 뜻을 전했다. 사이고는 즉석에서 기도의 부탁을 수용했다. 사카모토는 시모노세키에 있던 기도에게 소식을 전했다. 조슈번이 즉시 이토 히로부미와 이노우에 가오루를 나가사키로 보냈다. 그들이 나가사키로 가는 도중에 다자이후에 들러 사쓰마번의 소개장을 받았다. 나가사키에 도착한 이토와 이노우에는 가메야마샤추 직원의 안내로 사쓰마번의 고마쓰 기요카도를 만났다. 이토와 이노우에가 고마쓰에게 무기를 살 때 사쓰마번의 명의를 빌려달라고 말했다. 고마쓰는 즉석에서 조슈번의 요청을 수락했다. 이토와 이노우에는 고마쓰의 안내로 나가사키에 상주하던 영국의 무기상인 글로버Thomas Blake Glover를 만나 사쓰마번 명으로 신식 소총 7,000여 정과 기선 한 척 매입계약서에 서명했다. 소총과 기선은 8월 말에 조슈번에 양도되었다. 이 기선은 조슈번 소유이나 사쓰마번의 깃발을 달고 가메야마샤추 직원이 운항하기로 협약했다. 사카모토는 돈 한 푼 들이지 않고 기선의 운영권을 확보했다.

1865년 9월 21일 고메이 천황이 제2차 조슈 정벌 칙허를 내렸다. 사쓰마·조슈번 제휴 필요성이 제기되었다. 12월 초순 사이고·고마쓰가 구로다 기요타카黒田清隆(1840~1900)를 시모노세키로 보내 기도 다카요시의 상경을 촉구했다. 당시 조슈번 무사들은 여전히 사쓰마번을 못마땅하게 여기고 있었다. 하지만 다카스기 신사쿠는 물론 이토 히로부미·이노우에 가오루도 기도가 상경해야 한다고 주장했다. 1866년 1월 8일 기도 다카요시가 교토에 도착했다. 조슈번의 기도 다카요시·히로사와 사네오미, 사쓰마번의 사이고 다카모리·오쿠보 도시미치·고마쓰 기요카도 등이 교토의 사쓰마번 번저에서 회담했다. 그러나 회담은 10여 일이 지나도 이렇다 할 진전이 없었다. 기도는 먼저 제휴 문제를 거론해 사쓰마번에 원조를 구하는 모양새가 되는 것이 싫었다. 사이고·오쿠보는 기도가 먼저 입을 열기 전에 사쓰마번이 제휴를 제안하면 체면이 손상되는 일이라고 생각했다. 한편, 1월 10일 시모노세키를 떠난 사카모토 료마가 오사카를 거쳐 1월 19일 밤 교토에 도착했다. 사카모토는 양번의 회담이 진전이 없다는 것을 알고 실망했다. 사카모토는 사쓰마번의 냉담한 태도를 강하게 비판했다. 그제야 양번의 대표가 제휴 문제를 구체적으로 검토하기 시작했다. 1월 21일 사쓰마·조슈의 군사동맹이 성립되었다.

6개조로 된 맹약은 주로 막부의 제2차 조슈 정벌이 개시된 이후 사쓰마번의 역할을 규정한 것이었다. 그 내용은 대략 다음과 같다. "(1) 싸움이 시작되면 사쓰마는 즉시 군사 2,000여 명을 파견해 교토 주재 군사력을 강화한다. 오사카에도 1,000여 명의 군사를 배치한다. (2) 싸움이 조슈번에 유리하게 전개되면 사쓰마는 반드시 조정에 아뢰어 전투의 중지와 조슈번의 사면을 위해 힘쓴다. (3) 만약 전황이 불리하게 전개되어도 전투의 중지와 조슈번 사면을 위해 힘쓴다. (4) 싸움이 일어나지 않고 막부군이 물러나도 사쓰마는 반드시 조정을 움직여 조슈번의 사면을 위해 힘쓴다. (5) 정벌군 총독이나 교토를 장악한 막부의 고위 관료가 여전히 강경한 태도를 보이며 조정을 장악하고 사쓰마번의 중재 노력을 방해하면 사쓰마번이 참전한다. (6) 조슈번이 사면된 후 양번이 성심으로 협력하고, 조슈가 지금과 같은 상태라도 외압으로 곤경에 처한 일본의 회생을 위해 노력한다."

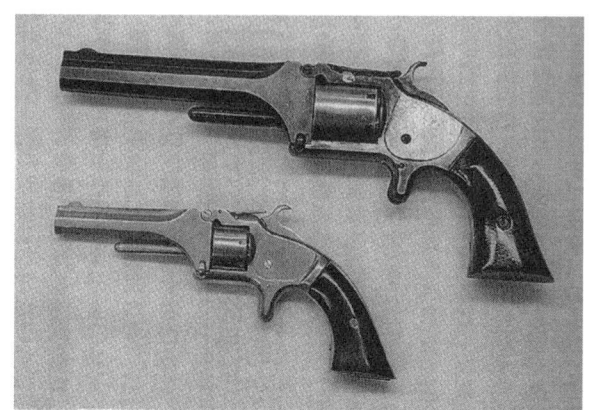

사카모토가 소지한 권총(모형)

사쓰마·조슈번 맹약이 성립한 후, 사카모토 료마는 1월 22일 귀국하는 기도 다카요시 일행을 배웅하고 다음 날 후시미伏見에 있는

데라다야

여관 데라다야寺田屋로 돌아왔다. 조슈번의 무사 미요시 신조三吉愼蔵 (1831~1901)가 사카모토를 수행했다. 데라다야에는 사카모토의 애인 오료お龍가 기다리고 있었다. 모처럼 한가한 시간을 보낸 사카모토 일행은 1월 24일 새벽 3시경에 자리에 누웠다. 그때 막부가 보낸 자객이 습격했다. 마침 목욕하고 있던 오료가 사카모토를 깨웠다. 사카모토는 머리맡에 놓아두었던 권총을 들어 자객을 쏘았고, 미요시 신조는 창을 들고 싸웠다. 상처를 입은 사카모토는 가까스로 뒷문으로 나가 데라다야를 벗어났다. 미요시는 부상한 사카모토를 목재 창고에 피신시킨 후 사쓰마번 번저로 달려갔다. 사쓰마번 군사들이 달려왔다. 사카모토가 가까스로 목숨을 구했다. 2월 1일 사카모토가 사쓰마번 군사들의 호위를 받으며 시쓰미번 번저로 거처를 옮겼다.

사쓰마번 번저에서 1개월 정도 요양한 사카모토 료마는 오료와 함께 가고시마로 갔다. 그는 이때부터 오료를 아내라고 칭했다. 신혼여행인 셈이었다. 그 후 사카모토는 오료와 함께 온천에서 상처를 치료하기도 하고 기리시마霧島(미야자키현 미야자키시)에서 한가로운 시간을 보냈다. 그러나 사카모토 료마의 휴가는 그리 길지 않았다. 그가 요양하는 동안 막부가 제2차 조슈 정벌군을 오사카에 집결시켰다. 조슈번도 전쟁 준비에 여념이 없었다. 사카모토는 6월 2일 가고시마를 떠나 6월 16일 시모노세키에 도착했다. 사카모토가 시모노세키로 가는 도중 막부의 함대가 오시마大島(야마구치현 스오오시마초) 해안을 포격하면서 전투가 시작되었다. 6월 17일 새벽 사카모토 료마가 가메야마샤추 선원이 조종

3. 사카모토 료마 - 새 시대의 밑그림을 그린 선각자   175

하는 두 척의 선박을 거느리고 몬시門司(후쿠오카현 기타큐슈시)에 있는 막부의 기지를 공격해 크게 이겼다. 사카모토가 조슈·사쓰마번을 위해 동분서주하면서 조슈번의 다카스기 신사쿠·기도 다카요시 사쓰마번의 사이고 다카모리·오쿠보 도시미치 등과 호형호제하는 사이가 되었다.

구식 무기로 무장한 막부군이 신식 소총으로 무장한 조슈번의 군대에 연이어 패전했다. 막부군 내부에서 염전 분위기가 확산했다. 설상가상으로 7월 20일 막부군을 지휘하던 14대 쇼군 도쿠가와 이에모치가 21세의 젊은 나이에 오사카에서 병사했다. 막부군은 더 이상 전쟁을 수행할 동력을 상실했다. 8월 20일 막부는 쇼군 이에모치의 사망을 알리고 도쿠가와 요시노부가 도쿠가와 가문의 종가를 상속한다고 공포했다. 8월 21일 조정이 제2차 조슈 정벌 중지를 명령했다. 막부군이 9월부터 순차적으로 철군을 단행했다.

사카모토 료마가 사쓰마·조슈번 편에서 활약할 때 도사번도 변화하고 있었다. 야마우치 도요시게가 근왕당 세력을 내쫓고 고토 쇼지로를 등용했다. 1866년 2월 도사번이 심혈을 기울인 가이세이칸開成館이 완공되었다. 가이세이칸은 도사번 부국강병 정책의 중심 기관이었다. 군비의 근대화, 근대적 기술, 식산흥업과 무역 등 다방면의 인재를 양성하는 곳이었다. 그 중심에 고토 쇼지로가 있었다. 고토는 그해 7월부터 나가사키에서 활동했다. 그 무렵 야마우치 도요시게가 몰아냈던 근왕당원을 다시 기용했다. 제2차 조슈 정벌에서 막부가 무참하게 패배한 것이 영향을 미쳤다. 사쓰마·조슈번 존왕양이파와 인연이 있는 인물이 필요했기 때문이다.

고토 쇼지로

고토 쇼지로는 당시 스물다섯 살의 청년이었다. 그러나 그는 도사번에 필요한 수십만 냥의 물품을 구매하던 큰손이었다. 그런 고토에게 사카모토 료마를 소개한 인물이 있었다. 포술 훈련을 위해 나가사키에 머물던 도사번의 무사 미조부치 히로노조溝淵広之丞(1828~1909)였다. 미조부치는 사카모토가 에도에서 검술을 수련할 때부터 알고 지내던 사이였다. 사카모토는 미조부치를 기도 다카요시에게 소개하기도 했다. 미조부치는 사카모토의 인물과 활동 상황을 고토 쇼지로에게 전했다. 1867년 2월 고토가 사카모토를 술자리에 초대했다. 고토와 사카모토는 좋은 인연이 아니었다. 고토는 사카모토의 후원자이기도 했던 다케치 즈이산을 죽음으로 내몬 장본인이기도 했다. 그러나 두 사람은 과거를 묻어두고 미래를 이야기했다. 사카모토와 고토가 의기투합했다.

3. 사카모토 료마 - 새 시대의 밑그림을 그린 선각자   177

1867년 2월 15일 사이고 다카모리가 도사번의 야마우치 도요시게를 예방해 상경을 권유했다. 도요시게는 측근 후쿠오카 다카치카福岡孝弟(1835~1919)와 상의한 후 상경을 결심했다. 도요시게도 막부를 중심으로 정국을 수습할 수 없다는 것을 이해하기 시작했다. 도요시게는 여러 번의 인물들과 깊은 인연을 맺은 사카모토 료마와 나카오카 신타로를 이용할 필요가 있다고 판단했다. 고토 쇼지로와 후쿠오카 다카치카가 사카모토 료마를 효과적으로 이용하는 방안을 논의했다. 고토는 사카모토의 가치를 높게 평가했다. 고토는 사카모토에게 1만 냥이라는 거금을 융통해 주었다. 그리고 도사번이 감독하는 조건으로 사카모토가 가이엔타이海援隊를 설립하는 것을 허락했다.

사카모토 료마가 가이엔타이 대장에 임명되었다. 가이엔타이 규약에 다음과 같은 내용이 있다. "도사번에서 이탈한 자, 여러 번에서 이탈한 자, 해외로 진출할 뜻이 있는 자 등이 모두 이 조직에 가입할 수 있다." 이 조직은 사카모토가 이끄는 가메야마샤추가 그대로 이름만 바꾼 것이었다. 대원 22명과 항해사 및 관리원 28명으로 구성되었다. 대원 중에 12명이 도사번 출신이었고 그밖에 후쿠이번이나 기이번 출신도 포함되어 있었다. 가이엔타이는 법적으로 도사번에 속해 있었으나 그 운영권은 대장인 사카모토 료마가 행사하는 조직이었다. 여러 지역 산물을 운송하고, 서양 선박이나 무기 매입을 대행하고, 여러 번이 보유한 선박을 임차해 영업하는 방식으로 영리를 취했다. 당시로서는 생소한 근대적인 회사였다고 할 수 있다.

사카모토 료마는 오즈번大洲藩(에히메현 오즈시) 소유의 증기선 이로하마루いろは丸를 15일간 항해에 500냥을 지불하는 조건으로 임차했다. 그런데 화물을 싣고 나가사키에서 오사카로 항해하던 이로하마루가 1867년 4월 23일 밤 사누키讚岐(카가와현) 앞바다에서 기이번 소속 메이코마루明光丸와 충돌해 침몰했다. 메이코마루는 이로하마루보다 여섯 배나 큰 거함이었다. 사건이 일어나자 사카모토는 기이번을 상대로 배상 교섭을 벌였다. 교섭에 도사번의 고토 쇼지로가 관여하면서 도사번과 기이번의 사건으로 비화했다. 고산케의 하나였던 기이번은 세간의 이목에 신경을 썼다. 막부가 조슈 정벌에 실패하면서 기이번 내

이로하마루(상상도)

의 분위기가 침울했다. 사카모토는 움츠러든 기이번을 사정없이 공격했다. 조슈·도사번이 함께 기이번을 공격한다는 소문을 내기도 하고 "배를 가라앉힌 대가로 돈을 받지 않고 기이번을 빼앗는다."라는 내용의 노래를 퍼뜨리기도 하며 기이번의 수치심을 자극했다. 이 사건은 기이번이 7만 냥을 배상하면서 종결되었다.

사카모토 료마는 협상 과정에서 다음과 같이 주장했다. "이로하마루에 적재한 화물은 소총 400여 정과 금괴를 비롯한 값비싼 화물이다. 소총을 값으로 환산하면 3만5,630냥이고, 금괴 등은 4만7,896냥이다." 그러나 사카모토의 주장은 거짓이었다. 1988년에 한 민간단체가 침몰한 이로하마루를 인양하고 수중고고학연구소가 그 배의 적재 화물을 조사했다. 그러나 그 배에서 소총이 한 자루도 발견되지 않았다. 물론 금괴도 없었다. 사카모토는 그 배에 어떤 화물을 적재했는지 알고 있었을 것이다. 그런데도 사카모토는 거짓말로 궁지에 몰린 기이번을 몰아붙여 상상을 초월하는 배상금을 받아냈다. 참고로 침몰한 이로하마루의 구입 금액은 1만 냥이었다. 사카모토는 뱃값의 7배를 갈취했다. 사카모토는 양심은 물론 수치심도 없었던 인물이라고 비난받아도 할 말이 없을 것이다. 이것이 시바 료타로가 『료마가 간다』라는 소설로 만들어낸 영웅의 뒷모습이었다.

1867년 6월 9일 사카모토 료마가 고토 쇼지로와 함께 배를 타고 나가사키를 떠났다. 그때 사카모토가 고토에게 선중팔책, 즉 배 위에서 여덟 가지 의견을 제시했다고 전해진다. 그 내용은 대략 다음과 같다.

　一, 천하의 정권을 조정에 반환하고 새로운 정령은 조정에서 낸다.
　一, 상하 의정국을 두고 모든 것을 의결에 따라 정한다
　一, 천하의 인재를 두루 등용하고 유명무실한 관직은 폐지한다
　一, 외국과 교역을 확대하고 조약을 맺는다
　一, 율령을 폐지하고 새로이 헌법을 제정한다
　一, 해군을 확장한다
　一, 천황의 친위대를 두어 교토를 수비한다
　一, 금 · 은 · 물가를 외국과 같게 하는 법을 제정한다

　선중팔책은 일행 중 한 명이 받아 적은 것이라고 전하지만 그것이 사실이라고 단정할 수 있는 사료가 없다. 다만 그해 11월에 사카모토가 작성한 문서에 선중팔책과 비슷한 내용이 있다. 그래서 일부 연구자들이 선중팔책이 사카모토의 구상이라고 봐도 무방하다고 주장한다. 필자는 사료에 근거하지 않은 의견에 동조하지 않지만, 그렇다고 선중팔책이 사카모토의 구상이 아니라고 주장할만한 사료 또한 없는 실정이다.

　1867년 8월 사쓰마번이 제2차 조슈 정벌이 한창일 때 막부를 토벌한다는 계획을 세웠다. 그리고 조슈번과 군사조약을 체결하고 도사번 토막파와 밀약을 맺었다. 도사번의 야마우치 도요시게도 막부가 이미

회생 불가능한 단계에 이르렀다고 판단했다. 도요시게는 밖으로 사쓰마·조슈번과 교류를 확대하면서 안으로 군사력을 강화했다. 도사번 내부에서는 대정봉환파 고토 쇼지로와 토막파 나카오카 신타로·이타가키 다이스게板垣退助(1837~1919)가 대립했다. 권력투쟁 결과, 나카오카·이타가키가 실권을 장악했다. 나카오카·이타가키는 보병대대를 설치하고 근대식 총대를 주축으로 하는 병제개혁을 단행했다. 그러자 사카모토 료마가 그들 편에 붙었다. 9월경에 사카모토가 네덜란드제 소총 1,300정을 배에 싣고 고치高知로 갔다. 그러나 사카모토는 토막파에 접근하면서도 내심 대정봉환파의 활약을 기대하고 있었다.

도사번에서 토막파가 정국을 주도하자 고토 쇼지로가 대정봉환론에 다시 불을 지폈다. 고토의 의견에 동조하는 여론이 확산했다. 야마우치 도요시게도 고토에게 힘을 실어주었다. 10월 3일 고토 쇼지로가 쇼군 요시노부에게 건백서를 제출했다. 거기에 통치권을 일단 천황에게 반환한 후에 다이묘들의 합의제로 정권을 수립하는 것이 상책이라는 내용이 있었다. 막번체제에 안주하던 다이묘들이 대정봉환론에 동조했다.

막부의 15대 쇼군 도쿠가와 요시노부는 매우 영민한 인물이었다. 막부의 다이로 이이 나오스케가 도쿠가와 요시모치를 쇼군으로 옹립하면서 비록 14대 쇼군에 취임하지 못했지만, 1862년 4월 14대 쇼군 요시모치의 후견직 지위에 오른 후 주로 일본 정치의 최전선이라고 할 수 있는 교토에 머물면서 조정의 귀족들과 가깝게 지냈고, 존왕양이 운동의 한복판에서 정치를 배웠다. 1866년 12월 5일 막부의 15대 쇼군에 취임한 후에는 과감한 개혁을 추진하면서 능력을 유감없이 발휘했다. 그러나 쇼군의 지도력만으로 이미 쇠망의 길로 들어선 막부를 일으켜 세우기에는 역부족이었다.

쇼군 요시노부는 사쓰마·조슈번 연합군이 곧 토막 전쟁을 일으킬 것이라는 정보를 입수했다. 대정봉환 건백서를 올린 도사번도 이미 토막에 동의했다는 소문이 돌았다. 거의 절망적인 상황에서 쇼군 요시노부가 마지막 승부수를 던졌다. 1867년 10월 13일 쇼군 요시노부가 10만 석 이상의 영지를 보유한 재경 40여 번의 중신을 니조성二条城으로 불러놓고 선언했다. "정권을 조정에 반환하겠다." 쇼군의 선언에 반대하는 자는 한 사람도 없었다. 사쓰마·조슈번도 침묵으로 쇼군의 선언을 지지했다. 그러자 쇼군 요시노부는 그 자리에서 대정봉환의 뜻을 조정에 전하라고 명령했다. 다음 날 요시노부가 정식으로 천황에게 정권을 반환한다는 상주문을 제출했다. 조정이 상주문을 수리했다. 그리고 국가의 방향을 정하기 위해 여러 다이묘가 상경할 때까지 도쿠가와 요시노부가 쇼군의 지위를 종래와 같이 유지하면서 정무를 보라고 명령했다.

쇼군 요시노부가 대정봉환 건의를 전격적으로 수용한 것은 그것이 정국을 일거에 뒤집을 수 있는 기회가 될 수 있다고 판단했기 때문이

대정봉환 회의 장면

다. 대정봉환은 막부를 폐지하는 것이 아니었다. 다이묘들의 합의제라는 새로운 형태의 정치 질서를 세우는 것이었다. 그렇다면 다이묘 중에서 가장 많은 영지를 보유한 도쿠가와 가문이 새로운 정국을 주도하는 것이 자연스러운 일이었다. 거기에는 토막파의 허를 찌르겠다는 계산이 담겨있었다. 당시 즉위한 지 10개월도 되지 않은 천황은 세상과 단절된 궁궐에서 궁녀에게 둘러싸여 지내던 열다섯 살의 소년이었다. 어린 천황을 보필하는 귀족은 몇 명에 지나지 않았을 뿐만이 아니라 정치세력화할 역량도 없었다. 이미 쇼군의 대정봉환에 동의한 사쓰마·조슈번은 토막을 내세울 명분을 잃었다. 여론은 예상보다 빠르게 통 큰 결단을 내린 쇼군 요시노부에게 우호적으로 바뀌고 있었다. 사쓰마·조슈번을 효과적으로 통제한다면 도쿠가와 가문이 지배력을 유지할 수 있었다.

한편, 조정에서 토막파를 이끌던 이와쿠라 도모미岩倉具視(1825~83)는 사쓰마번의 사이고·오쿠보와 모의해 사쓰마·조슈번에 각각 막부를 토벌할 것을 명령하는 밀칙을 내렸다. 그런데 그날은 기묘하게도 쇼군이 천황에게 정권을 반환한다는 상주문을 제출한 10월 14일이었다. 천황이 쇼군이 제출한 상주문을 수리하자 밀칙이 취소되었다. 토막파의 계획이 일단 유보되었다. 하지만 토막파는 무력으로 막부를 타도한다는 계획을 포기하지 않았다. 토막파가 사쓰마·조슈번 병력을 교토로 집결시켰다. 그리고 12월 9일 쿠데타를 감행해 천황을 중심으로 하는 새로운 정부의 수립을 선언했다.

사카모토 료마는 신정부 수립을 보지 못하고 1867년 11월 15일에 암살되었다. 이날 오후 5시경에 나카오카 신타로가 사카모토 료마가 머무는 오미야近江屋를 방문해 이야기를 나눴다. 그날 밤 9시가 조금 넘어서 세 명의 사내가 사카모토에게 면담을 요청하며 하인 도키치藤吉에게 명함을 내밀었다. 도키치가 그 명함을 받아들고 뒤돌아 계단을 오르려는 순간 그들이 뒤에서 도키치를 칼로 내리쳤다. 도키치가 비명을 지르며 넘어지는 소리를 들은 사카모토가 "시끄럽게 굴지 마라"라고 소리쳤다. 그 순간 자객들이 2층으로 올라가 사카모토의 얼굴을 칼로 내리쳤다. 놀란 나카오카가 허리에 차고 있던

나카오카 신타로

단도로 반격하려고 했으나 자객들의 칼이 빨랐다. 나카오카가 칼을 맞고 쓰러졌다. 자객은 피를 흘리며 앞으로 고꾸라져 있던 사카모토의 머리와 등을 베었다. 그리고 허리에 최후의 일격을 가했다. 사카모토 료마가 즉사했다. 나카오카는 중상을 입고 기절했다. 자객들이 서둘러 현장을 벗어났다.

  오미야 직원들이 가까이에 있던 도사번 번저와 가이엔타이 사무소로 달려가 사카모토와 나카오카의 조난 소식을 알렸다. 사람들이 달려오고 곧이어 의사도 도착했다. 그러나 사카모토는 이미 이 세상 사람

이 아니었다. 겨우 의식을 회복한 나카오카는 응급조치를 받았다. 하지만 중상을 입은 그도 이틀 후에 사망했다. 당시 사카모토 료마는 서른세 살, 나카오카는 서른 살이었다. 11월 18일 가이엔타이 대원, 도사번과 사쓰마번은 물론 여러 번의 무사들이 모여서 사카모토 료마·나카오카 신타로와 영원한 이별을 고했다.

제4부

기둥을 세운 인물들

사이고 다카모리(사진)

CHAPTER 1.

사이고 다카모리
– 카리스마 리더십의 화신

　사이고 다카모리西鄕隆盛(1827~77)는 1827년(文政 10) 12월 7일 규슈 남단 사쓰마번薩摩藩의 조카마치城下町 시모카지야초下加治屋町에서 부친 기치베에吉兵衛와 모친 마사政佐의 장남으로 태어났다. 시모카지야초는 하급 무사 70여 가문이 모여 살던 마을이었는데, 사이고 집안은 그중에서도 서열이 낮은 오고쇼구미御小姓与였다. 사이고는 어린 시절에 사쓰마번이 무사 자제를 교육하기 위해 세운 조시칸造士館에 다니며 공부했다.

조시칸의 교육 과목은 유학 경전, 서도, 산수, 씨름, 검술, 창술, 궁술, 유술, 수영, 승마 등이었다. 조시칸은 전문 시설이 필요한 승마, 씨름, 수영 등은 학생들을 모아놓고 가르쳤지만, 나머지 과목은 선배가 후배를 가르치는 매우 독특한 교육방식을 취했다. 후배가 선배 집에 드나들면서 배우는 경우가 많았다. 그래서 후배는 선배를 존경하며 복종하고, 선배는 후배를 엄격하게 가르치면서 스스로 모범을 보이는 것이 조시칸의 학풍이 되었다. 조시칸의 교훈은 다음과 같았다. "서로 돕자, 서로 보살피자, 함께 단련하자, 거짓말을 하지 말자, 지지 말자, 약한 자를 괴롭히지 말자."

1849년 12월 사쓰마번에서 오유라 소동お由羅騷動이 일어났다. 사쓰마번의 10대 번주 시마즈 나리오키島津齊興(1791~1859)의 후계자 지위를 둘러싸고 일어난 내분이었다. 나리오키의 정실이 낳은 장남 나리아키라齊彬(1809~58)를 지지하는 세력과 측실이 낳은 다섯째 아들 히사미쓰久光를 지지하는 세력이 대립했다. 번주 나리오키는 히사미쓰를 후계자로 삼을 심산이었다. 그러자 번주의 처신에 반발한 가신들이 나리아키라를 추대하려는 움직임을 보였다. 사이고 다카모리의 부친도 내분에 연루되었다. 번주 나리오키는 나리아키라파를 무자비하게 탄압했다. 이 사건은 에도 막부의 개입으로 시마즈 나리오키가 번주의 지위에서 물러나면서 겨우 마무리되었다.

1851년 2월 시마즈 나리아키라가 사쓰마번의 11대 번주에 취임했다. 나리아키라는 자기를 몰아내고 동생 히사미쓰를 옹립하려고 획책했던 가신들을 처벌하지 않았다. 10대 번주 나리오키가 섬으로 추방했던 가신들도 사면하지 않았다. 그러자 나라아키라파 가신들이 건백서를 제출했다. 이때 젊은 사이고 다카모리도 의견을 개진했다. 번주 나리아키라는 다카모리의 서신을 읽고 답신했다. "그대의 말이 옳다. 그러나 그대의 말대로 히사미쓰파를 처벌하면 부친 나리오키의 과실을 세상에 알리는 것이다. 그래서 기다리고 있다. 조만간 기회를 보아 조처할 생각이다." 이때 번주 나리아키라는 사이고 다카모리를 기억해 두었다.

시마즈 나리아키라가 번주에 취임하자마자 참신한 산업경제 정책을 추진했다. 군사력을 강화하기 위한 서양식 공업 육성에 힘을 기울였다. 슈세이칸集成館이라는 공단을 조성해 화약, 전등, 유리 제품 등을 생산했다. 특히 사쓰마번에서 생산하는 채색 유리병과 유리 공예품은 쇼군과 다이묘가 증정품으로 구매할 정도로 품질이 좋았다. 반사로反射爐라는 용광로를 건설해 철을 생산했다. 1852년 12월 번주 나리아키라는 유구琉球를 방어해야 한다는 이유를 들어 막부에 대포를 장착한 선박 건조 허가원을 제출했다. 다음 해 4월 막부가 선박 건조를 허가하자, 사쓰마번은 가고시마 해변에 조선소를 세우고 선박을 건조하기 시작했다. 1854년 4월에 대포를 장착한 쇼헤이마루昇平丸의 진수식이 있었다. 이어서 나리아키라는 미국의 포경선 모형을 참고해 일본 최초의 서양식 증기선 운코마루雲行丸를 건조했다. 증기선을 보유한 사쓰마번은 이윽고 해군 창설을 위한 준비에 착수했다.

　1854년 1월 번주 나리아키라가 참근교대参勤交代를 하기 위해 에도江戶로 갈 때 스물여덟 살이 된 사이고 다카모리를 호송대 일원으로 발탁했다. 당시 사쓰마번의 참근교대 행렬은 가고시마성 서쪽에 있는 고개에서 잠시 휴식하는 것이 관례였다. 그곳에서 휴식할 때 번주 나리아키라가 측근에게 물었다. "무리 중에 사이고라는 젊은이가 있을 터인데, 그자가 누구인가?" 측근이 말했다. "저기 서 있는 자가 사이고입니다." 나리아키라는 멀리서 사이고를 유심히 살펴보았다.

　3월 6일 사쓰마번 참근교대 행렬이 에도에 도착했다. 그 무렵에 에도 막부의 분위기가 심상치 않았다. 지난 1853년 6월에 미국의 페리가 네 척의 군함을 이끌고 에도 만江戶湾에 나타났다. 페리는 무력시위를 벌이며 에도 막부에 통상을 요구했다. 페리 함대의 위력에 놀란 막부는 일단 페리가 가져온 미국 대통령의 국서를 수리하고, 다음 해에 답변하겠다고 약속했다. 1854년 1월 페리가 일곱 척의 군함을 이끌고 에도 만에 모습을 드러냈다. 2월 10일 페리가 요코하마에 상륙해 막부 관리와 협상을 시작했다. 3월 3일 막부는 페리와 일미화친조약을 맺었다. 그로부터 3일 후 사쓰마번 행렬이 에도에 도착했다.

　에도의 사쓰마번 번저에 도착한 시마즈 나리아키라는 사이고를 정원 관리자로 임명했다. 이 직책은 비록 지위는 낮지만 번주 나리아키라를 수시로 알현할 수 있는 기회가 많았다. 당시는 최고 지위에 있던 가로家老라도 번주를 만나려면 정해진 절차를 밟아야 했다. 나리아키라가 수시로 사이고를 불러 대화를 나누었다. 나리아키라는 세계 여러 나라의 정세에 관심이 많았다. 사이고는 번주 나리아키라를 가까이에서 보필하며 미국의 압박에 굴복해 개항하지 않을 수 없었던 일본이 처한 현실을 깊이 생각하기 시작했다.

나리아키라는 미토번水戶藩의 유학자 후지타 도코藤田東湖(1806~55)에게 사이고를 지도해 달라고 부탁했다. 사이고는 에도의 미토번 저택을 드나들며 후지타의 가르침을 받았다. 1855년 12월 사이고는 후쿠이번의 하시모토 사나이橋本左內를 만나 세계정세와 국내 정치에 관해 의견을 나누었다. 나리아키라는 사이고에게 활동 자금을 지원했다. 사이고의 학문과 식견이 무르익자, 나리아키라는 미토번, 후쿠이번, 도사번, 센다이번 등의 번주나 막부의 중신에게 은밀히 서신을 전할 때 사이고를 사신으로 보내기 시작했다. 사이고가 나리아키라의 심복으로 일하면서 점차로 뛰어난 정치적 안목을 갖추게 되었다. 사이고의 명성이 높아졌다.

시마즈 나리아키라는 도쿠가와 요시노부德川慶喜를 에도 막부의 14대 쇼군으로 추대하기 위해 힘썼다. 1857년 4월 번주 나리아키라가 참근교대를 마치고 에도에서 가고시마로 돌아오던 중 사이고는 구마모토번의 중신들을 만나 세계정세와 국사에 관한 의견을 교환했다. 12월

1. 사이고 다카모리 - 카리스마 리더십의 화신 197

에 사이고는 번주 나리아키라의 밀서를 갖고 에도로 가서 후쿠이번 번주 마쓰다이라 요시나가松平慶永를 알현했다. 밀서는 14대 쇼군 옹립에 관한 내용이었다. 이때 사이고는 하시모토 사나이를 비롯한 후쿠이번 무사들과 도쿠가와 요시노부 옹립 건을 논의했다. 1858년 봄에는 하시모토 사나이, 우메다 운핀 등과 서신을 교환했다.

1858년 4월 히코네번 번주 이이 나오스케가 막부의 다이로에 취임했다. 이이는 6월에 일미수호통상조약에 조인하고, 이어서 기이번紀伊藩 번주 도쿠가와 이에모치를 막부의 14대 쇼군으로 추대했다. 7월에는 도쿠가와 요시노부의 친부 도쿠가와 나리아키와 마쓰다이라 요시나가에게 근신을 명했다. 그리고 요시노부를 쇼군으로 옹립하려고 모의한 다이묘들을 탄압했다. 그 무렵 사이고 다카모리는 마쓰다이라 요시나가가 보내는 밀서를 갖고 가고시마로 돌아와 주군 나리아키라에게 전했다. 7월 8일 시마즈 나리아키라가 급사했다. 나리아키라의 유언에 따라 시마즈 히사미쓰의 장남 시마즈 타다요시가 사쓰마번의 12대 번주가 되었다. 그러나 사쓰마번의 실권은 시마즈 히사미쓰가 장악했다.

1858년 9월 사이고 다카모리는 교토에서 주군 시마즈 나리아키라의 부음을 들었다. 사이고는 여러 번의 지사들과 막부의 다이로 이이 나오스케를 몰아내고 막정을 개혁하려고 모의했다. 하지만 막부의 체포조에게 쫓겨 존왕양이파 승려 겟쇼月照(1813~58)와 함께 교토에서 탈

출했다. 9월 16일 사이고가 다시 상경해 여러 지사와 함께 거병을 모의했으나 실패했다. 사이고는 오사카와 시모노세키를 거쳐 가고시마로 돌아왔다. 막부는 사이고를 추적했다. 사이고가 배를 타고 피신하던 중 류가미즈오키龍ヵ水沖(가고시마시 요시노초)에서 승려 겟쇼와 함께 바다에 몸을 던졌다. 승려 겟쇼가 사망하고 사이고는 구조되었다. 사쓰마번은 승려 겟쇼와 사이고의 묘를 조성했다. 사이고와 겟쇼를 체포하러 왔던 막부 관리는 겟쇼의 하인들만 데리고 돌아갔다.

사쓰마번은 사이고를 규슈 남쪽에 있는 섬 아마미오시마奄美大島로 유배 보냈다. 1859년 1월 12일 기쿠치 겐고菊池源吾로 개명한 사이고가 아마미오시마에 도착했다. 사이고는 그곳에서 빈집을 빌려 생활했다. 오쿠보 도시미치를 비롯한 동료들이 서신과 함께 위문품을 보냈다. 사이고는 동료들과 서신을 교환하며 정보를 수집했다. 사쓰마번은 사이고에게 봉록으로 쌀 12석을 지급하고 번주의 하사금을 보내 생활비에 충당하도록 했다. 그해 11월 외로움을 견디지 못한 사이고가 아야나愛加那와 동거하며 섬 생활에 적응했다. 1861년 2월에 아들 기쿠지로菊次郎가 태어났다.

이 무렵 조정의 급진파 귀족과 여러 번의 존왕양이파 세력이 손을 잡고 활동하기 시작했다. 그들은 막부가 서양 여러 나라와 체결한 통상조약을 폐기하라고 요구했다. 사쓰마번의 실권자 시마즈 히사미쓰는 존왕양이파의 주장에 동의하지 않았다. 오쿠보 도시미치가 히사미쓰에게 조정을 수호한다는 명분으로 군사를 거느리고 교토로 올라가 영향력을 행사하자고 건의했다. 그런데 히사미쓰가 교토로 올라가서 활동하려면 조정의 귀족들은 물론 여러 번의 중신들과 접촉하지 않을 수 없었다. 조슈번의 중신은 물론 귀족들과도 친분이 있던 사이고 다카모리가 필요했다. 1861년 11월 히사미쓰는 사이고에게 "이름을 바꾸고 즉시 돌아오라."라고 명령했다. 사이고가 살아있다는 것을 막부가 알면 안 되었기 때문이다.

1862년 2월 오시마 산에몬大島三右衛門으로 개명한 사이고 다카모리가 가고시마로 돌아왔다. 사이고는 시마즈 나리아키라의 묘소에 참배한 후에 시마즈 히사미쓰를 알현했다. 그런데 이때 사이고는 히사미쓰에게 사쓰마번의 번주도 아니고 작고한 시마즈 나리아키라와 같이 인망을 모으지도 못했기 때문에 상경해서는 안 된다는 의견을 개진했다. 그리고 자기는 히사미쓰를 따라 상경하지 않겠다고 말했다. 당황한 오쿠보 도시미치가 사이고를 설득했다. 오쿠보의 청을 뿌리치지 못한 사이고가 마지못해 상경하기로 했다.

3월 13일 사이고 다카모리가 시모노세키에서 대기하라는 히사미쓰의 명을 받고 가고시마를 떠났다. 시모노세키에 도착한 사이고는 존왕양이파 지사들이 교토에 불을 지르고 거병한다는 소식을 들었다. 사이고가 서둘러 상경했다. 29일 무라타 신파치村田新八(1836~77)와 함께 후시미에 도착한 사이고는 존왕양이파 지사들의 거병 계획을 무산시키기 위해 동분서주했다. 4월 6일 히메지姬路에 도착한 히사미쓰는 사이고가 시모노세키에서 대기하라는 명령을 위반했을 뿐만이 아니라 과격파 지사들을 선동했다는 보고를 받았다. 격노한 히사미쓰는 사이고를 체포해 도쿠노시마德之島로 유배 보내라고 명령했다. 분을 삭이지 못한 히사미쓰는 다시 사이고의 봉록과 가산을 몰수하고, 도쿠노시마보다 먼 곳에 있는 오키노에라부지마沖永良部島로 유배 보내 옥사에 가두고 절대로 문을 열어주지 말라고 엄명했다.

시마즈 히사미쓰가 군사를 이끌고 상경했다. 유력한 여러 번과 연합해 막부가 추진하는 공무합체 운동을 지원하기 위해서였다. 히사미쓰는 조정에 막정개혁론을 제시했다. 그는 교토에 머물며 귀족들을 설득해 개혁을 촉구하는 칙사를 막부에 파견하도록 했다. 5월 22일 히사미쓰가 칙사 오하라 시게토미大原重德(1801~79)를 수행해 에도로 갔다. 쇼군을 알현한 히사미쓰는 후쿠이번 번주 마쓰다이라 요시나가를 막부의 정사총재직, 도쿠가와 요시노부를 쇼군의 후견직에 각각 임명하고, 쇼군이 상경해 그동안 독단으로 미국과 조약을 체결한 것을 사죄하라고 요구했다.

에도 막부의 14대 쇼군 도쿠가와 이에모치德川家茂는 히사미쓰의 요구를 받아들였다. 매우 파격적이었지만, 쇼군은 천황의 칙명을 받아들이지 않을 수 없었다. 천황은 실권은 없었지만 엄연한 일본의 군주였다. 천황은 쇼군의 권력을 정당화할 수 있는 유일한 권위였다. 내심 불만이 있더라도 공공연하게 칙명에 반대할 명분이 없었다. 더구나 칙명의 배후에는 존왕양이 운동이 있었다. 당시 교토·오사카 일대에서 존왕양이파 지사들의 활동이 거세지고 있었다. 만약에 쇼군이 칙명에 반대한다면 존왕양이 운동이 막부 타도 운동으로 전환할 가능성이 있었다.

에도 막부는 대대로 쇼군 가문과 혈연 관계가 있는 신판親藩이나 막부를 설립한 도쿠가와 이에야스 때부터 막부에 충성하던 후다이譜代 가문 중에서 로주老中를 임명했다. 때로는 쇼군이 전권을 위임하는 다이로大老라는 직책도 두었으나 그것은 비상시국에 한정되었고, 평시에는 로주가 쇼군을 대신해 정무를 총괄하는 것이 관행이었다. 마쓰다이라 요시나가가 맡은 정사총재직은 다이로에 버금가는 권력이 부여된 자리였다. 쇼군의 후견직에 임명된 도쿠가와 요시노부는 다이묘 중에서 가장 지체가 높은 고산케御三家였으나 막부의 쇼군과 대립했던 미토 번 번주 도쿠가와 나리아키德川斉昭의 아들이었다. 정사총재직과 후견직 임명은 자칫 쇼군의 권력을 위태롭게 할 수도 있었다. 실제로 정사총재직에 취임한 마쓰다이라 요시나가가 강력한 개혁을 단행하면서 막부가 창립한 이래 후다이 가문이 장악해왔던 권력 구조가 무너지기 시작했다.

시마즈 히사미쓰의 활약으로 사쓰마번의 정치적 위상이 강화되었다. 과격한 존왕양이론을 표방한 조슈번과 대립하는 모양새가 되었다.

조슈번의 존왕양이파가 천황이 정치의 전면에 나서야 한다고 주장하는 등 급진론으로 치닫자, 1863년 8월 히사미쓰는 다시 군사를 이끌고 상경해 아이즈번과 손을 잡고 쿠데타를 일으켜 존왕양이파 귀족과 조슈번 세력을 조정에서 몰아냈다. 8·18 정변이었다. 그 후 공무합체파가 조정과 교토를 지배했다. 한동안 시마즈 히사미쓰가 정국을 주도했다. 하지만 얼마 지나지 않아서 공무합체파가 분열했다. 사쓰마번의 위신이 추락했다.

교토·오사카 지역에서 사쓰마번의 평판이 악화했다. 교토·오사카 일대에서 활약할 수 있는 사쓰마번 인재가 절실했다. 시마즈 히사미쓰는 여전히 사이고 다카모리를 괘씸하게 여기고 있었다. 하지만 궁지에 몰린 히사미쓰는 오쿠보 도시미치·고마쓰 기요카도의 건의를 수용해 사이고를 사면했다. 1864년 2월 사이고가 가고시마로 돌아왔다. 3월 14일 사이고가 무라타 신파치와 함께 교토에 도착했다. 3월 19일 시마즈 히사미쓰는 사이고를 교토 주재 군부야쿠軍賦役(군사령관)에 임명한 후 가고시마로 돌아왔다. 드디어 군략가 사이고 다카모리가 활약할 수 있는 기반이 마련되었다.

1864년 6월 5일 이케다야池田屋 사건이 일어났다. 교토 산조三条에 있던 여관 이케다야에 모여 있던 존왕양이파 지사 20여 명을 곤도 이사미近藤勇(1834~68)가 이끄는 70여 명의 신센구미新選組가 습격했다. 이때 조슈번 무사 여러 명이 살해되었다. 그러자 조슈번의 군대가 교토

로 진격했다. 구사카 겐즈이를 비롯한 유격대도 합류했다. 조슈군이 교 토 외곽에 포진했다. 7월 19일 교토 시내로 진격한 조슈군과 사쓰마·아이즈번을 비롯한 여러 번의 군사가 충돌했다. 교토 시내에서 벌어진 전투에서 조슈군이 패퇴했다. 구사카 겐즈이를 비롯한 조슈번 지휘관들이 자결했다. 이 전투에서 사이고가 지휘한 사쓰마군이 분전했다. 긴몬의 변禁門の変이었다. 사이고의 명성이 높아졌다.

에도 막부는 천황 궁전에 발포한 조슈번을 조적으로 규정했다. 막부는 존왕양이파의 근거지라고 할 수 있는 조슈번 정벌 준비에 박차를 가했다. 1864년 7월 23일 고메이 천황이 조슈 정벌의 칙서를 내렸다. 24일 도구가와 요시노부가 서부 일본의 다이묘에게 출병을 명했다. 제1차 조슈 정벌이었다. 9월 중순 사이고 다카모리가 오사카에서 가쓰 가이슈勝海舟와 회담한 후 조슈번에 대한 강경책을 버리고 완화책을 취하기로 결심했다. 10월 12일 사이고가 정벌군 참모에 임명되었다. 10월 24일 사이고가 정벌군 총독 도쿠가와 요시카쓰로부터 조슈번 처분권을 위임받았다. 사이고는 세 명의 조슈번 가로를 처형하고, 조정의 급진파 귀족 다섯 명을 추방하는 선에서 조슈 정벌을 마무리했다.

11월 25일 조슈번에서 다카스기 신사쿠가 거병했다. 조슈번의 보수파 정권을 타도하기 위해서였다. 1865년 1월 다카스기가 하기萩로 진격했다. 그러자 보수파 정권이 맥없이 무너졌다. 다카스기는 조슈번 번주 모리 다카치카의 재가를 얻어 막부에 맞서지는 않겠으나 무장을 해제하지 않는다는 방침을 정했다. 다카스기는 농촌 지도자와 협력해 신식 군대 기헤이타이의 전력을 보강했다. 군사제도를 대대적으로 개혁하는 작업에 착수했다. 조슈번에서 다시 존왕양이파가 정권을 잡자 막부가 조슈 정벌에 나서지 않을 수 없었다. 1865년 4월 막부가 제2차 조슈 정벌을 선언했다.

이 무렵 사쓰마번이 정치적인 변화를 겪었다. 사이고 다카모리 · 오쿠보 도시미치가 번정의 실권을 장악했다. 1865년 5월 1일 사이고는 사카모토 료마를 가고시마로 불러 교토의 정세를 사쓰마번 수뇌부에 설명하게 했다. 이 자리에서 사쓰마번은 조슈 정벌을 위한 출병 명령을 거부하기로 의결했다. 6월 24일 사이고가 교토에서 사카모토를 만나서 조슈번이 원하던 무기 · 함선을 사쓰마번 명의로 구매해도 좋다는 뜻을 전했다. 10월 15일 사이고 다카모리가 고마쓰 기요카도와 함께 군사를 거느리고 상경했다. 이 무렵 사이고는 구로다 기요타카를 조슈번으로 보내 사쓰마 · 조슈 동맹 공작을 벌였다.

1866년 1월 8일 사이고가 측근을 대동하고 상경했다. 1월 21일 사이고와 조슈번의 기도 다카요시가 교토의 사쓰마번 번저에서 회견하고 비밀리에 맹약을 맺었다. 이러한 사정을 알지 못하는 막부는 6월 7일 제2차 조슈 정벌을 감행했다. 그러나 조슈군이 각지에서 막부군을 무찔렀다. 막부군이 연이어 패전하던 7월 20일 14대 쇼군 이에모치가 오사카에서 급사했다. 막부는 더 이상 전쟁을 수행할 여력이 없었다.

12월 5일 도쿠가와 요시노부가 막부의 15대 쇼군에 취임했다. 쇼군 요시노부는 조슈번과 휴전했다. 그리고 막부의 군사·정치제도를 개혁했다. 유력한 다이묘와 조정 귀족들의 의견을 경청했다. 쇼군 요시노부는 능력을 유감없이 발휘했다. 그러나 쇼군의 지도력만으로 무너져가는 막부를 일으켜 세우기에는 역부족이었다.

1866년 12월 25일 고메이 천황이 급사했다 재위 21년 향년 35세였다. 사인은 천연두로 알려졌지만, 독살설이 끊임없이 제기되었다. 12월 29일 우여곡절 끝에 조정이 고메이 천황의 붕어를 공표했다. 1867년 1월 9일 열네 살이 된 고메이 천황의 둘째 아들 무쓰히토 친왕睦仁親王이 즉위했다. 메이지 천황明治天皇(1852~1912/재위:1867~1912)이었다. 그러자 막부를 타도하고 천황 정부를 세우기로 뜻을 모은 토막파討幕派가 정국의 주도권을 장악했다. 그들은 이전에 조정에서 추방되었던 급진파 귀족들을 속속 조정으로 불러들여 세력을 강화했다. 토막파의 목표가 보다 명확해졌다.

1867년 8월 사쓰마번은 제2차 조슈 정벌이 한창일 때 이미 토막討幕, 즉 내전을 통한 막부 해체 계획을 세웠다. 그 내용은 대략 다음과 같았다. 사쓰마군이 토막파 귀족과 협력해 천황 궁전을 장악하고 막부군 진영을 급습한다. 천황을 교토 인근으로 피신시키고 막부를 토벌하라는 포고령을 내린다. 오사카성을 점령함과 동시에 오사카 앞바다에 정박 중인 막부의 함대를 공격한다. 교토에서 관동 지방으로 이어지는 요

메이지 천황

충지를 지킨다. 이 계획은 시마즈 히사미쓰와 사이고 다카모리·오쿠보 도시미치·고마쓰 기요카도만 아는 극비사항이었다. 사쓰마번은 조슈번과 군사조약을 체결하고 도사번 토막파와 밀약을 맺으면서 전열을 정비했다.

이 무렵 도사번에서 정권을 천황에게 반환해야 한다는 의견이 대두되었다. 도사번의 고토 쇼지로後藤象二郎가 15대 쇼군 도쿠가와 요시노부에게 건백서를 제출했다. 건백서는 통치권을 일단 천황에게 반환한 후에 다이묘들의 합의제로 정권을 수립하는 것이 바람직한 방책이라는 내용이었다. 쇼군 요시노부는 건백서를 전격적으로 채택했다. 쇼군은 먼저 귀족들에게 정권을 반환한다는 뜻을 밝혔다. 그리고 1867년 10월 14일 쇼군 요시노부가 대정봉환 상표를 조정에 제출했다.

한편, 조정 내 토막파 세력의 중심인물이었던 이와쿠라 도모미가 사쓰마번의 사이고 다카모리·오쿠보 도시미치와 모의해 사쓰마번과 조슈번에 각각 막부를 토벌하라는 밀칙을 내렸다. 그런데 그날은 기묘하게도 쇼군 요시노부가 조정에 정권을 반환한다는 상주문을 제출한 날이었다. 천황이 쇼군이 제출한 상주문을 수리하자 막부를 토벌하라는 밀칙이 취소되었다. 10월 24일 쇼군 요시노부가 조정에 쇼군직 사임을 주청했다. 토막파의 계획이 일단 취소되었다.

사이고 다카모리를 비롯한 토막파는 쇼군 요시노부의 계획이 막부의 권력을 유지하기 위한 술책에 지나지 않는다고 보았다. 사이고는 막부를 무력으로 타도하기로 결심했다. 11월 13일 3,000명의 사쓰마번 군사를 거느린 사이고 다카모리가 번주 시마즈 타다요시를 받들고 가고시마를 떠나 23일에 교토에 도착했다. 11월 25일 조슈번의 군사 700여 명이 미타지리를 출발해 29일에 입경했다. 아키·오와리·후쿠이번 군대도 전열을 정비했다. 11월 24일 사이고 다카모리가 이와쿠라 도모미에게 도쿠가와 쇼군 가문의 처분 의견서를 제출했다.

1867년 12월 9일 토막파가 쿠데타를 감행했다. 사쓰마·도사·아키·오와리·후쿠이번의 병사들이 교토의 천황 궁전을 삼엄하게 경비하는 가운데, 토막에 동조하는 친왕親王과 귀족들을 소집해 왕정복고를 선언하는 대호령大號令을 발포했다. 대호령은 일본인이 초대 천황으로 받드는 진무神武가 일본을 건국한 정신으로 공의정체公議政體의 창출을 지향한다는 선언이었다. 천황을 중심으로 하는 새로운 정부가 수립되었다. 정권이 막부에서 조정으로 옮겨졌다. 토막파 귀족과 앞에서 열거한 다섯 번의 연합정권이 성립되었다. 그동안 조적으로 규정되었던 조슈번이 사면되었다. 그러자 조슈번이 정예 군사를 교토로 급파했다.

천황 궁전에서 어전회의가 열렸다. 회의가 시작되자 도사번의 야마우치 도요시게山内豊信가 쇼군 요시노부를 의정에 참여하게 해야 한다고 주장했다. 도요시게와 이와쿠라 도모미·오쿠보 도시미치가 논쟁했다. 회의는 저녁때까지 이어졌다. 잠시 정회했을 때, 군사권을 쥐고

어전회의 광경(聖德絵画館 소장)

있던 사이고 다카모리가 "칼 한 자루면 없애 버린다."라고 말하며 온건파를 노골적으로 협박했다. 실제로 회의장을 에워싼 사쓰마번 군사들이 사이고의 명령을 기다리고 있었다. 생명의 위협을 느낀 온건파가 적극적인 발언을 삼갔다. 결국 강경파가 온건파의 공의정체론을 누르고, 쇼군 요시노부에게 관직을 사퇴하고 영지를 조정에 반환하라는 명령을 내리기로 결정했다.

막부에 동정적이던 온건파는 어전회의 결과에 격분했다. 쇼군 직위를 박탈당한 도쿠가와 요시노부가 결정을 유예해 달라고 요청했다. 12월 12일 요시노부가 교토의 니조성二条城에서 오사카성으로 물러나며 공순한 태도를 보였다. 온건파와 막부파 다이묘가 숫자상으로 우위였고 토막파는 열세였다. 온건파가 쇼군 요시노부의 측근과 협의한 후, 영지 반환의 조건을 완화하고, 요시노부를 임시정부의 의정議定으로 임명하는 안을 제시했다. 강경파가 수세에 몰렸다.

당시 에도에서는 사이고 다카모리가 은밀히 파견한 사가라 소조相楽総三(1839~68)가 부랑배들을 동원해 다이묘들의 저택을 습격하고 약탈하는 등 혼란을 조장하고 있었다. 사이고의 공작은 적중했다. 신정부가 요시노부의 의정 취임을 거의 결정하고 온건파가 우세를 점한 바로 다음 날인 12월 25일 새벽에 막부에 충성하는 쇼나이번庄内藩(야마가타현의 쓰루오카시·사카타시) 무사들이 에도의 사쓰마번 저택과 시마즈 가문의 일족이 다스리는 사도와라번佐土原藩(미야자키현 미야자키시)의 저택을 포위하고 불을 질렀다. 온건파가 수세에 몰렸다.

이 무렵 쇼군 요시노부는 에도에 있는 병력을 오사카로 불러 결전할 준비를 하고 있었다. 12월 28일 쇼군 요시노부가 관직은 사퇴하겠으나 영지의 반환은 거부한다는 뜻을 밝혔다. 그날 에도의 사쓰마번 저택이 불탔다는 보고가 오사카성에 있는 쇼군 요시노부에게 전해졌다. 요시노부는 교토로 진격하기로 결심했다. 1868년 1월 1일 '사쓰마번 토벌' 서한을 작성해 교토의 조정에 보내고, 오사카성에 있는 1만여 명의 군사에게 교토 진격을 명령하고, 여러 번에 출병을 요청했다. 1월 2일 막부 직속 군대와 아이즈·구와나번의 군대를 주력으로 하는 1만 5,000여 명이 교토로 진군하기 시작했다.

1월 2일 저녁 막부군이 교토로 진격한다는 소식을 들은 마쓰다이라 요시나가와 야마우치 도요시게가 후쿠이번의 무사 나카네 유키에中根雪江(1807~77)를 오사카성에 있는 쇼군 요시노부에게 보내 막부군의 진격을 멈추려고 했다. 하지만 이미 때가 늦었다. 나카네가 교토를 출발한 3일 아침에 막부군이 이미 교토로 들어와 있었다. 한편, 사이고 다카모리가 이끄는 사쓰마군과 히로사와 사네오미広沢真臣가 이끄는 조슈군이 도바鳥羽(교토시 남구)·후시미伏見(교토시 후시미쿠) 일대에 진을 치고 막부군을 기다렸다. 사이고 다카모리가 간절히 원했던 무력 충돌 국면이 이렇게 만들어졌다.

1월 3일 저녁 도바·후시미 일대에서 막부군의 선봉대와 사쓰마·조슈번의 군대가 충돌했다. 보신 전쟁戊辰戰爭이 시작되었다. 사이고가 말했다. "한발의 포성이 백만 명의 아군을 얻은 것보다 기쁘다." 신정부는 막부군을 조적으로 규정하고 사쓰마번 군대에 천황군을 상징하는 깃발 니시키노미하타錦の御旗를 수여했다. 조적으로 몰린 막부군의 사기가 꺾였다. 그런데 신정부군의 무력 대결 방침은 정식 회의를 거쳐 채택한 것이 아니었다. 사이고·오쿠보·이와쿠라의 비공식 회합에서 결정했다. 야마우치를 비롯한 온건파가 크게 반발했으나 토막파의 결속을 와해시키기에는 역부족이었다.

전투가 벌어진 1월 3일 사이고는 후시미의 격전지, 5일에는 야와타 八幡(교토부 야와타시) 전선을 잇달아 시찰하며 전황이 신정부군에게 유리하게 전개되고 있다는 것을 확인했다. 신정부군의 기세에 눌린 막부군이 요도성淀城(교토시 후시미쿠)까지 물러났다. 교토 민중이 주먹밥과 된장국을 마련해 신정부군에게 제공했다. 1월 4일 신정부는 천황의 일족을 정토대장군으로 삼아 막부군 토벌에 나섰다. 막부군이 오사카까지 물러났다. 1월 6일 도쿠가와 요시노부가 소수의 측근만 거느리고 오사카성을 탈출했다. 다음 날 새벽 요시노부가 군함 가이요마루開陽丸를 타고 에도로 도주했다. 신정부가 도쿠가와 요시노부 토벌령을 내렸다.

남겨진 과제는 에도의 막부 세력을 군사적으로 해체하는 것이었다. 2월 9일 신정부는 천황의 일족을 동정대총독에 임명했다. 사쓰마·조슈·도사번 군대를 중심으로 1만 명의 동정군이 편성되었다. 신정부는 동정군 5만 명이라고 소문을 냈다. 2월 12일 사이고가 도카이도東海道 선봉군 사령관에 임명되었고, 이어서 2월 14일에 동정대총독부 부참모에 임명되었다. 참모에 귀족이 임명되었으나 실제로 군대를 지휘한 것은 부참모 사이고 다카모리였다. 2월 28일 사이고가 이끄는 동정군이 도카이도의 요충지 하코네箱根(가나가와현 아시가라시모군)를 점령했다. 막부군의 저항은 미미했다.

3월 초순 신정부군이 에도성 총공격 준비에 들어갔다. 3월 13일 사이고 다카모리가 막부 측의 가쓰 가이슈와 회담했다. 사이고와 가쓰의 만남을 중재한 것은 영국 공사관 관리였다. 영국은 내전으로 무역에 악영향을 끼치는 것을 경계했다. 신정부군이 에도를 무력으로 공격하는 것에 반대했다. 사이고는 영국의 뜻에 따라 평화적으로 에도성을 접수하는 길을 모색했다. 가쓰와 회담한 사이고는 신정부의 수뇌부를 설득해 에도성 총공격을 중지하고, 도쿠가와 가문 종가의 존속을 허락하고, 도쿠가와 요시노부가 미토水戶에서 조용히 여생을 보낼 수 있도록 하는 등 관대한 처분을 내리도록 했다. 4월 14일 신정부군이 에도에 무혈입성했다.

신정부군이 에도에 입성하자 막부에 직속한 무사들이 저항했다. 그들은 막부의 쇼군을 경호하고 "반역자 사쓰마의 도둑 무리를 도륙하자."라고 외치며 쇼기타이彰義隊를 결성했다. 쇼기타이 3,000여 명이 우에노上野의 간에이지寬永寺에 주둔하며 신정부군에 맞섰다. 사이고는 쇼기타이를 즉시 진압하지 않았다. 가쓰 가이슈를 비롯한 막부의 관리가 나서서 해산해 주기를 기대했다. 신정부 내에서 "사이고의 방식이 너무 안이하다."라는 비판이 있었다. 4월 27일 신정부가 오무라 마스지로를 에도로 보냈다. 오무라는 쇼기타이를 즉시 진압해야 한다고 주장했다. 사이고는 오무라의 의견에 따랐다. 5월 15일 사이고가 쇼기타이를 무찔렀다. 관동 지방이 평정되었다.

센다이번의 다테伊達 가문을 맹주로 하는 동북 지방의 여러 다이묘가 신정부군에 저항했다. 사이고가 5월 말에 에도를 떠나 교토로 향했다. 6월 5일 사이고가 수뇌부 회의를 열고 전황을 보고했다. 사이고는 아이즈·요네자와·쇼나이·구와나번을 차례로 복속시키려면 군사를 충원할 필요가 있다고 판단했다. 6월 9일 사이고가 사쓰마번 번주 시마즈 타다요시를 수행해 가고시마로 돌아갔다. 9월 14일 사이고가 다시 사쓰마번 군대를 거느리고 요네자와米沢(야마가타현 요네자와시)에 주둔했다. 사이고 다카모리는 그곳에서 동생 사이고 기치지로西郷吉二郎(1833~68)의 전사 소식을 들었다.

신정부군이 동북 지방 여러 다이묘의 거성을 차례로 점령했다. 1868년 9월 말에 동북 지방이 평정되었다. 한편, 신정부군이 에도성에 입성했을 때 막부의 해군 부총재를 지낸 에노모토 다케아키榎本武揚(1836~1908)가 군함 여덟 척을 이끌고 에도를 벗어났다. 그는 도중에 1,600여 명의 보병을 태우고 홋카이도로 갔다. 그는 홋카이도에 공화국을 수립하려고 했다. 에노모토의 뜻에 동조하는 막부 관료들이 속속 홋카이도로 모였다. 1869년 5월 11일 신정부군이 하코다테函館의 외곽에 있는 반란군의 본거지 고료카쿠五稜郭(홋카이도 하코다테시)를 공격했다. 5월 18일 에노모토가 항복하면서 보신 전쟁이 끝났다. 일본이 통일되었다.

한편, 동북 지방이 평정된 것을 확인한 사이고 다카모리는 1868년

11월 초에 에도·도쿄·오사카를 거쳐 가고시마로 돌아왔다. 사이고는 히나타야마日当山 온천에서 만신창이가 된 몸을 치료했다. 1869년 2월 23일 번주 시마즈 타다요시가 직접 히나타야마 온천으로 와서 사이고에게 사쓰마번의 번정에 협력해 달라고 요청했다. 2월 25일 사이고가 가고시마로 돌아와 참정參政에 취임했다. 무사는 물론 서민도 사이고를 믿고 존경했다. 번주 시마즈 타다요시 또한 사이고의 도움 없이는 정치를 시행할 수 없었다. 사이고는 번정을 개혁하고, 병제를 정비해 보신 전쟁에 나아가 공을 세운 하급 무사들의 불만을 잠재웠다.

1869년 5월 1일 사이고 다카모리가 다시 홋카이도에서 싸우는 신정부군을 지원하기 위해 사쓰마군을 이끌고 가고시마를 떠났다. 5월 25일 사이고가 하코다테에 도착했다. 사이고는 그곳에서 일주일 전에 에노모토 다케아키가 항복했다는 소식을 들었다. 6월 2일 정부는 사이고에게 상전록賞典祿 2,000석을 영구히 하사한다는 명을 내렸다. 신정부 수뇌부는 사이고에게 교토에 머물며 정치에 협력해 달라고 요청했다. 그러나 사이고는 사쓰마군을 이끌고 가고시마로 돌아왔다. 이 무렵부터 사이고가 다카모리隆盛라는 이름을 정식으로 사용하기 시작했다.

1869년 6월 신정부는 사쓰마·조슈·도사·사가번의 번주가 연명해 판적봉환版籍奉還 청원서를 제출하게 했다. 판적봉환은 각 번의 다이묘가 토지와 민중을 천황에게 바치는 것이었다. 처음부터 지방분권적 정치 질서를 부정하면 다이묘들이 크게 반발할 것이 예상되었다. 신정부는 그 목표에 도달하기 위한 1단계 전략으로 판적봉환을 선택했다. 10일도 채 되지 않아서 274명의 번주가 판적을 봉환했다. 다이묘 가문의 세습이 부정되었다. 이 개혁으로 번명은 번청 소재지 지명을 사용하게 했다. 예를 들면, 사쓰마번은 가고시마번, 조슈번은 야마구치번, 도사번은 고치번 등으로 호칭하게 되었다. 사쓰마번 번주 시마즈 타다요시는 가고시마번 지사知事에 임명되었다. 번의 영주가 아니라 중앙 정부의 지방행정관이 되었다.

이 무렵 오쿠보 도시미치는 산적한 개혁을 추진하려면 사이고 다카모리의 도움이 필요하다고 생각했다. 마침 다카모리의 동생 사이고 쓰구미치西鄕從道(1843~1902)가 유럽에서 귀국해 오쿠보 저택에 머물고 있었다. 오쿠보는 쓰구미치에게 형 다카모리를 중앙 정부에 복귀하도록 설득하라고 부탁했다. 쓰구미치는 1870년 10월 14일 도쿄를 떠나 20일에 가고시마에 도착했다. 쓰구미치는 형 다카모리를 만나 서양 여러 나라의 정황, 신정부의 사정 등에 대해 이야기를 나눴다. 특히 산조 사네토미, 이와쿠라 도모미, 기도 다카요시, 오쿠보 도시미치 등이 진지하게 개혁 추진을 준비하고 있다고 말했다. 다카모리가 중앙 정부에 복귀하기로 결심했다.

1871년 1월 3일 사이고가 마침 가고시마에 온 칙사 일행과 함께 고향을 떠나 7일 야마구치山口에 도착했다. 10일 사이고는 오쿠보와 함께 모리 다카치카 부자를 만나 개혁을 단행하고 조정의 권위를 세우기 위해서는 사쓰마·조슈·도사번이 협력해야 한다고 말했다. 17일 사이고·오쿠보·기도가 고치高知로 가서 이타가키 다이스케·후쿠오카 다카치카와 회담했다. 사이고가 개혁 계획을 설명하고 협력을 요청했다. 사이고·오쿠보·기도·이타가키 네 명이 미국의 기선을 타고 2월 1일 요코하마横浜에 도착했다. 사이고는 1869년 6월 하코다테에서 돌아오는 길에 잠시 체류한 이래 실로 1년 8개월 만에 도쿄 땅을 밟았다.

2월 8일 우대신 산조 사네토미 저택에서 이와쿠라·사이고·오쿠보·기도·이타가키가 모여서 친병親兵, 즉 천황 직속 군대 창설에 관해 협의했다. 2월 13일 정부는 가고시마·야마구치·고치번의 병사를 징집해 조정을 수호하는 친병을 창설하기로 의결했다. 병력은 다음과 같았다. 가고시마번 보병 4개 대대·포병 4개 대대, 야마구치번 보병 3개 대대, 고치번 보병 2개 대대·기병 2개 소대·포병 2개 대대 모두 8,000명이었다. 그중에서 가고시마번 병사가 5,000명이었다. 4월 21일 가고시마번 병사가 이치가야市ヶ谷(예전의 육군사관학교, 지금의 자위대 본부)에 주둔했다. 사이고는 병영 내에서 병사들과 함께 기거했다. 고치번 병력이 5월 18일, 야마구치번 병력이 6월 중순에 입경해 주둔했다.

6월 25일 참의參議에 취임한 사이고 다카모리가 폐번치현廃藩置県을 준비했다. 폐번치현은 지번사知藩事에게서 토지 영유권을 빼앗아 국유지로 전환하는 것이었다. 폐번치현은 기도, 오쿠보, 사이고 등 가고시마·야마구치 출신 실권자들이 일으킨 쿠데타였다. 이 계획은 우대신

이와쿠라 도모미에게 조차도 거사 며칠 전에 알렸다. 1871년 7월 14일 폐번치현이 단행되었다. 지번사가 열석한 가운데 우대신 산조 사네토미가 담담하게 조서를 읽었다. 안으로 일본 국민을 보호하고 밖으로 여러 나라와 대치하자면 명실상부하게 통일국가를 이루어야 한다는 취지의 말이었다. 조서는 200자도 되지 않았다. 정부가 일방적으로 폐번치현을 선언한 것이었다. 친병이 회의장 주변을 에워싸고 있었다. 이의를 제기한 지번사는 한 사람도 없었다.

1871년 11월 12일 이와쿠라사절단이 서양 순방길에 올랐다. 우대신 이와쿠라 도모미를 특명전권대사로 하고 기도 다카요시 · 오쿠보 도시미치 · 이토 히로부미 · 야마구치 나오요시山口尚芳(1839~94) 등을 부사로 하는 사절단은 1년 10개월 동안 구미 12개국을 순방했다. 사절단이 세계 각국을 순방한 목적은 조약개정을 위한 예비교섭을 하고, 선진국의 제도와 문물을 시찰하는 것이었다. 사절단은 요코하마에서 4,500톤급 외륜선 아메리카호에 승선했다. 사절단은 네 명의 부사 이외에도 일등서기관 네 명, 이등서기관 세 명, 3등서기관 두 명, 4등서기관 두 명, 이사관 일곱 명 등 정부 고위 관리 약 2분의 1 이상의 인물로 구성되었다.

기도 · 오쿠보 · 이와쿠라가 자리를 비운 동안 정부는 태정대신 산조 사네토미를 수반으로 해 사이고 다카모리 · 이타가키 다이스케 등이 운영했다. 산조는 정치적 수완이 있는 참의 오쿠마 시게노부大隈重信

1. 사이고 다카모리 - 카리스마 리더십의 화신 219

산조 사네토미   이와쿠라 도모미

(1838~1922)의 의견을 경청했다. 하지만 오쿠보는 서양 순방길에 오르기 전에 국내잔류파가 임의로 개혁을 추진할 수 없도록 하는 「약정서」를 마련해 대신·참의 이하 18명의 관료가 서명하도록 했다. 「약정서」에 "신규의 개정에 손을 대지 말 것. 어쩔 수 없이 개정하는 일이 있으면 이와쿠라 대사에게 문의할 것, 여러 부처 장관이나 관리의 결원을 보충하지 말 것" 등의 내용이 있었다. 사실상 국내잔류파의 손발을 묶어 놓은 것이다. 사절단은 처음에 10개월 예정으로 순방 길에 올랐으나 일정이 지연되어 1년 10개월이 걸렸다. 그러자 국내잔류파의 불만이 높아졌다.

국내잔류파는 중대한 개혁을 서두르지 않겠다고 합의했지만, 1872

년부터 관제·군제의 개혁과 경찰제도의 정비에 힘을 기울였다. 1873년 2월에 병부성을 폐지하고 육군·해군성을 설치했다. 3월에는 친병을 폐지하고 근위병을 두었다. 이러한 조치는 재정에 큰 부담을 주는 것이었다. 대장성을 장악한 이노우에 가오루井上馨와 개혁을 추진하는 다른 부처 간의 대립이 심화했다. 그러나 사이고는 모든 일을 부하들에게 맡겨놓고 부처 간의 갈등을 해결하려고 하지 않았다. 오쿠마 시게노부의 증언에 따르면, 이 무렵 사이고는 부하들의 의견을 무조건 승인했고, 전쟁 때 입은 상처가 원인이 되어 질병에 시달렸다. 아오야마青山의 별장에 머물면서 정사를 돌보지 않았다.

1872년 5월 메이지 천황이 서부 일본 순행 길에 올랐다. 5월 23일 천황이 군함을 타고 요코하마를 떠나 이세 신궁伊勢神宮(미에현 이세시)을 참배하고 이어서 오사카, 교토, 시모노세키, 나가사키, 구마모토, 가고시마 등을 차례로 순행했다. 천황 순행의 가장 큰 목적은 폐번치현의 충격에서 벗어나지 못한 가고시마의 시마즈 히사미쓰를 달래는 것이었다. 천황의 순행에 사이고 다카모리가 수행했다. 7월 29일 사이고가 육군 원수 겸 참의에 임명되었다. 이 무렵 많은 군사비를 탕진한 근위도독 야마가타 아리토모山県有朋가 사임하면서 사쓰마·조슈의 세력 균형이 무너졌다. 그러자 사이고는 동생 사이고 쓰구미치를 근위부도독 지위에서 해임했다. 훗날 사이고는 야마가타가 육군경陸軍卿에 취임하도록 했다. 1873년 5월 징병령이 시행되면서 원수의 지위가 폐지되었다. 사이고가 육군 대장 겸 참의가 되었다.

구미순방파 외유 중에 발생한 대조선 외교 문제가 훗날 사이고 다카모리와 오쿠보 도시미치가 결별하는 결정적인 원인이 되었다. 대조선 외교 문제는 이미 메이지 정부 수립 당시부터 원만하게 진행되지 않았다. 1868년 12월 신정부는 조선에 외교문서를 보냈다. 그동안 일본에 정변이 일어나서 에도 막부가 멸망하고 신정부가 수립되었으니 새로운 외교관계를 맺자는 내용이었다. 그런데 조선의 관리가 문서 수리를 거부했다. 수모를 당한 일본 사절은 귀국하자마자 조선을 침략해야 한다고 목소리를 높였다. 사이고를 비롯한 국내잔류파가 조선과의 관계 개선을 모색했다. 그러나 조선은 배타적인 태도를 고수했다. 그러자 일본에서 정한론이 일어났다.

당시 신정부의 개혁이 급격하게 추진되면서 에도 시대의 무사 계급이 순식간에 몰락했다. 전국 각지에서 사족土族의 반란이 일어나면서 일본 사회가 혼란해졌다. 그러자 사이고 다카모리가 직접 조선으로 건너가 목숨을 던져 전쟁을 일으키려고 작정했다. "내란을 바라는 마음을 밖으로 돌려서 나라를 일으키는 원략"을 세웠다. 1873년 8월 17일 일본 각의에서 사이고를 조선에 파견하기로 의결했다. 정부 수뇌부는 사이고가 사절로 간다고 해서 교섭이 이루어진다고 기대하지는 않았다. 그러나 그런 정도의 인물이 나서도 조선이 교섭을 거부한다면 일본은 체면상 물러설 수가 없게 될 것이고, 자연스럽게 전쟁으로 연결될 수 있다고 판단했다.

1873년 9월 이와쿠라사절단이 귀국하자 정한론을 둘러싼 논쟁이 일어났다. 오쿠보를 비롯한 구미순방파는 조선 침략을 연기하고 국내 정치를 정비하는 것이 우선이라고 판단했다. 1873년 10월 14일 각의에서 이와쿠라가 말했다. "조선에 대사를 파견하는 일을 숙의할 필요가 있다. 조선의 배후에는 중국과 러시아가 있다. 우리나라의 사정이 매우 어렵다. 사할린 문제를 해결해야 한다. 전쟁이 일어난다면 정말 보통 일이 아니다. 동의할 수 없다." 사이고가 말했다. "사할린 문제를 해결한 후에 조선 문제라고 말한다면 러시아 사절은 내게 맡겨달라. 조선에 대사를 파견하는 일은 이미 8월 17일 각의에서 결정된 일이다. 재삼 옳고 그름을 논의할 일이 아니다." 회의는 결론을 내지 못하고 산회했다.

　10월 15일 각의가 열렸다. 사이고는 할 말은 이미 다 했다고 말하며 출석하지 않았다. 오쿠보가 말했다. "내치가 급선무이니 대사 파견에는 동의할 수 없다." 이타가키 다이스케와 소에지마 다네오미副島種臣(1828~1905)가 오쿠보의 의견을 조목조목 반박하며 양보하지 않았다. 일단 휴회하고 산조·이와쿠라가 사이고의 의견을 수용하기로 합의했다. 그리고 회의를 재개해 그 사실을 통보했다. 그러자 오쿠보가 "이미 결정된 이상 내가 할 말이 없다. 그러나 나는 이 안에 반대하니 오늘부로 사퇴하겠다."라고 말하고 집으로 돌아갔다. 오쿠보가 사퇴하자 기도 다카요시도 사퇴했다.

10월 17일 회의를 열었으나 이와쿠라를 비롯한 사절 파견 반대파가 전원 결석했다. 사이고는 천황의 재가를 받으라고 재촉했다. 산조는 사이고를 달래서 다음날 회의를 열기로 하고 산회했다. 각의가 끝난 후, 구미순방파가 산조 사네토미에게 결단을 취소하라고 압박했다. 그 충격으로 병을 얻은 산조 사네토미가 다음날 회의를 개최하지 않았다. 19일 아침 산조는 이와쿠라에게 서신을 보내 대신 회의를 주재해 달라고 요청했다. 20일 천황이 이와쿠라 도모미를 태정대신 대리에 임명했다. 10월 23일 이와쿠라는 각의에서 결정한 내용과 다르게, 조선에 사신을 파견하는 것이 불가하다는 의견을 메이지 천황에게 상주해 재가를 얻었다. 정한을 주장하던 사이고 다카모리를 비롯한 국내잔류파가 사직하지 않을 수 없었다.

정한론쟁에서 패배한 사이고 다카모리는 관직에서 물러났으나 육군 대장의 지위를 그대로 유지한 채 고향 가고시마로 돌아왔다. 그러자 사이고를 따르던 고위 관리와 군인은 물론 경찰 간부들이 모두 사표를 제출했다. 그 여파로 군대·경찰 조직이 붕괴할 위기에 처했다. 가고시마 출신 간부가 모두 사직하면서 병졸만 남은 근위대 병영이 크게 동요했다. 육군경 야마가타 아리토모는 사이고 다카모리를 비롯한 근무지 이탈자들의 해임을 상주했으나 천황은 메이지 정부 수립과정의 공적을 참작해 처분을 유보했다.

10월 28일 사이고 다카모리가 요코하마에서 배를 타고 가고시마로 향했다. 도중에 오사카를 거쳐 11월 10일 가고시마에 도착했다. 고향에 돌아온 사이고는 오늘날 가고시마시에 있는 니시벳푸초西別府町와 요시노무라吉野村를 오가며 농사를 지었다. 사직한 가고시마 출신 장교와 경찰 간부들이 사이고의 뒤를 따라 귀향했다. 귀향한 장교·경찰 간부들이 가고시마의 군대·경찰 조직을 통솔하고, 현령縣令 오야마 쓰나요시大山綱良(1825~77)와 협력하며 가고시마현의 정치를 관장했다.

사이고를 따라 귀향한 장교·경찰 간부들의 숫자가 상상을 초월했다. 가고시마 시내의 민심이 흉흉해졌다. 금방이라도 전쟁이 일어날 것 같은 분위기였다. 사이고는 기리노 도시아키桐野利秋(1839~77)·시노하라 구니모토篠原国幹(1837~77)·무라타 신파치村田新八와 상의해 도쿄에서 귀향한 청년들을 통제하고 사기를 높이기 위해 학교를 설립했다. 1874년 6월이었다. 학교명은 사학교私学校로 정했다. 기리노·시노하라는 육군 소장 계급을 유지한 채 고향으로 돌아온 인물이었고, 무라타는 궁내성宮內省의 고위 관리였으며 이와쿠라사절단의 일원으로 서구를 순방한 경험이 있는 지식인이었다.

사학교의 본교는 지금의 가고시마현 청사 북쪽 산기슭에 두었다. 그리고 가고시마성 주변의 다카미바바高見馬場, 고라이초高麗町, 아라야시키新屋敷, 아라타荒田, 니시다西田, 소무타草牟田, 우에노바바上之馬場 등 열두 곳, 지방 124개 마을에 분교를 세우고 학과 공부와 함께 무예를 가르쳤다. 학교 운영 경비는 가고시마현에서 지출했다. 사학교는 총대학교銃隊學校와 포대학교砲隊學校로 나누어져 있었다. 모두 장교와 경찰 간부를 양성하기 위한 교육기관이었다. 시노하라 구니모토가 총대학교 교장, 무라타 신파치가 포대학교 교장에 취임했다. 정부의 근위병이었던 600여 명이 총대학교, 역시 정부의 근위병이었던 200여 명이 포대학교의 생도로 입학했다. 수업 시간은 아침 9시부터 12시까지였다.

사이고는 사학교와 별도로 지금의 데루쿠니 신사照国神社(가고시마시 데루쿠니초) 부지에 유년학교를 설립했다. 이 학교는 주로 사족의 자제를 교육하는 사관학교의 성격을 지니고 있었다. 1875년 4월 사이고는 오야마 쓰나요시와 상의해 데라야마寺山(가고시마시 요시노초:데라야마 공원)에 요시노 개간사吉野開墾社를 설립했다. 이곳은 낮에는 농사를 짓고 밤에 공부하는 주경야독 학교였다. 육군교도단 생도였던 150여 명이 요시노 개간사의 생도로 입학했다. 기리노 도시아키가 유년학교와 요시노 개간사의 교장을 맡았다.

사이고 다카모리가 학교를 세운 것은 반란군을 양성하기 위한 목적이 아니었다. 사이고의 소신이기도 했던 정한론과 밀접한 관련성이 있었다. 1874년 5월 타이완 침략 사령관으로 그의 동생 사이고 쓰구미치가 임명되었을 때, 다카모리는 가고시마에서 병사 800여 명을 모집해 나가사키로 보냈다. 구로다 기요타카 · 가와무라 스미요시川村純義(1836~1904) 등 가고시마번 출신 장성들은 일본의 타이완 침략이 청일 간의 전쟁으로 비화하면 사이고 다카모리를 최고사령관으로 영입하려는 계획을 세우고 있었다. 사이고도 그런 가능성을 열어두고 있었다. 요컨대 사이고 다카모리가 일종의 군사학교를 설립한 것은 해외 침략을 염두에 둔 장기적인 포석이었다.

1874년 10월 태정대신 산조 사네토미와 우대신 이와쿠라 도모미가 사이고 다카모리를 중앙 정부에 복귀시키기로 합의했다. 그들은 스위스의 제네바에서 유학 중인 사이고의 친척 동생 오야마 이와오大山巌(1842~1916)를 귀국시켜 사이고를 설득하기로 했다. 10월 3일 귀국한 오야마가 즉시 가고시마로 가서 사이고에게 정부의 요직에 복귀하는 것이 좋겠다고 간언했다. 하지만 사이고는 오야마의 말을 듣지 않았다. 1875년 3월 오야마가 스위스로 돌아가기 전에 사이고에게 서신을 보내 다시 정부 복귀를 간청했다. 하지만 사이고는 이번에도 오야마의 요청을 거절했다.

중앙 정부의 정치는 사실상 오쿠보 도시미치가 주도하고 있었다. 1873년 7월 정부는 지조개정령地租改正令을 제정했다. 1875년 3월 지조개정 사무국을 신설하고, 5월에 오쿠보 도시미치가 총재에 취임했다. 오쿠보는 전국에 관리를 파견해 지조개정 사업을 감독했다. 감독관은 지방관에게 면적당 평균 생산량을 미리 정하고 촌락별 생산량을 할당하도록 지도했다. 정부는 농민의 처지를 고려하지 않고 오로지 재정 기반을 확립하기 위한 목적으로 농민에게 고액의 지조를 강요했다. 전국에서 농민봉기가 일어났다.

가고시마현 현령 오야마 쓰나요시가 정부의 고압적인 태도에 반발했다. 그러자 사이고가 설립한 사학교 간부들은 물론 경찰관도 정부의 지조개정 사업에 반대했다. 격앙된 가고시마 민중들이 지조개정 뿐만이 아니라 정부가 추진하는 모든 사업에 반대하고 나섰다. 가고시마현이 마치 독립국이 된 것 같은 분위기였다. 그러자 오쿠보는 1876년 7월 가고시마현 현령 오야마를 도쿄로 불러 정부 정책에 따르지 않는 가고시마현의 간부들을 파면하라고 요구했다. 그러자 오야마가 말했다. "그러면 가고시마현 직원 전원이 사직할 것입니다." 오쿠보는 할 말을 잃었다.

이 무렵 이와쿠라 도모미, 오쿠보 도시미치, 대경시大警視(경찰총감) 가와지 도시요시川路利良(1834~79)가 가고시마현 사태에 대응하기 위한 회의를 열고 다음과 같은 방책을 마련했다. (1) 내무성 차관 하야시 도모유키林友幸(1823~1907)를 가고시마로 보내 정세를 살피게 한다. (2) 가고시마현 출신 경관을 잠입시켜 사학교 세력의 동정을 살피고, 생도들의 분열을 조장해 그 세력을 멸살시킨다. (3) 가고시마에 있는 육군·해군 소관의 병기·탄약을 오사카로 옮긴다.

1876년 12월 27일 하야시 도모유키가 오야마 쓰나요시와 함께 가고시마에 와서 1877년 1월 21일까지 가고시마현의 사무를 검열했다. 하야시는 정부에 별다른 이상이 없다고 보고했다. 그러나 사실은 오야마 쓰나요시를 비롯한 모든 관리가 사학교 출신이었기 때문에 하야시가 아무것도 할 수 없었다. 하야시는 1월 17일 사이고 다카모리를 방문했다. 하지만 그날 사이고가 출타 중이어서 만날 수 없었다. 하야시는 관내를 순시하고 1월 21일 도쿄로 돌아왔다.

대경시 가와지 도시요시는 가고시마현 출신 경부 나카하라 나오오中原尚雄(1845~1914)를 비롯한 경관 23명을 1876년 12월 27일부터 삼삼오오 또는 개별적으로 가고시마로 보냈다. 그들의 임무는 사이고가 세운 사학교 학생들을 이간하고, 사이고 다카모리, 기리노 도시아키, 시노하라 구니모토 등을 암살하는 것이었다고 전해진다. 그러한 사실은 1877년 2월 초순 가와지가 보낸 경관들이 사학교 학생들에게 체포되면서 알려지게 되었다.

사이고 다카모리가 귀향한 후, 기도 다카요시가 가고시마에 총기제작소와 화약고를 두는 것은 위험하니 총기·화약을 오사카로 옮겨야 한다고 주장했다. 그러자 가와무라 스미요시, 오야마 이와오 등 가고시마현 출신 장성들이 대포와 탄약을 다른 곳으로 옮기면 오히려 가고시마현 출신 사족들을 자극하는 원인이 된다고 반대했다. 하지만 1877년에 접어들면서 가고시마의 형세가 급박하게 돌아가자, 정부는 1월 하순에 미쓰비시三菱 회사의 기선을 가고시마로 보내 병기와 탄약을 오사카로 옮기기로 했다.

병기와 탄약을 옮길 때는 반드시 대낮에 운송 시각과 운송 경로를 현청에 통고하고, 그것을 실은 마차에는 붉은색 깃발을 달아서 주민에게 위험을 알리는 것이 정부의 방침이었다. 그러나 1월 29일 정부는 가고시마현 현청에 통고하지 않고, 야밤에 은밀히 무기와 탄약을 운반하기 시작했다. 이 소식을 들은 사학교 학생 50여 명이 탄약고로 달려가 보초를 제압하고 탄약 600상자를 약탈해 소무타草牟田에 있는 사학교 분교로 옮겼다. 31일과 2월 1일에는 사학교 학생들이 무기고와 화약고를 습격해 소총과 탄약을 약탈했다. 2월 2일에는 총포제작소를 습격해 대포 3문과 부품을 약탈했다. 약탈에 가담한 사학교 학생이 1,000여 명에 달했다.

이 무렵 사이고 다카모리는 고네지메小根占(가고시마현 기모쓰키군 고네지메무라)에서 사냥을 즐기고 있었다. 2월 1일 시노하라, 기리노, 무라타 등 사학교 간부들이 모여 탄약고 습격 사건의 처리에 대해 협의했다. 그들은 사건을 일으킨 사학교 학생들을 죄인으로 정부에 고발할 수가 없지만, 그대로 덮어두면 정부가 사이고 다카모리에게 책임을 물을 것을 두려워했다. 간부들은 사이고의 막내 동생 사이고 고헤에西鄉小兵衛(1847~77)를 고네지메로 보내 사건을 다카모리에게 알리게 했다.

동생 고헤에로부터 사건 소식을 전해 들은 사이고 다카모리는 깊은 한숨을 내쉬었다고 한다. 2월 3일 사이고 다카모리가 가고시마의 자택으로 돌아왔다. 사학교 학생들이 만약의 사태에 대비하기 위해 사이고 저택을 에워싸고 있었다. 사이고가 자택으로 들어가자 학생 대표 여러 명이 사이고에게 사건의 자초지종을 보고했다. 묵묵히 듣고 있던 사이고가 호통을 쳤다. "도대체 너희들은 무슨 짓을 한 것이냐?" 평소에 큰 소리를 내지 않던 사이고가 얼마나 화가 나 있었는지 알 수 있다.

2월 5일 사이고가 사학교 본부로 가서 기리노 도시아키·시노하라 구니모토를 비롯한 최측근들을 불러서 협의했다. 의견이 분분했지만, 사이고는 끝까지 경거망동을 경계했다. 하지만 사이고는 급진파들의 과격한 행동을 저지하지 못했다. 2월 6일 현령 오야마 쓰나요시의 명령으로 가고시마현 경찰이 사학교 학생 수백 명을 거느리고 가고시마에 머물던 도쿄경시국 소속 경찰 19명을 체포해 심문했다. 그들은 사이고 다카모리와 그 측근뿐만 아니라 전 사쓰마번 실권자 시마즈 히사미쓰도 살해할 목적으로 파견되었다고 자백했다. 이 소식을 들은 사이고 다카모리가 거병을 결심했다.

사이고 다카모리는 지휘부를 구성하고 군대 편제를 완료했다. 2월 14일 가고시마현 현령 오야마 쓰나요시가 전국의 부현府県에 사이고가 군대를 이끌고 상경할 것이라고 통고했다. 즉시 보병 5개 대대 1만 5,000여 명, 포병 2개 대대 500여 명, 거기에 기타 병력을 포함해 총 2만 3,000여 명의 병력이 소집되었다. 2월 15일 가고시마에 50년 만에 큰 눈이 내렸다. 시노하라 구니모토가 보병 1개 대대와 포병 1개 대대를 이끌고 연병장을 출발했다. 16일에는 기리노 도시아키, 17일에는 사이고 다카모리가 각각 1개 대대를 이끌고 가고시마를 떠났다. 이때

1. 사이고 다카모리 - 카리스마 리더십의 화신 231

사이고는 육군 대장의 군복을 입고 칼을 차고 있었다. 사이고가 거병하자, 규슈 각지의 사족들이 속속 사이고군에 합류했다. 세이난 전쟁西南戰爭이 시작되었다.

이 무렵 메이지 천황은 고메이 천황의 10주기 제례와 교토·오사카 간의 철도 개통식에 참석하기 위해 1월 24일에 도쿄를 떠나 교토와 야마토大和를 순행하고 있었다. 천황이 사이고가 반란을 일으켰다는 소식을 들은 것은 마차를 타고 교토로 향하던 중이었다. 오쿠보 도시미치가 천황에게 자신이 직접 가고시마로 가서 사이고와 담판하고 폭도들을 진정시키겠다고 주청했다. 그러나 천황은 오쿠보의 요청을 물리쳤다. 천황을 수행하던 기도 다카요시는 물론 산조 사네토미·이토 히로부미도 오쿠보의 의견에 찬성하지 않았다.

2월 29일 천황이 정토령을 내렸다. 정토총독에 아리스가와노미야 다루히토有栖川宮熾仁(1835~95) 친왕이 임명되고, 정토참군征討參軍에 육군경 야마가타 아리토모와 해군 다이후大輔 가와무라 스미요시 중장이 임명되었다. 오사카에 총독본부가 설치되었다. 26일에 규슈의 하카타博多(후쿠오카현 후쿠오카시)로 총독본부를 옮겼다. 세이난 전쟁은 보신 전쟁 이래 가장 규모가 큰 내란이었다. 정부 수뇌부조차도 승패의 향방을 가늠할 수 없었다. 기도 다카요시는 오히려 이번의 위기가 전국 통일의 호기라고 큰소리쳤지만, 오쿠보는 불안한 심기를 감출 수 없었다. 사이고의 거병으로 국가가 존망의 위기에 봉착했다고 인식하고 있었다.

정부 수뇌부가 작전회의를 열었다. 사쓰마 출신 오쿠보 도시미치와 구로다 기요타카는 사이고의 군대가 구마모토성 공략에 집중하고 있을 때 해상으로 대군을 보내 가고시마를 일거에 제압하자고 주장했다. 하지만 조슈 출신 육군경 야마가타 아리토모가 가고시마 급습론에 반대했다. 병력이 양분되는 것은 작전에 불리하다는 이유였다. 결국 2월 26일 정부는 야마가타의 주장을 수용해 사이고군과 정면 대결하는 방침을 정했다. 정부는 징집된 군대를 총동원하고, 정부 1년 예산의 절반 이상을 사이고군 진압을 위한 군자금으로 투입했다.

사이고 다카모리와 그 추종자들은 구마모토성 함락을 자신했다. 사이고를 존경하고 따르는 정부군의 해군 지휘관 가와무라 스미요시와 구마모토 진대 참모장 가바야마 스케노리樺山資紀(1837~1922)가 정부를 배반하고 사이고군 진영에 합류할 것이라고 믿었다. 가와무라·가바야마가 병력을 거느리고 합류하면, 구마모토의 사족 3,000여 명이 참가할 것이고, 이에 호응해 사가佐賀·후쿠오카福岡·아카즈키秋月·구루메久留米 등의 사족이 일시에 합류한다면 구마모토성을 힘들이지 않고 점령할 수 있다고 자신했다. 그러나 그런 일은 일어나지 않았다.

사이고군의 사기가 하늘을 찌르고 있을 때 정부군이 고전했다. 2월 22일 도쿄·오사카의 진대 병력이 하카타에 상륙했을 때 이미 사이고군이 구마모토성으로 진입하는 길목 가와시리川尻(구마모토현 미나미쿠)에 이르렀다. 사이고군에게 포위된 구마모토성이 고립되었다. 사이고군 5,000여 명이 구마모토성의 정면, 측면, 후면 세 방향으로 진격했다. 그러자 성을 지키던 정부군이 포격을 가하면서 전투가 시작되었다. 사이고군은 정부의 증원군을 막기 위해 북쪽으로 나아가 27일에 다카세高瀬(구마모토현 다마나시)에 이르렀다. 그곳에서 사이고군이 정부군 2개 여단과 격전을 벌였다. 이 전투에서 사이고 다카모리의 동생 고헤에가 전사했다.

사이고군은 야마가山鹿(구마모토현 야마가시)·다바루자카田原坂(구마모토현 구마모토시) 일대에 진을 치고 3월 4일부터 20일까지 전투를 벌였다. 3월 4일 기치지토게吉次峠(구마모토현 다마나군) 전투에서 사이고군 제1대대 지휘관 시노하라 구니모토가 전사했다. 그 후 약 2주에 걸친 격전 끝에 정부군이 다바루자카를 점령했다. 사이고군은 구마모토성 주변에서 정부군과 대치했지만, 4월 15일 구로다 기요타카가 이끄는 정부군이 구마모토성 남쪽에 포진한 사이고군을 배후에서 공격하며 구마모토성으로 입성했다. 사이고군이 신식 소총으로 무장하고 화약, 탄환, 포탄, 군량 등의 지원이 원활했던 정부군을 상대하기에는 역부족이었다. 4월 15일 수세에 몰린 사이고군이 기야마木山(구마모토현 가미마시키군)로 물러났다. 그 후의 전투는 정부군이 사이고군의 잔당을 소탕하는 작전에 불과했다.

정부군은 퇴각하는 사이고군을 추격하며 6월 1일에 히토요시人吉(구마모토현 히토요시시)를 점령하고, 7월 31일에 미야자키宮崎(미야자키현 미야자키시)를 점령했다. 8월 중순이 되자 사이고군의 패색이 짙어졌다. 8월 15일 사이고군이 전열을 정비해 와다고에和田越(미야자키현 노베오카시 무시카마치) 일대에 진을 치고 세이난 전쟁 최후의 결전에 임했다. 이른 아침 사이고가 처음으로 전장에 나타나 여러 지휘관을 거느리고 와다고에 정상에서 지휘했다. 하지만 정부군의 공격을 막아내지 못하고 나가이무라長井村(미야자키현 노베오카시)로 퇴각했다. 정부군이 나가이무라를 포위했다.

8월 16일 사이고 다카모리가 군대를 해산한다는 명령을 내리고 서류와 육군 대장 군복을 불태웠다. 그러자 사이고군 중에 항복하는 자들이 잇달았다. 사이고는 일단 전장에서 탈출한 다음 금후의 방침을 정한다고 선언했다. 17일 밤 끝까지 사이고와 행동을 같이하기로 한 장병 300여 명이 에노타케可愛岳(미야자키현 노베오카시에 있는 산)를 넘어 정부군의 포위망을 돌파했다. 사이고군은 미야자키현에서 가고시마현으로 이어진 산길을 따라 고된 행군 끝에 가고시마로 돌아왔다. 9월 1일이었다.

최후의 사이고군 372명이 시로야마城山(가고시마현 가고시마시)에 진을 쳤다. 9월 6일 정부군이 시로야마 주변 지역을 모두 점령하고 사이고군을 포위하기 시작했다. 10일까지 5만8,000여 명의 정부군이 사이고군을 겹겹으로 포위했다. 날이 갈수록 사이고군이 궁지에 몰렸다. 소형 대포가 10여 문 있었으나 포탄이 한 발도 없었다. 소총은 150여 정 있었으나 탄약이 부족했다. 그러자 사이고군 내에서 사이고 다카모리의 목숨을 살려주는 조건으로 항복하자는 의견이 대두되었다. '사이고 구제 의견서'가 사이고군 본영에 제출되었다. 하지만 사이고는 침묵했다.

모두 전사해도 사이고 다카모리만큼은 살리고 싶다는 것이 사이고군 장병들의 염원이었다. "우리는 적과 싸우다 죽으면 그만이다. 이미 죽음을 각오했기에 미련도 없다. 그러나 사이고 선생은 대영웅이며 국가의 반석이다. 우리와 같이 적의 총탄에 쓰러지는 것을 두고 볼 수 없다. 선생의 목숨을 구할 방법이 없겠는가?" 19일 야마노다 가즈스케山野田一輔와 고노 슈이치로河野主一郎가 정부군의 참군 가와무라 스미요시에게 사이고 다카모리의 목숨을 구해달라고 청원하기 위해 시로야마를 벗어났다. 그들이 정부군에게 체포되었다. 23일 정부군 참군 야마가타 아리토모가 야마노다 가즈스케 편에 사이고의 자결을 권고하는 서신을 보냈다. 23일 저녁 정부군의 육군 군악대가 시로야마를 향해 장송곡을 연주했다. 사이고 다카모리와 이별을 고하는 노래였다.

9월 24일 오전 4시 정부군이 시로야마를 총공격했다. 사이고 다카모리·기리노 도시아키·무라타 신파치 등 장병 40여 명이 사이고가 머물던 동굴 앞에 정렬한 다음 정부군이 진을 치고 있는 가고시마성 성문 이와사키구치岩崎口를 향해 진격했다. 여기저기서 사이고군이 정부군이 쏜 총탄에 맞아 쓰러졌다. 사이고 다카모리도 허벅지에 총을 맞았다. 사이고가 벳부 신스케別府晋介(1847~77)를 돌아보며 말했다. "여기까지인가?" 사이고는 신스케에게 가이샤쿠介錯, 즉 자결할 때 고통을 덜기 위해 뒤에서 목을 치는 역할을 해 달라고 부탁한 것이다. 사이고 다카모리가 옷깃을 여미고 무릎을 꿇고 동쪽을 향해 절했다. 이때 벳푸 신스케가 통곡하며 그의 목을 쳤다. 사이고군 장병들이 무릎을 꿇고 사이고 다카모리의 최후를 지켜봤다.

　사이고 다카모리의 수급은 근처에 있는 오리타 마사스케折田正助의 저택 앞에 묻었다. 정부군이 사이고의 수급을 손에 넣지 못하게 하기 위해서였다. 사이고와 영원한 이별을 고한 남은 장병들이 이와사키구치로 진격했다. 그들은 전사하거나, 총탄에 맞아 진격할 수 없어 자결하거나, 상처가 깊어 일어날 수 없는 자는 두 사람이 마주 앉아 칼로 서로 찔러 같이 죽었다. 오전 9시경에 전투가 끝났다. 비가 왔다. 비가 갠 후 조코묘지浄光明寺(가고시마시 가미타쓰오초) 경내에 사이고군의 시신을 옮겨놓고 신원을 확인했다. 사이고 다카모리의 시신은 모포에 싸고 목관에 넣어져 조코묘지에 임시로 매장되었다.

기도 다카요시(사진)

CHAPTER2.

기도 다카요시
– 시대를 앞서간 정치인

　기도 다카요시木戸孝允(1833~77)는 1833년 8월 조슈번의 본거지 하기萩에서 태어났다. 부친은 조슈번에 고용된 의사 와다 마사카게和田昌景(1779~1851)였고, 모친은 그의 후처 기요코淸子였다. 와다 마사카게와 첫 번째 부인 사이에서 두 딸 스테코捨子와 야에코八重子가 태어났다. 마사카게는 지인의 동생 분조文讓를 스테코와 혼인시켜 양자로 삼았다. 스테코가 병사하자 야에코가 분조의 후처가 되어 와다 가문의 가산을 상속했다. 1825년에 와다 마사카게의 첫 번째 부인이 사망했다. 그 후 마사카게가 기요코를 후처로 맞이했다.

와다 마사카게가 쉰네 살 때 다카요시를 낳았다. 다카요시의 아명은 코고로小五郎였다. 코고로는 아들이었지만, 이미 와다 가문은 양자 와다 분조가 상속했기 때문에 어쩔 수 없이 차남 신세가 되었다. 1840년 4월 코고로가 일곱 살이 되었을 때 가까이에 사는 조슈번의 무사 가쓰라 다카후루桂孝古(1778~1840)의 양자로 들어갔다. 당시 예순두 살이었던 다카후루는 아들을 일찍 여의고 병상에 누워있었다. 가쓰라 가문은 조슈번의 번주를 가까이에서 섬기며 번정에 관여하던 명문이었다. 가쓰라 가문의 양자가 된 코고로는 양부 다카후루의 역직役職을 상속했다.

기도 다카요시는 1865년경까지 가쓰라 코고로라는 이름으로 활동했다. 1864년 7월 19일 교토에서 긴몬의 변禁門の変이라는 무력 충돌 사건이 일어났다. 그 후 교토에서 숨어지내던 가쓰라 코고로가 조슈번에 개명을 신청했다. 막부 관리의 추적을 피하기 위해서였다. 조슈번이 기도 간지木戸貫治라는 성명 사용을 허락했다. 간지는 때때로 준이치로準一郎, 다카요시孝允 등의 이름을 사용하기도 했다. 1865년 초부터 정식으로 기도 다카요시라는 성명을 사용했다. 이 책에서는 기도 다카요시로 칭하기로 하겠다.

1841년 1월 기도 다카요시의 양모가 사망했다. 다카요시가 본가로 돌아와 친부모와 함께 지냈다. 그는 어려서부터 병약했다. 하지만 매우 짓궂은 장난꾸러기였다. 하기성 조카마치城下町를 가로질러 흐르는 하천에서 자맥질하다가 지나가는 작은 배를 뒤집어엎고 울상이 된 뱃사공을 놀리던 악동이었다. 하지만 그는 총명하고 한문에 능통한 소년이었다. 조슈번 번주 모리 다카치카 앞에서 한시를 짓고 『맹자孟子』를 해설해 사람들을 놀라게 했다. 1849년에는 조슈번이 세운 메이린칸明倫館에서 요시다 쇼인吉田松陰에게 병학을 배웠다. 쇼인은 기도 다카요시의 총명함에 감탄을 금치 못했다.

청년 기도 다카요시는 1846년경부터 나이토 사쿠베에內藤作兵衛(?~1876)의 검술 도장에 다니기 시작했다. 1848년 열여섯 살이 된 기도는 성년식을 치르고 정식으로 가쓰라 코고로桂小五郎라는 이름을 사용하기 시작했다. 이때 그의 실부 와다 마사카게가 말했다. "너는 원래 무사 가문에서 태어나지 않았다. 그러니 다른 사람보다 더욱 무사다운 무사가 되기 위해 노력하지 않으면 안 될 것이다." 기도는 다른 사람보다 더욱 검술 수련에 힘써 실력을 인정받았다. 1852년 스무 살이 된 기도가 검술 수련을 위해 에도로 갔다.

에도에 도착한 기도 다카요시는 신토무넨류神道無念流 도장 렌페이칸練兵館에서 사이토 신타로齋藤新太郎(1828~88)에게 검술을 배웠다. 사이토 신타로는 칼은 높이 들어 적을 내려치는 다이조단大上段 기술의 달인이었다. 키가 컸던 기도는 신타로의 다이조단 기술을 이어받은 후 얼마 지나지 않아서 렌페이칸에서 가장 뛰어난 검객이 되었다. 도장의 수련생들이 그의 실력을 인정했다. "가쓰라 코고로가 다이조단 공격 자세를 취하면 그 기백에 상대가 압도되었다." 기도는 렌페이칸의 숙두塾頭, 즉 수련생의 대표 지위에 있으면서 때때로 수련생에게 검술을 지도하기도 했다.

기도 다카요시의 검술이 일취월장했다. 그의 검술은 역시 렌페이칸에서 검술을 익힌 오무라번大村藩(나가사키현 오무라시)의 무사 와타나베 노보리渡辺昇(1838~1913)와 쌍벽이라고 일컬어졌고, 막부가 설치한 무예훈련기관 고부쇼講武所의 총재이며 지키신카게류直心影流의 달인 오타니 노부토모男谷信友(1798~1864)의 수제자와 싸워 이길 수 있는 실력이었다. 기도 다카요시가 에도 제일의 검객이라는 명성을 얻었다. 그는 오무라번을 비롯한 여러 번의 에도 번저로 초빙되어 무사들에게 검술을 지도하기도 했다.

당시 에도에는 여러 번의 무사들이 선호하던 3대 검술 도장이 있었다. 지바 슈사쿠千葉周作(1793~1856)가 개설한 호쿠신잇토류北辰一刀流 도장 겐부칸玄武館, 기도 다카요시가 검술을 배운 사이토 신타로의 부친 사이토 야쿠로斎藤弥九郎(1798~1871)가 개설한 신토무넨류의 렌페이칸, 교신메이치류鏡新明智流의 4대 전수자 모모노이 나오마사桃井直正(1825~85)가 경영하는 시가쿠칸士学館이었다. 무사들 사이에서 '기술의 치바' '기세의 사이토' '자세의 모모노이'로 알려져 있었다. 기도는 기세로 상대를 압도하는 검술의 달인이었다.

구단자카우에九段坂上(지금의 야스쿠니 신사 경내:도쿄토 지요다쿠 구단키타)에 있던 렌페이칸의 교육 방침은 특별했다. 검술 수련으로 심신을 단련하면서도 군사훈련을 중시했다. 군사훈련은 주로 서양식 진법을 익히고 해안을 방어하는 훈련이었다. 그뿐만 아니라 수련생에게 『대학』, 『중용』, 『논어』 등과 같은 유학 경전, 『니혼가이시日本外史』와 같은 역사서를 강독했다. 렌페이칸의 독특한 교육 방침은 사이토 야쿠로가 미토번의 유학자 후지타 도코藤田東湖와 동문이었던 것과 무관하지 않았다. 후지타는 요시다 쇼인을 비롯한 존왕양이파 지사의 사상적 기반을 구축한 인물이었다. 이러한 인연으로 렌페이칸에서 검술을 연마하는 미토번 무사들이 많았다. 기도는 자연스럽게 미토번 무사들과 교류하게 되었다.

1853년 6월 3일 미국의 페리가 네 척의 군함을 이끌고 우라가浦賀 앞바다에 모습을 드러냈다. 6월 6일 페리는 군함을 이끌고 에도 만의 고시바小柴(가나가와현 요코하마시 가나자와쿠 시바마치) 항구에 닻을 내렸다. 막부가 파견한 관리가 페리에게 나가사키長崎로 회항하라고 요구했다. 그러나 페리는 막부의 요구를 무시하고 6월 9일 에도 만으로 진입해 구리하마久里浜(가나가와현 요코스카시 구리하마)에 상륙했다. 페리의 기세에 눌린 막부의 관리 도다 우지요시戶田氏栄(1799~1858)가 미국 대통령의 국서를 수령했다. 6월 12일 페리는 국서에 대한 회답을 연기하겠다는 막부의 제안을 받아들였다. 그리고 다음 해에 다시 오겠다는 말을 남기고 물러갔다.

페리가 물러간 후, 해안방위의 필요성을 절감한 에도 막부가 대선건
조금지령을 폐지하고, 서부 일본의 여러 번이 군함을 건조하는 것을 허
락했다. 그리고 이즈伊豆(시즈오카현 동부) 일대의 해안방위 책임자 에가
와 히데타쓰江川英龍(1801~55)에게 포대를 설치하라고 명령했다. 이보
다 앞서 페리가 우라가에 입항할 때 막부는 조슈번에 오모리大森(도쿄토
오타쿠) 해안의 경비를 명령했다. 이때 기도 다카요시가 번주 모리 다카
치카 경호대의 일원으로 임명되어 경비에 임했다. 기도는 막부의 쇄국
방침이 미국의 무력 앞에 속절없이 무너지는 것을 직접 눈으로 확인했
다. 그의 나이 스물한 살 때의 일이었다.

서양 세력의 위협을 실감한 기도 다카요시는 렌페이칸의 장주 사이
토 야쿠로의 천거로 에가와 히데타쓰의 제자가 되었다. 사이토 야쿠로
의 병학 후배였던 에가와는 기도를 따뜻하게 맞이했다. 기도는 에가와
를 보좌하며 에도 만에서 사가미相模(가나가와현)·이즈 반도로 이어지
는 해안 측량을 견학했다. 1853년 11월 막부가 조슈번에 사가미 해안
의 경비를 명했다. 이 무렵 기도는 "태평 시대의 민심을 일신하고, 위로
는 천황을 받들고 아래로는 백성을 잘 돌봐야 한다."라는 내용이 포함
된 의견서를 조슈번에 제출했다.

기도 다카요시는 에가와 히데타쓰가 설립한 신센자新錢座 학교에 다
니며 서양식 병학을 배웠다. 에가와는 1841년에 난학자이며 서양식
포술 전문가로 알려진 다카시마 슈한高島秋帆(1798~1866)에게 포병술을

배우고, 다음 해 막부에 건의해 신센자 터(도쿄토 미나토쿠 해안)에 포병학교를 설립했다. 이 학교에서 여러 후다이다이묘譜代大名와 막부의 고위 관리, 사쿠마 쇼잔, 하시모토 사나이 등과 같은 개명 사상가, 기도 다카요시, 구로다 기요타카, 오야마 이와오 등과 같은 메이지 유신의 인물들이 배웠다.

1855년 7월 기도는 우라가 일대의 행정을 담당하는 관리 나카지마 사부로스케中島三郎助(1821~69)를 보좌하며 조선술을 배웠다. 나카지마는 페리가 물러간 후 막부의 로주老中 아베 마사히로阿部正弘에게 의견서를 제출해 군함의 건조와 증기선을 포함한 함대의 설치를 주장한 인물이었다. 그는 1854년에 진수한 일본 최초의 서양식 군함 호오마루鳳凰丸의 건조에 관여했다. 병학·포병술·조선술을 두루 배운 기도는 조슈번에 군함 건조에 관한 의견서를 제출했다. 번주 모리 다카치카가 기도의 제안을 수용했다. 1856년 조슈번은 서양식 군함 헤이신마루丙辰丸와 고신마루庚申丸를 건조했다.

기도 다카요시는 호기심이 많고 학구열이 남다른 인물이었다. 그는 이즈미번泉藩(후쿠시마현 이와키시)의 번주로 막부의 와카토시요리若年寄에 취임해 해안방위 업무를 총괄하던 혼다 타다노리本多忠德(1818~60)의 가신 다카자키 덴조高崎伝蔵에게 서양식 군함 건조 기술을 배웠다. 조슈번 무사이며 양학자였던 데즈카 리쓰조手塚律蔵(1822~78)에게 영어를 배웠다. 이른바 메이지 유신의 3걸, 즉 사이고 다카모리, 오쿠보 도시미치, 기도 다카요시 중에서 기도만이 영어로 외국인과 대화할 수 있었다고 전한다. 기도는 항상 새로운 학문과 기술을 배우기에 힘썼다.

기도 다카요시는 여러 번의 인물들과 스스럼없이 어울렸다. 1858년 3월 기도는 조슈번의 에도 번저에서 열린 난서蘭書 강독회에서 병학을 강의한 무라타 조로쿠村田蔵六의 학식에 매료되었다. 훗날 오무라 마스지로로 개명한 무라타는 원래 막부의 무예훈련기관 고부쇼의 교수였다. 기도는 무라타를 조슈번 가신으로 영입하기 위해 힘썼다. 1860년 조슈번이 무라타를 가신으로 삼고 에도 번저에서 근무하게 했다. 1861년 1월 무라타는 조슈번의 본거지 하기로 거처를 옮긴 후 서양병학연구소 하쿠슈도博習堂의 학습 과정을 개혁하고 시모노세키下関 일대의 해안을 조사했다. 무라타는 조슈번의 군사제도를 개혁했다.

1858년 6월 막부의 다이로 이이 나오스케井伊直弼가 일미수호통상조약에 조인했다. 그러자 기도는 막부의 대외 정책을 비판하고 존왕양이尊王攘夷를 주장했다. 1858년 8월 기도가 조슈번 에도 번저의 대검사大檢使에 임명되었다. 그해 10월 기도가 결혼하기 위해 하기로 돌아왔다. 12월 24일 기도가 요시다 쇼인을 방문했다. 당시 쇼인은 이이 나오스케의 심복으로 로주의 지위에 있던 마나베 아키카쓰間部詮勝 암살을 계획하고 있었다. 기도는 쇼인에게 자중하라고 간언했다. 쇼인은 기도의 간언을 받아들였다.

1860년 7월 2일 기도 다카요시가 오무라 마스지로와 연명해「다케시마개척건언서竹島開拓建言書」를 막부에 제출했다. 여기서 말하는 다케시마는 울릉도를 지칭했던 것으로 여겨진다. 이 건의서는 요시다 쇼인의 주장을 계승한 것이었다. 그 내용을 요약하면 다음과 같다. "다케시마는 조슈번의 본거지 하기에서 동북쪽으로 500여 리, 조선에서도 500여 리 떨어진 곳에 있는 섬인데, 일본이 차지하면 국방에 도움이 될 것이다. 예전에 막부가 다케시마는 조선의 영토라고 인정했다는 풍문이 있지만, 그곳에 사는 조선인이 없다. 근년에 서양 선박이 다케시마 인근을 자주 항해하는데, 만약에 다케시마가 외국의 손에 들어가면 조슈번에 큰 화근이 될 수 있다." 막부는 기도 다카요시의 건의서를 받아들이지 않았다.

기도 다카요시는 미토·사쓰마번 출신 지사들과 깊이 교류했다. 1860년 9월 기도는 조슈번의 헤이신마루 함장 마쓰시마 고조松島剛蔵(1825~65)의 주선으로 미토번의 사이마루 다테와키西丸帶刀를 만나 조슈·미토번의 지사가 연대하는 맹약을 맺었다. 맹약의 내용은 두 번이 힘을 합하여 막부의 정치를 개혁하는 것이었다. 기도와 사이마루는 먼저 세상을 동요하게 하는 사건을 일으키고, 그 혼란을 틈타서 개혁이 이루어질 수 있도록 행동하자고 약속했다. 미토번이 사건을 일으키고 조슈번이 개혁을 위한 행동에 나서기로 역할을 분담했다. 그러나 두 사람 모두 번 중추부의 지지를 얻지 못했다. 당시 조슈번 내에서는 막부가 추진하는 공무합체와 불가분의 관계에 있는 항해원략책이 번론으로 채택되었다. 기도는 사이마루에게 계획을 연기하자고 제안했다. 하지만 당시 사이마루는 '세상을 동요하게 하는 사건'을 일으킬 준비를 마친 상태였다. 기도 다카요시가 맹약을 어긴 모양이 되었다.

1862년 1월 15일 공무합체를 추진하던 막부의 로주 안도 노부마사 安藤信正가 미토번의 존왕양이파 낭인들의 습격으로 중상을 입었다. 이것이 바로 사이마루가 계획한 '세상을 동요하게 하는 사건'이었다. 사건 직후, 습격 시간보다 늦게 현장에 도착했던 미토번 출신 낭인 가와베 사지에몬川辺左治右衛門(1832~62)이 조슈번의 에도 번저로 기도 다카요시를 찾아와서 자결하는 사건이 일어났다. "우리는 세상을 동요시켰으니 그대가 막정 개혁에 앞장서라."라는 당부였다. 막부는 기도를 안도 노부마사 습격 배후 인물로 지목했다. 하지만 항해원략책으로 막부의 정책에 동조하며 친분을 쌓았던 나가이 우타長井雅樂가 힘써서 기도가 무사할 수 있었다.

그 후 기도 다카요시가 조슈번 정치계에 두각을 나타내게 되었다. 요시다 쇼인의 제자 구사카 겐즈이와 함께 항해웅비론을 주장하며 나가이 우타가 제창한 항해원략책에 반대하는 운동을 전개했다. 나가이의 방책은 막부가 칙허도 없이 외국과 체결한 통상조약을 추인하는 것이며 그것은 결국 천황의 권위를 무시하는 것이라고 보았기 때문이다. 같은 해 6월 기도 다카요시 일행이 에도에서 상경하는 번주 모리 다카치카를 나카쓰가와中津川(기후현 나카쓰가와시)에서 맞이했다. 그들은 번주에게 교토의 정세를 보고하고 번론의 전환이 필요하다고 건의했다.

모리 다카치카는 기도 다카요시의 건의를 수용해 파약양이破約攘夷·개국양이開國攘夷를 번론으로 정했다. 천황의 칙허도 없이 외국과 체결한 통상조약을 일단 파기한 후에 정식으로 칙허를 얻어 개국하고, 국가의 경제력과 군사력을 키워서 양이를 실행한다는 것이었다. 번론이 변경되자, 이제까지 막부의 방침에 따르면서 조슈번의 경제력과 군사력을 길러야 한다는 항해원략책을 주장한 나가이 우타를 암살하려는 움직임이 있었다. 1863년 8월 기도의 매세 구루하라 료조来原良蔵(1829~62)가 나가이 암살 미수 사건의 책임을 지고 자결했다. 다음 해 2월 궁지에 몰린 나가이 우타가 자결했다.

1862년 5월 사쓰마번의 실권자 시마즈 히사미쓰島津久光의 건의로, 조정이 칙사 오하라 시게토미를 에도로 보냈다. 칙서의 내용은 대략 다음과 같았다. 첫째, 쇼군 도쿠가와 이에모치가 상경해 천황을 알현할 것, 둘째, 양이를 실행할 것, 셋째, 도쿠가와 요시노부를 쇼군의 후견직, 마쓰다이라 요시나가를 다이로大老의 상담역으로 임명할 것. 위 내용 중 첫 번째 안은 기도 다카요시, 두 번째 안은 이와쿠라 도모미岩倉具視, 세 번째 안은 시마즈 히사미쓰의 진언에 따른 것이었다.

1862년 7월 조슈번의 사무를 총괄하는 기도 다카요시가 조정의 귀족 자제를 교육하는 가쿠슈인学習院의 관리에 임명되었다. 기도는 가쿠슈인에 근무하면서 조정과 여러 번을 상대로 활발한 외교활동을 펼쳤다. 같은 해 8월 기도가 에도로 향하던 중에 가나야金谷(후쿠오카현 시마다시)에 머물던 사쓰마번의 무사 고다이 도모아쓰五代友厚(1836~85)를 만나 에도에 체재 중인 시마즈 히사미쓰의 근황을 물었다. 조슈번의 번주 모리 다카치카의 아들 모리 모토노리毛利元德와 시마즈 히사미쓰의 만남을 주선하기 위해서였다. 8월 20일 모리 모토노리가 칙사 오하라 시게토미와 함께 히사미쓰를 만났으나 별다른 진전이 없었다.

1862년 윤8월 기도 다카요시가 아이즈번 번주 마쓰다이라 가타모리松平容保(1836~93)의 측근 아키즈키 데이지로秋月悌次郎(1824~1900)를 만나 교토의 정세를 알려주었다. 아키즈키는 마쓰다이라 가타모리가 교토슈고직에 임명되자 참모 자격으로 주군을 수행했다. 8월 18일 정변 때는 사쓰마번과 손을 잡고 아이즈번 군사를 지휘했다. 기도와 아키즈키는 서로 서신을 주고받으며 정보를 교환했다. 아키즈키는 중요한 일이 있을 때마다 기도에게 의견을 구했다. 이 무렵 기도가 막부의 정사총재직에 취임한 마쓰다이라 요시나가를 예방했다. 막부에 양이의 실행을 재촉해 달라고 부탁하기 위해서였다. 요코하마로 가서 영국 상인과 군함 구매 건에 대해 상담하기도 했다. 9월에는 쓰시마번 무사 오시마 도모노조大島友之允(1826~82)를 만나 쓰시마번 번주 소 요시요리宗義和(1818~90)와 관련된 사건에 대해 상담했다. 그 후 기도는 요코이 쇼난橫井小楠을 만나 양이와 개국에 관한 의견을 교환했다.

기도 다카요시는 미토번 무사 요시나리 유타로吉成勇太郎(1823~85)와 긴밀한 관계를 유지했다. 1862년 12월 4일 기도가 이토 히로부미와 호리 신고로堀真五郎를 요시나리에게 보내서 친분을 다지게 했다. 얼마 후 요시나리가 조슈번의 에도 번저에 머물던 이토·호리를 방문했다. 1863년 1월 27일 모리 다카치카가 기도에게 1860년 8월에 사망한 도쿠가와 나리아키德川斉昭의 묘소에 참배하라고 명령했다. 기도가 즈이류산瑞龍山(이바라키현 히타치오타시)에 있는 나리아키의 묘소로 갈 때 요시나리를 만났다. 그 후 요시나리가 기도에게 부탁해 미토번의 지사 여러 명이 교토의 조슈번 번저에 머물며 오카야마번岡山藩·돗토리번鳥取藩 지사들과 교류했다.

1863년 3월 요시나리 유타로가 상경해 기도 다카요시를 만났다. 3월 말 기도가 야마가타 한조山県半蔵(1829~1901:훗날 시시도 다마키宍戸璣로 개명)와 함께 가쓰 가이슈를 방문해 해외 정세에 관해 물었다. 가쓰가 대략 다음과 같이 말했다. "지금 일본은 해군을 육성하는 일이 매우 급한 실정이다. 후세를 위해 필요한 일이다. 지금 서두르지 않으면 시간이 지나도 지금과 같은 상태일 것이다. 끝내 해군 육성을 위한 기반을 구축하지 못할 것이다. 당장 도움이 되지 않더라도 후세의 국익을 생각하지 않으면 안 된다."

4월 하순에 기도 다카요시가 쓰시마번 무사 오시마 도모노조와 함께 다시 가쓰 가이슈를 방문해 조선 문제를 상의했다. 기도가 말했다.

"쓰시마는 지리적으로 조선에 가장 가까운 위치에 있다. 2년 전에 러시아 군함이 쓰시마를 점령한 사건이 있었다. 해외 정세가 급박한 상황이다." 가쓰가 말했다. "오늘날 아시아 각국 중에서 서양인에 저항하는 나라가 없다. 이것은 모두 규모가 작고 그들에게 원대한 책략이 없기 때문이다. 우리 일본이 함선을 보내 아시아 여러 나라를 설득하고, 함께 해군을 육성하고, 역량에 따라 학술을 연구하게 하지 않는다면, 그들이 서양의 침략을 면하지 못할 것이다. 먼저 가까운 나라 조선부터 설득해야 한다." 그 후 기도와 오시마가 일본의 조선 진출 문제를 논의했다. 오시마의 조선 진출론은 메이지 정부 수립 후에 노골적인 조선 침략론으로 발전했다. 메이지 초기에 기도 다카요시가 매우 과격한 정한론을 폈는데, 그것은 친우 오시마 도모노조의 정한론에 기반을 두었다고 할 수 있다.

1863년 8월 18일 아이즈번 번주로 교토슈고직에 임명된 마쓰다이라 가타모리가 사쓰마번의 지원에 힘입어 산조 사네토미三条実美를 비롯한 급진파 귀족과 그 배후에 있던 조슈번 세력을 조정에서 추방하는 정변이 일어났다. 고메이 천황도 일부 급진파 귀족의 과격한 행동에 비판적이었다. 이때 가쿠슈인을 비롯한 조정의 기관에 근무하며 각지의 존왕양이파 세력과 연락을 취하던 조슈번 무사들이 교토에서 추방되었다. 조슈번 무사는 교토루스이京都留守居, 즉 교토의 조슈번 번저에 거주하면서 조정 및 여러 번을 상대하는 세 명 이외에는 상경이 금지되었다. 조슈번 번주 모리 다카치카 부자도 상경할 수 없었다. 기도 다카요시는 신보리 마쓰스케新堀松輔라는 가명으로 교토에 잠복해 조정·막부와 여러 번의 정보를 수집하면서 조슈번의 복권 공작에 힘썼다. 하지만 효과를 거두지 못하고 고향으로 돌아왔다.

하기로 돌아온 기도 다카요시는 즉시 번주 직속 메쓰케目付에 임명되었다. 1864년 1월 기도가 번주 모리 다카치카의 명령으로 은밀히 상경했다. 그는 쓰시마번의 교토 번저에 숨어 지내면서 친분이 있던 이나바因幡·비젠備前·지쿠젠筑前·미토번水戶藩 등 여러 번의 지사들과 서신을 주고받으며 활동했다. 5월에 기도가 선임 노미 오리에乃美織江(1822~1906)와 함께 정식으로 조슈번 교토루스이에 임명되었다. 이때부디 기도 디키요시기 교토에 상주하며 정식으로 조슈번을 대표해 외교활동을 벌일 수 있었다.

1864년 6월 5일 이케다야池田屋 사건이 일어났다. 막부의 명령에 따르던 신센구미新選組 부대가 산조三條의 기야마치木屋町에 있던 여관 이케다야에 모인 존왕양이파 지사들을 습격한 사건이었다. 기도 다카요시는 약속 시간보다 너무 일찍 이케다야에 도착했다. 그곳에 동지들이 아무도 없어서 일단 이케다야에서 나와 인근에 있던 쓰시마번 저택에서 오시마 도모노조와 이야기를 나누고 있었다. 그래서 재난을 면할 수 있었다. 기도와 함께 조슈번의 교토루스이 직책을 맡고 있었던 노미 오리에가 남긴 기록에 다음과 같은 내용이 있다. "가쓰라 코고로가 이케다야에서 지붕을 타고 도망해 쓰시마번 번저로 돌아왔다." 그러나 이케다야에서 쓰시마번 번저까지 연결된 지붕이 없었다.

8월 18일 정변으로 교토에서 추방된 조슈번이 아이즈번 번주로 교토슈고직京都守護職에 임명된 마쓰다이라 가타모리를 제거할 목적으로 군대를 교토로 보냈다. 1864년 7월 19일이었다. 상경한 조슈군이 교토 외곽에 포진했다. 기도 다카요시는 거병에 부정적이었지만, 조슈군이 상경하자 돗토리번 존왕양이파 지사들을 만나 조슈군을 지원해 달라고 설득하는 공작을 벌였으나 실패했다. 천황 궁전 서쪽에 있는 하마구리고몬蛤御門(교토시 가미교쿠) 인근에서 조슈군과 아이즈・구와나번 군사가 충돌하며 전투가 시작되었다. 처음에는 조슈군이 우세한 전황이었으나 사쓰마번의 원병이 도착하면서 전세가 역전되었다. 조슈군이 대패했다. 긴몬의 변이었다. 조슈군이 물러난 후, 기도 다카요시는 애인 이쿠마쓰幾松와 쓰시마번 무사 오시마 도모노조의 도움으로 숨어 지냈다. 하지만 아이즈번 군사들이 교토 시내에 숨어있는 조슈번 잔당들을 소탕하는 작전을 벌였다. 기도는 다지마但馬의 이즈시出石(효고현 도요오카시)로 도망했다.

이즈시에 도착한 기도는 쓰시마번의 어용상인 진스케甚助의 도움으로 쇼넨지昌念寺(도요오카시 이즈시초), 사이넨지西念寺(효고현 단바시) 등 사원을 전전하며 지냈다. 진스케의 여동생이 기도의 시중을 들었다. 그 무렵 조슈번에서 보수파가 주도권을 장악했다. 1864년 7월 24일 막부는 조슈 정벌의 칙허를 얻어 서부 일본 21개 번의 다이묘에게 동원령을 내렸다. 8월 5일 영국·프랑스·미국·네덜란드 연합함대가 조슈번의 시모노세키를 포격했다. 번정을 장악한 조슈번의 보수파가 존왕양이파를 숙청했다. 세 명의 가로와 여러 참모가 자결 형식으로 처형되었다.

기도는 진스케를 오무라 마스지로에게 보내 소식을 전했다. 기도가 숨어있는 곳은 오무라 마스지로·이토 히로부미·노무라 야스시野村靖(1842~1909)만 아는 극비사항이었다. 그들은 다카스기 신사쿠高杉晋作에게도 기도가 숨어지내는 장소를 알리지 않았다. 오무라와 노무라는 기도에게 서신을 보내 조슈번과 교토의 정세를 알리고 조속히 고향으로 돌아오는 것이 좋겠다는 뜻을 전했다. 교토에서 시모노세키루 두망해 살고 있던 이쿠마쓰가 1865년 3월 2일에 이즈시로 와서 기도와 재회했다. 1865년 4월 8일 기도와 이쿠마쓰가 이즈시를 출발해 하기萩로 향했다. 그동안 보수파 정권을 몰아낸 다카스기 신사쿠·오무라 마스지로 등이 기도 다카요시를 조슈번의 통솔자로 영입했다. 기도는 다카스기 신사쿠의 무비공순武備恭順 방침을 실현하기 위해 군제개혁과 번정개혁을 단행했다. 이 무렵부터 정식으로 기도 다카요시木戶孝允를 칭하기 시작했다.

조슈번에서 보수파 정권이 무너지자, 막부와 조슈번의 관계가 새로운 국면에 접어들었다. 막부는 조슈번을 다시 정벌하기 위한 준비에 들어갔다. 1865년 5월 16일 막부의 14대 쇼군 도쿠가와 이에모치가 제2

차 조슈정벌을 위해 에도를 출발했다. 여러 번에 동원령이 내려지자 사쓰마번이 반발했다. 그 무렵 도사번의 나카오카 신타로·사카모토 료마의 알선으로 사쓰마번과 조슈번이 관계 개선을 모색하기 시작했다. 1866년 1월 21일 교토의 사쓰마번 번저에서 조슈번의 기도 다카요시와 사쓰마번의 사이고 다카모리가 동맹을 맺었다.

1866년 6월 7일 막부의 함대가 오시마大島(야마구치현 스오오시마초) 해안을 포격하면서 제2차 조슈정벌 전쟁이 시작되었다. 기도가 시모노세키에서 영국과 프랑스 공사를 만났다. 프랑스 공사 미셸 레옹 로체스 Michel Léon Roches는 "조슈번이 항복을 원한다면 중재하겠다."라고 말했고, 영국 공사 해리 파크스 Harry Smith Parkes는 화의를 권고했다. 기도가 말했다. "먼저 공격한 것은 막부이다. 막부가 먼저 정전을 요구한다면 고려하겠다." 훗날 해리 파크스가 다음과 같이 회고했다. "막부의 대군에 포위되어 있음에도 불구하고, 조슈번의 통솔자는 조금도 약한 모습을 보이지 않고 의연한 태도를 유지했다." "기도 다카요시는 협박이 통하지 않는 사내였다."

조슈·사쓰마 동맹으로 서양의 최신 무기와 함선을 구매하고, 근대적인 군제개혁에 성공한 조슈번 군대는 사기가 매우 높았다. 신식 무기로 무장한 조슈번의 군대는 대부분 구식 무기로 무장하고 전의도 상실한 막부군에 연전연승했다. 7월 20일 14대 쇼군 도쿠가와 이에모치가 오사카에서 급사했다. 더 이상 싸울 수 없었던 막부군이 서둘러 강화를 모색했다. 8월 말 기도 다카요시의 대리인 히로사와 사네오미広沢真臣와 막부 측의 가쓰 가이슈勝海舟가 미야지마宮島(히로시마현 하쓰카이치시)에서 정전 교섭에 들어갔다. 막부군이 패전을 인정하고 물러났다.

1867년 12월 9일 토막파 세력이 쿠데타를 감행해 왕정복고 대호령을 발포했다. 어전회의에서 에도 막부의 15대 쇼군 도쿠가와 요시노부의 정이대장군 사퇴와 영지 반납 건이 의결되었다. 에도 막부가 폐지되었다. 섭정摂政, 관백関白 등 전통적인 관제도 폐지되었다. 신정부가 수립되었다. 12월 12일 쇼군 도쿠가와 요시노부가 교토의 니조성二条城에서 물러나 오사카성으로 갔다. 1868년 1월 3일 도바·후시미에서 신정부군과 구막부군이 교전했다. 보신 전쟁戊辰戦争에 조슈번 군사가 동원되었다.

왕정복고가 단행된 1867년 12월 9일 기도 다카요시는 야마구치山口(야마구치현 야마구치시)에 있었다. 13일 교토에서 사자가 와서 왕정복고 소식을 전했다. 12월 15일 기도는 8월 18일 정변으로 조정에서 추방되어 규슈의 다자이후大宰府에 머물던 산조 사네토미를 비롯한 다섯 명의 귀족을 시모노세키로 맞아들여 융숭하게 대접했다. 그리고 히로사와 사네오미와 이노우에 가오루에게 귀족들을 교토까지 수행하도록 했다. 귀족 중에서 특히 이와쿠라 도모미가 기도 다카요시의 정치적 식견을 높이 평가했다.

1868년 1월 신정부가 기도를 총재국 고문으로 임명했다. 기도가 정치 전반을 관장하는 최종 결정권자가 되었다. 기도는 외교·내무·국방·문교 등 모든 업무를 겸임하면서 과감한 개혁을 추진했다. 5개조 서문五箇条の誓文 작성, 봉건적 풍습 폐지, 판적봉환, 폐번치현, 인재 등용, 신분제 철폐, 헌법 제정, 삼권분립 확립, 양원제 의회제도, 교육 개혁, 법치주의 확립, 군인의 각료 등용 금지, 경찰 및 재판제도 확립, 문명개화 등 메이지 정부에서 기도 다카요시의 손을 거치지 않고 성립한 제도는 거의 없었다고 해도 과언이 아니었다. 기도는 메이지 정부의 기둥을 세운 인물이었다.

기도는 신정부 수립 직후에 이미 판적봉환의 뜻을 품고 있었다. 1868년 2월 기도는 산조 사네토미·이와쿠라 도모미에게 판적봉환에 관한 건백서를 제출했다. 그 내용은 대략 다음과 같다. "700년 지속된 봉건성을 해체하고, 전국 300여 번주가 토지와 인민을 조정에 반환하게 해, 앞으로는 권한과 책임이 따르는 일본이라는 이름이 어디에 있는지 분명히 해야 한다. 실로 천하의 형세는 전국시대가 아니다. 조정 및 여러 번藩의 정세를 살피건대, 겨우 병력의 강약만을 생각하고, 조정은 스스로 사쓰마·조슈번에 의지하고, 사쓰마·조슈번 또한 그들이 보유한 병력에 의지하고 있다. 그 밖의 번 또한 같은 상황이다. 이러한 혼란의 재생산 구조를 타파하지 않는다면 신정부가 실권을 장악할 수 없다. 원래 이 나라에는 여러 번에 각기 병력, 체제, 법률, 형벌 등이 있다. 언제든지 혼란이 일어날 수 있다. 조정이 일본이라는 이름으로 전국을

호령하면서 일본 열도를 통일하는 데 힘쓰지 않으면 안 된다." 산조와 이와쿠라는 기도의 건백서를 받아들이지 않았다. 시기상조라고 판단했기 때문이다.

기도는 메이지 천황이 에도 막부의 본거지로 행행하는 계획을 추진했다. 신정부가 동부 일본의 지배를 선언하려면 천황을 전면에 내세울 필요가 있었다. 1868년 7월 7일 신정부가 조서를 내려 에도江戶를 도쿄東京로 개칭하고 천황이 도쿄로 행행할 것이라고 선언했다. 7월 17일 도쿄부東京府를 두었다. 9월 8일 연호를 게이오慶應에서 메이지明治로 개정했다. 9월 20일 천황이 교토 천황 궁전을 나와 도쿄로 향했다. 기도 다카요시가 천황을 수행했다. 천황 행렬은 경비병을 포함해 3,300여 명이었다. 기도는 농부들이 경작하는 모습과 어부들이 고기 잡는 모습을 천황이 직접 보게 했다. 10월 13일 천황이 도쿄에 도착했다. 에도성을 도쿄성으로 개칭해 천황 궁전으로 삼았다.

판적봉환이 실시되면 번주와 가신 간의 주종관계가 부정될 수밖에 없었다. 번주와 가신은 모두 조정의 신민이 되는 것이었다. 기도는 1868년 윤4월과 7월 두 번에 걸쳐서 조슈번 번주 모리 다카치카에게 판적봉환에 대해 설명했다. 다카치카는 기도의 뜻에 동의했다. 9월 18일 기도는 은밀히 오쿠보 도시미치에게 판적봉환에 관해 사쓰마번 번주의 동의를 얻어야 한다고 말했다. 오쿠보는 최선을 다하겠다고 약속했다. 기도는 다시 도사번의 야마우치 도요시게에게 동의를 요청했다.

오쿠보의 활약으로 사쓰마번 번주도 판적봉환에 동의했다. 이어서 사가번도 동의했다. 1869년 1월 20일 사쓰마·조슈·도사·사가번 번주가 연명해 판적봉환의 상표를 제출했다. 그러자 여러 번의 번주도 판적봉환의 상표를 제출했다. 판적봉환 후 각 번의 번주는 지번사知藩事에 임명되었다. 지번사는 여전히 병력을 보유하고 조세를 징수하는 권한을 갖고 있었다. 기도가 계획한 군현제郡県制의 실현은 폐번치현 때까지 유보되었다.

판적봉환에 의기투합했던 기도와 오쿠보는 1869년에 들어서면서 정치적으로 대립했다. 7월 8일 정부는 직원령職員令을 반포했다. 신기관神祇官·태정관太政官을 설치하고, 좌대신, 우대신, 대납언大納言, 참의参議, 대조원待詔院, 집의원集議院, 안찰사按察使 등의 직책을 두었다. 태정관 아래에 민부民部·대장大蔵·병부兵部·형부刑部·궁내宮内·외무外務의 여섯 성省을 두었다. 직원령은 대대로 조정의 관직을 세습하던 귀족에게 큰 타격을 안겨주었다. 7월 18일 우대신에 산조 사네토미, 대납언에 이와쿠라 도모미가 임명되었다. 참의에는 사가번 출신 소에지마 다네오미, 야마구치번(조슈번) 출신 마에바라 잇세이 등이 임명되었다.

직원령에 따른 인사는 기도와 오쿠보의 대립을 심화시켰다. 기도가 참의에 부임하는 것을 거부했다. 오쿠보는 기도 대신에 마에바라 잇세이를 참의에 등용했다. 그러자 기도가 크게 반발했다. 마에바라는 판적봉환을 둘러싸고 기도와 대립했던 인물이었다. 기도는 마에바라의 능력을 높이 사지 않았다. 기도는 이토 히로부미에게 "마에바라는 편협한 성격이다. 장래성이 없는 인물이다."라고 혹평했다. 하지만 마에바라는 기도와 같은 조슈번 출신이었다. 기도는 오쿠보에게 직접 마에바라에 대해 좋지 않게 말할 수 없었을 것이다. 도사번 출신으로 참의에 임명된 사사키 다카유키佐々木高行(1830~1910)는 다음과 같이 말했다. "기도는 단지 불평만 할 뿐 애서 논쟁하려고 하지 않았다." 기도의 안목은 탁월했다. 마에바라는 훗날 하기의 난을 일으켜 기도를 곤혹스럽게 했다.

기도와 오쿠보는 병제 개혁에서도 대립했다. 기도는 오무라 마스지로, 이노우에 가오루, 무쓰 무네미쓰陸奥宗光(1844~97), 오쿠마 시게노부大隈重信 등 개화파 관료들을 등용해 병제 · 관제를 개혁하려고 했다. 하지만 오쿠보는 소에지마 다네오미와 손을 잡고 병제 · 관제 개혁에 신중하게 접근해야 한다고 주장했다. 특히 양파는 병제 개혁 문제로 대립했다. 조슈번의 병제를 개혁한 경험이 있는 오무라 마스지로는 징병제를 시행해야 한다고 주장했다. 하지만 오쿠보는 당분간 가고시마(사쓰마) · 야마구치번 군사를 중심으로 하는 군대를 편성해야 한다고 주장했다. 그런 와중에 오무라 마스지로가 암살되었다. 기도는 징병제를 관철하지 못했다. 신정부는 가고시마 · 야마구치 · 고치번(도사번)의 군사를 친병으로 편성했다.

오쿠마 시게노부

　1870년 1월 야마구치번의 번정 개혁에 불만을 품은 군대가 반란을 일으켰다. 야마구치번이 서민 출신 군인 3,000여 명을 해고한 것에 대한 반발로 1,200여 명의 군인이 집단 탈영했다. 탈영병은 재판소와 의회를 포위했다. 농민들도 합류하면서 반란군은 1,800여 명이 되었다. 이 소식을 들은 기도 다카요시가 도쿄에서 귀향했다. 지번사 모리 모토노리가 기도에게 반란군 진압을 요청했다. 기도는 800여 명의 군사를 거느리고 반란군 진압에 나섰다. 2월 9일 토벌군이 야나이다칸몬柳井田関門(야마구치현 요시키군 오고리초)에서 반란군과 교전했다. 2월 11일 정벌군이 다시 오고리小郡 일대의 반란군을 진압했다. 이 전투에서 반란군

60명이 전사하고 73명이 부상, 정벌군 20명이 전사하고 64명이 부상했다. 기도는 반란을 선동한 60명을 처형하고, 나머지 농민·상인 출신자 1,300명을 집으로 돌려보냈다.

1870년 6월 2일 기도 다카요시가 도쿄로 돌아왔다. 우대신 산조 사네토미와 대납언 이와쿠라 도모미가 기도를 정부의 요직에 임명해야 한다고 주장했다. 6월 10일 기도가 참의에 임명되었다. 그 무렵 지방관들이 민부·대장성이 급진적으로 추진하는 개화 정책에 불만을 품고 있었다. 개화 정책은 재정의 부담이 컸다. 부현府縣이 증세할 수밖에 없는 상황이었다. 가고시마현 출신으로 히다현日田縣 지사였던 마쓰카디 미시요시松方正義(1835~1924)가 참의 오쿠보 도시미치에게 민부·대장성이 부과하는 새로운 세금이 에도 시대보다도 가혹하다고 말했다. 지방관의 민부·대장성 비판은 오쿠보를 비롯한 정부 수뇌부에게 큰 충격을 안겨주었다. 지방행정을 중시하던 참의 히로사와 사네오미도 민부·대장성의 시정에 비판적이었다. 오쿠보·히로사와 민부·대장성의 정권을 장악한 오쿠마 시게노부 및 개화 정책을 옹호하던 기도 다카요시의 대립이 심화했다.

기도 다카요시는 민중을 교화하기 위해 『신분잣시新聞雜誌』발행에 관여했다. 기도는 당시 유럽에 체재하던 시나가와 야지로品川弥二郎에게 보낸 서신에서 "황국皇國 개화의 진보"를 이루기 위해서는 민중을 "유도誘導"해야 여론을 주도할 수 있다고 주장했다. 신문에는 국내의 일뿐만이 아니라 외국의 기사도 게재하고, 그 소식이 널리 전파된다면 자연스럽게 민중을 "유도"하게 된다고 말했다. 기도는 정부가 직접 신문을 발행하면 정부 뜻대로 편집하게 될 것이고, 그러면 독자들이 외면할 것이라고 보았다. 그래서 야마구치 출신 야마가타 도쿠조山県篤蔵 (1837~1906)에게 『신분잣시』를 발행하도록 했다. 기도는 시나가와에게 유럽에서 벌어지고 있는 보불전쟁에 관한 기사를 보내달라고 부탁했다. 프랑스와 영국에 있는 유학생들에게 기사를 보내달라고 요청하기도 했다. 1871년 5월 20일 『신분잣시』 제1호가 간행되었다.

1871년 7월 기도 다카요시의 저택에 은밀히 야마구치번 출신 야마가타 아리토모, 이노우에 가오루, 가고시마번 출신 사이고 다카모리, 오쿠보 도시미치, 사이고 쓰구미치, 오야마 이와오 등이 모여 폐번치현에 대한 의견을 나누었다. 이 회의는 가고시마·야마구치번 출신자에 한정되었다. 메이지 정부 수립 때까지 협력했던 고치번 출신자에게 알리지 않았다. 사이고·기도·오쿠보는 각기 정치적 견해가 달랐지만, 폐번치현 단행에 관해서는 의견이 일치했다. 회의 석상에서 이노우에 가오루가 사이고 다카모리에게 말했다. "폐번치현에 반대하는 자는 누구라도 처단하지 않으면 안 됩니다." 사이고가 그러겠다고 약속했다. 가고시마·야마구치번 출신자들의 의견 조정이 끝난 후, 기도와 사이고가 우대신 산조 사네토미에게 폐번치현 내용을 보고하고 결재를 얻기로 했다. 폐번에 신중한 태도를 보인 이와쿠라 도모미에게는 나중에 알리자는 의견이 있었다. 그러자 기도가 메이지 정부 수립에 중심적인 역할을 했던 이와쿠라에게 알리지 않는다면 민망한 일이라고 말했다. 7월 12일에 기도와 사이고가 산조에게 보고한 후, 기도와 오쿠보가 이와쿠라에게 폐번치현 단행을 알리기로 했다.

7월 14일 가고시마번 지번사 시마즈 타다요시, 야마구치번 지번사 모리 모토노리, 사가번 지번사 나베시마 나오히로鍋島直大(1846~1921), 고치번 지번사의 대리 이타가키 다이스케가 예복을 갖추고 모였다. 오후 1시에 메이지 천황이 고고쇼小御所에 들어와 착석했다. 산조 사네토미가 칙어勅語를 읽었다. "네 번이 먼저 판적봉환을 제안해 가상하다. 이번에 다시 번을 폐하고 현을 두기로 했다. 천하의 대세를 살펴 천황을 보필하라." 이어서 나고야번·구마모투번·돗토리번·도쿠시마번 지번사가 호명되었다. 칙어는 신정부 수립에 공헌한 것이 가상하다는 내용이었다. 그리고 오히로마大広間에 가고시마번·야마구치번을 비롯한 56명의 지번사가 모였다. 오후 2시 천황이 나타나 착석했다. 산조 사네토미가 칙어를 읽었다. 안으로는 일본 국민을 보호하고 밖으로는 여러 나라와 대치하자면 명실상부하게 통일국가를 이루어야 한다는 내용이었다. 조정이 일방적으로 폐번치현을 선언했다. 이의를 제기하는 지번사는 없었다. 역사의 한 획을 긋는 혁명이라고 할 수 있는 폐번치현은 이렇게 단행되었다. 일본에서 700여 년 동안 영주가 토지를 나누어 지배하던 봉건제가 철폐되었다. 지번사는 현령県令에 임명되었다.

이날 기도 다카요시는 참의로서 우대신 산조 사네토미 옆에 앉아있었다. 기도는 여러 지번사 속에 엎드려 폐번치현의 칙어를 듣고 있는 옛 주군 모리 모토노리를 지켜보았다. 기도는 일기에 다음과 같이 적었다. "야마구치 지사께서 56개 번 지사 중에 섞여 공손하게 엎드려 경청하고 있었다. 실로 나에게는 바다보다도 깊고 산보다도 높은 은혜를 입은 군주였다. 감정이 가슴에 북받쳤다. 나도 모르게 눈물을 흘렸다." 모리 모토노리는 정부의 정책에 적극적으로 협력했다. 그는 이미 폐번치현 이전부터 야마구치현 내에서 화족華族과 사족의 칭호를 폐지하고 모두 평민으로 칭했다. 정부가 모리 가문에 수여한 가록家祿도 반환했다. 지번사 대부분이 시대의 변화를 받아들이지 못하고 수구적인 사고에서 벗어나지 못했던 것과는 대조적이었다.

1871년 11월 12일 이와쿠라사절단이 서양 순방길에 올랐다. 이때 기도 다카요시도 부사 자격으로 사절단을 따라 1년 10개월 동안 구미 12개국을 순방했다. 기도는 구미 여러 나라의 공업 발전에 감탄했지만, 자본주의의 뒷모습도 확인할 수 있었다. 아편 환자와 빈민이 넘쳐나는 영국, 프랑스 노동자의 비참한 생활, 러시아 농촌의 비참함 등 자본주의의 불완전성과 위험성을 통찰했다. 그때까지 갖고 있던 서구 문명과 자본주의에 대한 환상을 버리는 계기가 되었다. 기도가 깊은 관심을 기울였던 조선을 침략해 영토를 확장하는 문제는 잠시 미루어 두고 국내 정치를 우선해야 하는 필요성을 절감했다. 기도 다카요시는 헌법의 제정, 의회 개설, 국민 교육의 충실 등 내치에 힘을 기울였다. 그가 스스로 문부경文部卿에 취임한 것은 일본이 발전하려면 무엇보다도 충실한 교육이 전제되어야 한다고 믿었기 때문이다.

1872년 기도가 독일을 순방할 때 아오키 슈조青木周蔵(1844~1914)에게 헌법 초안을 작성하라고 명령했다. 아오키는 프로이센 헌법을 참고하고 일본의 실정을 고려해 「대일본정규大日本政規」라는 헌법 초안과 헌법 제정 이유서를 기초했다. 1873년 7월 기도는 아오키가 작성한 이 유서를 참고해 「헌법제정의 건언서」를 정부에 제출했다. 그리고 그 내용을 야마가타 도쿠조가 발행하는 『신분잣시新聞雜誌』 150호에 실었다.

기도는 구미 각국의 제도와 문물의 역사를 파악하고 풍토와 인정을 고려해 의견서를 집필했다. 기도는 토지가 확대되고 인구가 늘어나도 법률로 그것을 보호하지 않으면 부강한 것처럼 보이는 나라도 언젠가는 쇠퇴할 수 있다고 주장했다. 그 사례로 폴란드의 멸망을 들었다. 기도는 일본의 인심이 한편으로 치우치고, 호기심을 좇아 서양 문물을 모방하고, 너도나도 유행을 따르는 폐해가 있다고 지적했다. 외형의 번영과 풍경의 변화가 곧 문명개화라고 할 수 없다고 말했다. 정부가 깊이 생각하지 않고 법령을 제정하고, 그것이 채 실행도 되기 전에 새로운 내용을 추가하면 민심을 어지럽힌다고 주장했다. 기도는 법규가 정부 성립 초기에 작성한 5개조 서문에만 비추어보아서는 여러 사람이 임기응변에 급급하고 민의에 대응할 수 없으니 서둘러 헌법을 제정하고 법전을 마련할 필요가 있다고 역설했다.

기도는 사이고 다카모리가 주장하는 정한론에 반대했다. 기도는 원래 사이고 다카모리보다도 더욱 강경한 정한론자였다. 기도는 이와쿠라사절단의 일원으로 구미를 순방하러 떠나기 직전에도 사이고와 머리를 맞대고 "조선 정벌 문제"를 상의했다. 그리고 "조선 정벌 문제"를 사이고에게 일임했다. 그런데 기도는 귀국한 후에 정한론에 반대했다. 기도가 변절한 것도 소신이 바뀐 것도 아니었다. 국내에서 사족과 농민의 반란이 잇따르는 상황에서 "조선 정벌"이 우선순위가 아니라는 것이었다. 구미 여러 나라를 견문한 기도는 먼저 내치에 전념해 경제력을 튼튼히 한 후에 군사력을 길러 조선을 침략하는 것이 옳다고 믿었다. 요컨대 정한론쟁은 정치의 주도권을 장악할 목적으로 기도·오쿠보를 비롯한 구미순방파가 사이고·이타가키를 비롯한 국내잔류파를 추방한 사건이었다.

기도는 오쿠마 시게노부·사이고 쓰구미치가 주장하는 타이완 출병에도 반대했다. 1874년 2월 6일 이와쿠라 도모미 저택에서 열린 회의에서 오쿠보·오쿠마가 마련한 「타이완처분요략」이 채택되었다. 타이완 문제는 3월 30일 정부 회의의 의제가 되었다. 지난 2월 6일 회의에 결석했던 기도가 타이완 침략에 반대했다. 농민이 부담하는 비용이 매년 큰 폭으로 증가하는 현실에서 막대한 비용이 드는 외정이 불가하다고 주장했다. 기도는 4월 2일 각의에서도 출병에 반대했다. 12일 산조 사네토미를 만난 기도는 타이완 출병이 민중과 국가에 부담이 되는 일이라고 말했다. 4월 18일 기도는 산조에게 사표를 제출했다. 20일에는 문부성에 들러 사표를 제출한 이유를 설명했다. 25일 사가의 난을 진압하고 돌아온 오쿠보 도시미치를 만나 사의를 전했다. 육군성의 야마가타 아리토모도 타이완 출병에 비판적이었고, 야마구치현 출신 미우라 고로三浦梧楼(1847~1926)를 비롯한 세 명의 장성도 반대했다.

1874년 7월에 기도가 야마구치현으로 돌아왔다. 어느 날 기도는 참의에 임명된 이토 히로부미로부터 만나고 싶다는 서신을 받았다. 11월 1일 기도가 시모노세키에서 이토를 만났다. 이토는 메이지 천황의 서신을 지참하고 있었다. "국가의 안위에 어려운 일이 있으니 귀경하라."라는 내용이었다. 이토는 기도에게 반드시 귀경하라는 태정대신 산조 사네토미의 말을 전했다. 기도는 이노우에 가오루와 상담한 후 산조에게 귀경을 미루어 달라고 요청하면서 교토·오사카 출상을 청원했다. 이노우에는 기도와 이타가키의 회담을 준비했다. 기도와 이타가키는 모두 의회 개설에 관심을 기울이고 있었다. 이노우에는 기도와 이타가키가 제휴하면 오쿠보를 견제할 수 있다고 확신했다.

1874년 12월 24일 이토 히로부미가 기도 다카요시에게 서신을 보냈다. 오쿠보 도시미치가 기도와 만나기를 간절하게 원한다는 것이었다. 1875년 1월 5일 기도가 고베神戸로 갔다. 참의 겸 내무경內務卿 오쿠보 도시미치가 기도를 맞이했다. 오쿠보는 기도에게 정부에 복귀하라고 요청했다. 1월 21일 기도는 이노우에 가오루와 함께 이타가키를 방문해 의회 개설에 대해 의견을 나누었다. 2월 11일 오쿠보 도시미치・이토 히로부미・이노우에 가오루가 기도 다카요시・이타가키 다이스케를 오사카 회의에 초대해 다시 입각해 달라고 요청했다. 기도와 이타가키는 입헌정체 수립, 삼권분립, 양원제 의회 개설 등을 조건으로 참의 복귀를 승낙했다. 그러자 오쿠보가 즉시 입헌정체의 조서를 발포했다. 원로원과 지방관회의가 설치되었고, 상하 양원을 설치하기로 했다. 오늘날 일본의 최고재판소에 해당하는 대심원大審院도 설립하기로 했다.

기도 다카요시가 참의에 복귀할 때 이타가키는 급진론을 버리고 점진적인 개혁 추진에 동조하겠다고 약속했다. 그러나 참의에 복귀한 이타가키는 민권파와 손을 잡고 급진적인 개혁을 주장하기 시작했다. 나아가 이타가키는 좌대신 시마즈 히사미쓰와 함께 참의와 각 성省의 경卿을 분리해야 한다고 주장했다. 기도는 원래 참의와 경을 분리하는 것이 타당하다고 여기던 인물이었다. 그러나 당분간 분리를 유보하자는 오쿠보의 의견에 동의했다. 이타가키・시마즈의 주장이 배척되었다. 1875년 10월 시마즈 히사미쓰와 이타가키 다이스케가 관직에서 물러났다. 그들은 산조・이와쿠라와 그들을 받드는 오쿠보・기도 등 가고시마・야마구치 출신들이 주도하는 정국에 불만을 품고 있었다. 이타가키가 물러나자 민권파가 기도를 배반자라고 비난하기 시작했다.

1875년 6월 20일 제1회 지방관회의가 개최되었다. 메이지 천황과 태정대신・참의 등이 출석했다. 기도가 의장이 되어 개원식을 진행했다. 22일부터 본격적인 회의가 시작되었다. 29일까지 진행된 회의에서 지방 경찰 설치, 도로 및 교량 건설 등에 대해 논의했다. 6월 30일 기도는 야마구치현 출신자들과 함께 무코지마向島에서 뱃놀이하며 놀았다. 7월 1일에는 메이지 천황이 지방관들을 위해 연회를 베풀었다. 7월 4일부터 다시 회의가 속개되었다. 7월 17일까지 이어진 회의에서 하천법, 부현회府県会·구회区会 설치 등에 대해 논의했다. 지방관회의는 예정보다 회기를 3일 연장해 7월 17일 폐회했다. 폐원식에 메이지 천황이 참석했다.

1876년 10월 야마구치현에서 하기의 난이 일어났다. 반란의 수괴는 마에바라 잇세이前原一誠였다. 그는 조슈번의 지사로 막부 타도에 앞장섰고, 신정부 수립 후에 참의에 임명되었다. 메이지 유신 10걸의 한 사람으로 거론되는 거물이었다. 그러나 징병제를 둘러싸고 기도와 대립했다. 참의에서 물러나 고향으로 돌아가 신정부 방침에 불만을 품은 사족들을 결집해 반란을 일으켰다. 반란은 즉시 진압되었다. 정부는 임시재판소의 심리를 거쳐 마에바라를 극형에 처했다. 당시 『요미우리 신문読売新聞』과 『도쿄아케보노 신문東京曙新聞』은 기도가 마에바라의 처형을 강력하게 주장했다고 보도했다. 그러나 기도는 그런 사실이 없다고 항의했다. 두 신문이 정정 기사를 실었다.

1876년 12월 기도가 사족 반란과 지조개정 반대 반란에 관한 의견서를 제출했다. "지조개정이 급격하게 추진되어서는 안 된다. 각 지역의 실정에 맞춰서 시행해야 한다. 인민이 곤경에 처하지 않도록 세금을 가볍게 해야 한다. 정부는 부득이한 경우를 제외하고 지출을 억제해야 한다. 지방관에게 권한을 나누어 주고 회계도 별도로 해야 한다. 마을을 유지하기 위해 주민이 부담하는 경비는 마을마다 주민협의회를 두어 민의를 경청해야 한다. 화족과 사족이 생활에 어려움이 없도록 배려해야 한다. 법률로 인민을 속박하는 일은 하지 말아야 한다. 인민이 있고 법이 있는 것이지 법이 있고 인민이 있는 것이 아니다. 무엇이든지 일정한 규정에 얽매여야 좋은 것은 아니다."

지조개정에 따라 토지의 소유권이 인정되고, 토지가 개인의 재산으로서 거래와 담보의 대상이 되었다. 농민은 다른 사람의 토지를 매수해 더 넓은 농지를 소유할 수 있게 되었다. 토지를 매도하고 다른 직업에 종사할 수도 있었다. 토지 소유자는 화폐로 세금을 내야 하는 의무를 졌다. 가난한 농민은 세금이 과중하게 느껴졌다. 에도 시대에 현물로 내던 조세와 달리 농민은 농산물을 시장에서 화폐로 교환해 세금을 내야 했다. 가난한 농민은 기생 지주나 부유한 자에게 토지를 매도하고 소작인이 되었다. 기생 지주 중에는 전당포와 같은 금융업을 겸하면서 소작인에게 금전을 빌려주고 고리의 이자를 취하는 자들도 있었다. 농촌 내에서 빈부 격차가 더욱 벌어졌다. 자본주의의 폐해가 드러났다. 기도 다카요시의 의견서는 이러한 농촌 사정을 염두에 둔 것이었다. 정부는 기도의 의견서를 수용해 세금을 낮추기로 했다. 1877년 1월 정부는 지조를 지가의 3퍼센트에서 2.5퍼센트로, 지방세는 지조의 3분의 1

에서 5분의 1로 낮추었다. 농민은 이전보다 약 25퍼센트의 세금을 덜 내게 되었다.

메이지 천황은 1872년 5월 규슈와 서부 일본을 순행한 이후, 1876년에 동북 지방과 하코다테函館, 1878년에 호쿠리쿠北陸와 도카이도東海道, 1880년에 야마나시山梨 · 미에三重 · 교토京都, 1881년에 홋카이도北海道 · 아키타秋田 · 야마가타山形, 1885년에 야마구치山口 · 히로시마広島 · 오카야마岡山 등 모두 여섯 번에 걸쳐서 전국을 순행했다. 기도 다카요시는 1876년 천황의 동북 지방 · 하코다테 순행에 수행했다.

1876년 6월 2일 천황의 행렬이 도쿄를 떠났다. 기도 다카요시가 메이지 천황을 수행했다. 태정대신 산조 사네토미를 비롯한 관료들이 센주千住(도쿄토 아타치쿠)까지 배웅했다. 센주에 사이타마현 현령이 나와서 천황의 가마를 맞이했다. 6월 6일 천황의 행렬이 닛코日光(도치기현 닛코시)를 지났다. 그때 닛코 주민들이 린노지輪王寺의 본당 산부쓰도三仏堂를 보존하게 해 달라고 탄원했다. 신정부 수립 초기에 신도神道를 국교로 정하려는 움직임이 있었다. 그러자 일본 각지에서 폐불훼석廢仏毀釈, 즉 불교 사원 · 불상 · 불탑을 파괴하는 운동이 일어났다. 닛코에서도 산부쓰도를 파괴하고 린노지를 다른 곳으로 이전하는 일이 벌어지고 있었다. 닛코 주민은 폐불훼석과 린노지의 축소 이전이 닛코를 쇠퇴하게 할 수 있다고 우려했다. 주민의 뜻에 공감한 기도 다카요시는 내무성의 고위관리 시나가와 야지로에게 신부쓰도 파괴 작업을 중지하게 하라고 명령했다. 귀경 후에도 닛코 현령 나베시마 미키鍋島幹(1844~1913)에게 "산부쓰도의 원형을 보존하라."라고 지시하면서 하사금을 내렸다.

기도는 순행 중에 천황을 대신해 각지의 현황을 파악하고 포상금을 하사했다. 각 지역의 민원이 있으면 직접 나서서 해결하기도 했다. 순행 중에 메이지 천황이 기도에게 어떻게 국가를 보존할 것인지에 대해 하문했다. 기도가 대답했다. "옛날 천황은 그 권력을 외척인 후지와라藤原 가문에, 무사의 세상이 된 후에는 무사 정권에 위임했습니다. 이것은 일본 내의 일이기에 천황의 혈통이 이어지는 데 지장이 없었습니다. 그런데 오늘날 세계 여러 나라가 서로 부강을 다투고 있습니다. 이러한 때에 국가의 중심이 안정되지 않는다면 다른 나라가 정권을 빼앗아 되찾지 못할 수도 있습니다. 이러한 일을 방지하는 것이 저의 책무라고 매일같이 스스로 질타하고 있습니다."

1877년 1월 메이지 천황이 야마토大和·교토京都 순행에 나섰다. 기도 다카요시가 천황을 수행했다. 1월 24일 도쿄를 떠나 요코하마에서 증기선을 타고 28일 고베神戶에 도착했다. 기도가 교토에 도착했을 때 가고시마에서 사이고 다카모리가 세운 사학교 학생들이 탄약을 탈취했다는 전보를 받았다. 2월 15일 사이고 다카모리가 출진했다. 기도는 이전부터 사이고의 태도와 가고시마현의 구태의연한 대응을 못마땅하게 여기고 있었다. 사이고 다카모리와 죽마고우였던 오쿠보 도시미치가 가고시마에 천황의 칙사를 보내 사이고를 달래자고 말했다. 그러나 기도는 즉시 정토군을 보내 가고시마군을 토벌해야 한다고 주장했다. 전쟁이 일어나자 천황의 순행을 중지하고 도쿄로 돌아가야 한다는 의견이 대두되었다. 그러나 기도는 "갑자기 천황이 도쿄로 돌아가서는 안 된다."라고 강력하게 주장했다. 2월 16일 오쿠보 도시미치·이토 히로부미가 교토로 왔다. 정부는 정토총독을 임명하고 군대의 출동을 명령했다.

사이고군이 구마모토성을 포위하고 정부군과 대치했다. 4월 15일 구로다 기요타카가 이끄는 정부군이 구마모토성 남쪽에 포진한 사이고군을 무찌르고 구마모토성으로 들어갔다. 이 무렵 기도가 갑자기 쓰러졌다. 기도는 1873년에 탑승한 마차가 전복하면서 머리를 크게 다친 적이 있었다. 그 후 기도는 극심한 두통에 시달렸고, 다리가 마비되는 증상이 있었다. 뇌 손상이 원인이었을 것이다. 기도는 통증에 시달리면서도 빈틈없이 천황을 보필했다. 4월 24일 천황이 시의를 보내 기도를 진찰하고 투약했으나 차도가 없었다. 독일인 의사 비헬름 슐츠 Wilhelm Schultze가 진찰하고 악성 위암이라고 진단했다. 5월 19일 메이지 천황이 문병했다. 5월 26일 오쿠보 도시미치가 병상으로 달려왔다. 이미 정신이 혼미한 기도 다카요시가 오쿠보의 손을 잡고 말했다. "사이고 다카모리도 이제 그만하면 안 될까?" 이 말을 남기고 조용히 눈을 감았다. 향년 43세였다.

오쿠보 도시미치(사진)

CHAPTER 3.

오쿠보 도시미치
– 공작 정치의 달인

오쿠보 도시미치大久保利通(1830~78)는 1830년 8월 10일 사쓰마번 가고시마성 조카마치城下町 고라이초高麗町(가고시마현 가고시마시 고라이초)에서 부친 오쿠보 도시요大久保利世와 모친 후쿠노마福の間의 장남으로 태어났다. 아명은 쇼케사正袈裟였다. 오쿠보 가문은 하급 무사 중에서도 서열이 낮은 오고쇼구미御小姓与였다. 어렸을 때 가지야초加治屋町로 이사했다. 사쓰마번이 세운 학교 조시칸造士館에서 사이고 다카모리와 함께 공부했다.

오쿠보는 태어날 때부터 몸이 약했다. 그래서인지 그는 무술에 흥미를 느끼지 않았다. 그는 어렸을 때부터 장난이 심한 개구쟁이였다. 하지만 학교 성적은 가장 우수했다. 1844년 그의 나이 열다섯 살 때 성인식을 올리고 오쿠보 쇼스케大久保正助라는 이름을 사용하기 시작했다. 그는 한때 주군 시마즈 히사미쓰가 내린 이치조一藏라는 이름을 사용하기도 했지만, 1865년 봄부터 도시미치利通라는 이름을 사용하기 시작했다. 이 책에서는 오쿠보 도시미치로 칭하겠다.

1846년 열일곱 살 때 사쓰마번의 기록소 조수로 일하기 시작했다. 1849년 12월 사쓰마번에서 오유라 소동이 일어났다. 이 사건에 도시미치의 부친 도시요가 연루되어 기카이지마喜界島(가고시마현 오시마군:아마미 군도의 섬)로 유배되었다. 도시미치는 부친의 죄에 연좌되어 기록소 조수직에서 파면되고 자택에서 근신하라는 명이 내려졌다. 그는 가장으로서 모친과 동생들의 생계를 책임졌다. 오쿠보는 권력의 냉혹함을 절감하면서 오로지 독서에 열중했다. 이러한 극한 상황이 오쿠보를 매사에 끈질기고, 지기를 싫어하고, 신중하게 일을 추진하는 성격으로 거듭나게 했다.

그 무렵에 막부의 수석 로주老中 아베 마사히로阿部正弘가 사쓰마번의 오유라 소동에 개입했다. 당시 덴포 개혁天保改革에 실패한 막부의 지배력이 약화하고 있었다. 아베는 언젠가는 서구 열강이 일본에 개국을 요구한다는 것을 알고 있었다. 그는 여러 다이묘 중에서 뜻이 맞는 동지와 협력하며 외세의 침략을 막아내고 막부의 지배력을 유지하는 길을 모색하고 있었다. 그는 사쓰마번의 10대 번주 시마즈 나리오키의 장남 시마즈 나리아키라島津齊彬가 장래 덕망이 높은 명군이 될 수 있는 인물이라고 보았다. 아베는 시마즈 나리오키에게 압력을 가했다. 궁지에 몰린 나리오키가 번주의 지위에서 물러났다. 1851년 2월 시마즈 나리아키라가 사쓰마번의 11대 번주에 취임했다.

시마즈 나리아키라가 번주에 취임하면서 오쿠보 도시미치의 운명이 크게 변화했다. 1853년 5월 스물네 살이 된 오쿠보는 근신 생활에서 벗어나 기록소의 조수직에 복직했다. 1855년 3월에는 부친 도시요가 가고시마로 돌아올 수 있었다. 번주 나리아키라는 총명한 하급 무사를 적극적으로 양성했다. 그는 먼저 사이고 다카모리를 측근으로 발탁했다. 나리아키라는 사이고를 막부는 물론 여러 번의 다이묘에게 사신으로 보냈다. 사이고의 이름이 널리 알려지게 되었다. 그동안 오쿠보는 기록소 조수에서 회계 담당자로 승진했고, 1857년 10월 스물여덟 살 때 가치메쓰케徒目付로 승진했다. 이 무렵 오쿠보가 혼인했다. 상대는 하야자키 시치로에몬早崎七郎右衛門의 차녀 마스滿壽(1840~78)였다.

당시 사이고 다카모리가 사쓰마번의 무사 조직 세이추구미精忠組의 지도자로 활약했다. 세이추구미는 총명한 무사 40여 명으로 구성되었다. 이 조직의 후원자는 11대 번주 시마즈 나리아키라였다. 그런데 1858년 7월 번주 나리아키라가 갑자기 사망했다. 그러자 교토에서 존왕양이파 지사들과 교류하던 사이고가 궁지에 몰렸다. 그해 12월 사이고가 아마미오시마奄美大島로 유배되었다. 그러자 오쿠보가 세이추구미를 이끌었다.

그 무렵 오쿠보 도시미치는 과거 사이고 다카모리가 그랬던 것처럼 사쓰마번을 떠나 교토·오사카에서 활약하고 싶다는 생각에 골몰해 있었다. 사이고에게 서신을 보내 의견을 묻기도 했다. 1859년 11월 오쿠보가 동지 40여 명과 탈번脱藩을 시도했다. 그 소식을 들은 12대 번주 시마즈 타다요시가 만류했다. 오쿠보는 번주 타다요시의 실부 시마즈 히사미쓰에게 건의서를 제출했다. 1860년 3월 히사미쓰가 오쿠보를 측근으로 삼았다. 이때부터 오쿠보가 시마즈 히사미쓰의 명령으로 교토를 왕래하며 정치에 관여하기 시작했다.

1860년 3월 3일 막부의 다이로 이이 나오스케가 미토번 출신 지사들에게 암살되었다. 그 후 막부의 로주에 취임한 안도 노부마사가 고메이 천황의 여동생 가즈노미야和宮를 14대 쇼군 도쿠가와 이에모치德川家茂의 부인으로 맞아들이는 계획을 추진했다. 공무합체 운동이었다. 막부와 조정은 조슈번 번주 모리 다카치카에게 공무합체 운동에 나서달라고 요청했다. 이전까지 막부는 다이묘가 조정의 귀족과 접촉하는 것은 물론, 막부의 정치에 개입하는 것도 금지했다. 그런데 시대가 급변하면서 막부가 감시를 게을리하지 않았던 도자마다이묘外様大名가 정치 무대에 등장할 수 있게 되었다.

1861년 4월 사쓰마번의 12대 번주 시마즈 타다요시는 실부 시마즈 히사미쓰를 국부國父로 칭하라고 명령했다. 히사미쓰가 공식적으로 사쓰마번을 대표하는 존재가 되었다. 5월 히사미쓰는 고쇼小姓 나카야마 나오노스케中山尚之介(1833~78)를 자기를 가까이에서 섬기는 고난도小納戶, 고마쓰 기요카도를 자기 옆에서 정무를 관장하는 소바야쿠側役에 각각 임명했다. 나카야마는 오쿠보를 히사미쓰에게 추천했던 인물이었고, 명문 가문 출신 고마쓰는 오쿠보가 가장 의지했던 인물이었다. 10월 히사미쓰는 오쿠보와 이지치 사다카伊地知貞馨(1826~87)를 고난도에 발탁했다. 히사미쓰가 중앙 정계로 진출하기 위한 포석이었다.

　1861년 10월 시마즈 히사미쓰가 상경을 결심했다. 오쿠보가 먼저 상경해 귀족 이와쿠라 도모미에게 히사미쓰의 상경 계획을 알리고 에도 막부를 견제할 수 있는 방책을 제시했다. 그리고 귀족 고노에 타다히로近衛忠熙(1808~98)를 만나 히사미쓰 상경을 주선해 달라고 간청했다. 1862년 2월 오쿠보의 건의를 수용한 히사미쓰가 유배 중인 사이고 다카모리를 가고시마로 돌아오도록 했다. 상경해 활동하려면 여러 번의 지사들과 폭넓게 교류한 경험이 있는 사이고의 도움이 필요했기 때문이다. 고향으로 돌아온 사이고는 즉시 무라타 신파치村田新八와 함께 교토로 파견되었다. 하지만 히사미쓰는 사이고를 다시 유배형에 처했다. 사이고가 명령을 위반하고 과격파 지사들을 선동했다는 죄목이었다. 3월 16일 히사미쓰가 1,000여 명의 군사를 거느리고 상경했다. 공무합체 운동을 추진하기 위해서였다. 4월 16일 오쿠보가 히사미쓰를 수행해 입경했다.

당시 교토·오사카에서 공무합체 운동에 반대하는 존왕양이파 지사들이 활약했다. 그중에는 사쓰마번 출신 지사들도 다수 포함되어 있었다. 4월 23일 조정이 시마즈 히사미쓰에게 낭인을 토벌하라는 칙명을 내렸다. 히사미쓰는 후시미의 데라다야寺田屋에 모인 존왕양이파 지사들을 급습했다. 아리마 신시치有馬新七를 비롯한 여덟 명의 지사가 참살되었다. 5월 20일 히사미쓰가 칙사 오하라 시게토미大原重徳와 함께 에도로 향했다. 오쿠보가 수행했다. 6월 7일 칙사와 히사미쓰가 에도에 도착했다. 6월 26일 오쿠보가 칙사 오하라 시게토미에게 만약에 막부가 칙명을 받들지 않는다면 결심한 바가 있다고 말했다. 막부는 순순히 칙명을 받아들여 조정이 추천한 도쿠가와 요시노부를 쇼군의 후견직, 후쿠이번 번주 마쓰다이라 요시나가를 정사총재직에 임명하는 등 개혁을 단행했다.

1862년 8월 21일 나마무기 사건이 일어났다. 이날 시마즈 히사미쓰의 행렬이 에도에서 교토로 향하고 있었다. 일행이 나마무기무라生麦村에 이르렀을 때 영국의 상인 여러 명이 말을 타고 가면서 행렬을 가로지르는 "무례"를 범했다. 행렬을 선도하던 사쓰마번 무사가 영국인 한 명을 베어 죽이고 두 명에게 중상을 입혔다. 일본인은 "서양 오랑캐"를 혼내준 무사에게 갈채를 보냈다. 영국은 막부에 배상금 10만 파운드, 위자료 2만5,000파운드, "살인자" 처형 등을 요구했다. 막부는 영국의

나마무기무라

요구를 수용했으나 사쓰마번이 거부했다. 사건 현장에 있었던 오쿠보가 보고서를 작성했다. "다이묘 행렬은 작법이 엄중하다. 일본인이라도 무례를 범하면 베는 것이 관습이다. 외국인이라면 더욱 그렇다. 이날 사쓰마번의 행렬이 지나니 외국인은 나와서 걷지 말라고 통고했다. 그것을 듣지 않았으니 잘못은 영국인에게 있다."

1863년 1월 오쿠보는 쇼군 이에모치가 상경하기 이전에 쇼군 후견직 도쿠가와 요시노부·막부의 정사총재직 마쓰다이라 요시나가·도사번의 실권자 야마우치 도요시게·사쓰마번의 국부 시마즈 히사미쓰가 교토에서 만나서 정국을 논의하는 계획을 세웠다. 오쿠보는 히사미쓰에게 보고하기 위해 귀국하던 길에 교토에 들렀다. 당시 교토에서는 존왕양이파 지사들이 과격하게 행동하고 있었다. 1월 22일 유학자 이 케우치 다이가쿠池內大學(1814~63)를 암살하고, 귀를 베어 협박장과 함께 귀족 나카야마 타다요시中山忠能(1809~88) · 오기마치산조 사네나루 正親町三條實愛(1821~1909) 저택으로 보냈다. 모두 사쓰마번과 친분이 있는 귀족이었다. 28일에는 카가와 하지메賀川肇(?~1863)가 암살되었다. 공무합체 운동에 앞장섰다는 이유였다. 그의 수급은 도쿠가와 요시노부의 숙소 출입문, 팔은 이와쿠라 도모미를 비롯한 귀족 저택으로 보내졌다. 조정에서는 존왕양이파가 기세를 올리고 공무합체파가 숨을 죽였다.

오쿠보는 교토에서 공무합체를 위한 공작을 포기하고 1월 23일 가고시마로 향했다. 2월 10일 오쿠보는 나카야마 나오노스케와 함께 소바야쿠와 고난도카시라小納戶頭를 겸하는 사쓰마번의 최고위직에 임명되었다. 오쿠보 서른네 살 때였다. 오쿠보의 출세가 너무 빨랐기 때문에 질투하는 자들이 많았다. 사쓰마번의 가신 이치키 시로市來四郎(1829~1903)의 일기에 다음과 같은 내용이 있다. "나카야마 · 오쿠보가 지난 10일 고난도에서 소바야쿠와 고난도카시라를 겸무하는 지위에 올랐다. 빠르게 승진해 모든 사람이 경악했다. 불만이 매우 많다. 나이도 서른 살 전후이고, 고난도에 임명된 것이 재작년이다. 이러한 일은 고금에 매우 드문 일이다." 그 무렵 공무합체 운동에 앞장선 시마즈 히사미쓰가 존왕양이파의 반발로 수세에 몰렸고, 나마무기 사건의 처리를 둘러싸고 영국과 대립하고 있었다. 난국을 헤쳐 나아가야 했던 히사미쓰에게 정치적 수완이 있는 오쿠보는 없어서는 안 되는 인물이었다.

나마무기 사건에 대한 영국의 태도는 강경했다. 1863년 6월 27일 영국 군함 일곱 척이 가고시마 만에 모습을 드러냈다. 영국군은 먼저 전쟁을 시작할 뜻이 없었다. 무력 시위를 벌이면 사쓰마번이 사죄하고 배상금과 위자료를 지급할 것이라고 믿었다. 그러나 사쓰마번은 이미 막부에 나마무기 사건의 범인은 사쓰마번 무사가 아니라고 보고했다. 사죄는 물론 배상금·위약금을 낼 수 없다고 판단했다. 전쟁을 각오하고 있었다. 영국이 협상을 시도했으나 사쓰마번은 조금도 양보하지 않았다. 오쿠보는 가고시마성 서쪽의 센겐지千眼寺에 본영을 설치했다. 7월 1일 오쿠보가 포대에 전투 개시 명령을 내렸다. 정오부터 대포가 불을 뿜으며 진두가 시작되었다. 사쓰마번 무사들이 처음 경험하는 실전이었다. 7월 3일 영국 군함이 물러갔다. 사쓰마군은 전사 5명 부상 10여 명, 영국군은 전사 13명 부상 50여 명이었다. 그러나 가고시마 시내 민가 500여 호가 불탔고 선박 여러 척이 침몰했다.

사쓰마·영국 전쟁 후, 요코하마에서 사쓰마번과 영국이 강화교섭을 시작했다. 교섭을 둘러싸고 무사들의 의견이 분분했다. 가고시마에서 영국군의 포격을 체험한 자는 조기 타협을 주장했다. 하지만 전쟁 당시 에도에 있었던 무사들은 강경론을 펼쳤다. 10월 10일 에도에 도착한 오쿠보가 영국이 요구한 위자료 2만5,000파운드를 지불하기로 결정했다. 일본의 금화 7만 냥에 해당하는 거금이었다. 오쿠보는 막부에 7만 냥을 빌려달라고 요청했다. 그러나 막부의 로주 이타쿠라 가쓰키요板倉勝靜(1823~89)는 재정난을 이유로 사쓰마번의 요구를 거절했다. 그러자 오쿠보는 부하 두 명을 이타쿠라 저택으로 보냈다. 그들이 이타쿠라 저택에 들어가 말했다. "만약에 7만 냥을 빌려주지 않으면 영국 공사를 죽이고 우리도 이 자리에서 자결하겠다." 오쿠보는 존왕양이파의 기세에 눌린 막부가 사쓰마번에 의지하지 않으면 안 되는 사정을 역이용했다. 막부는 7만 냥을 사쓰마번에 빌려주었다. 오쿠보는 그 돈을 영국에 주고 교섭을 마무리했다. 영국 공사관 직원 어니스트 사토우Ernest Mason Satow는 다음과 같이 회상했다. "그 후 나는 그 돈이 변제되었다는 소식을 들은 적이 없다."

1864년에 접어들면서 공무합체 운동이 동력을 상실했다. 시마즈 히사미쓰의 지도력이 저하되었다. 그렇다고 사쓰마번이 공무합체에서 존왕양이로 전환할 수 있는 명분을 찾을 수도 없었다. 그동안 막부와 사쓰마번의 관계가 점점 악화했다. 새삼스럽게 막부의 정책을 지지할 수도 없는 상황이었다. 사쓰마번 무사들이 동요했다. 새로운 인물이 나와서 분위기를 반전시킬 필요가 있었다. 무엇보다도 교토 · 오사카 일대에서 활약할 수 있는 인재가 필요했다. 이러한 상황에서 사이고 다카모리가 다시 정치의 전면에 등장했다. 당시 사이고는 히사미쓰의 노여움을 사서 오키노에라부지마沖永良部島의 옥사에 유폐되어 있었다. 궁지에 몰린 히사미쓰가 사이고를 사면했다. 1864년 2월 사이고가 가고시마로 돌아왔다. 3월 14일 사이고가 교토에 도착했다. 3월 19일 시마즈 히사미쓰가 사이고를 교토 주재 군사령관에 임명한 후 가고시마로 돌아왔다.

사이고는 교토에서 체류하면서 정보를 수집하고 사쓰마번 군사를 훈련하는 일에 전념했다. 그러던 중 1864년 6월 말부터 조슈번이 군사를 교토로 보냈다. 사이고는 막부와 조슈번 어느 편도 들지 않고 사태를 관망했다. 그러나 조슈군이 승리하면 8·18 정변의 성과가 물거품이 되고, 사쓰마번이 교토 정국에서 소외될 가능성이 있다고 판단한 사이고는 조슈번과 싸우기로 결심했다. 7월 19일 조슈군과 사쓰마·아이즈번의 군대가 충돌했다. 이 전투에서 사이고가 지휘한 사쓰마군이 분전했다. 조슈군이 많은 사상자를 내고 물러났다. 긴몬의 변이었다.

긴몬의 변 때 사쓰마군은 막부 측에 가담해 싸웠다. 그러나 사쓰마번의 처지는 아이즈번과 사정이 달랐다. 그런 만큼 군사를 움직일 때 명분을 중요시했다. 7월 23일 조정은 천황 궁전에 발포한 조슈번을 조적으로 규정했다. 막부는 긴몬의 변을 기화로 조슈번을 정벌하기로 했다. 7월 24일 조정이 조슈 정벌의 칙서를 내렸다. 막부는 서부 일본 21개 번에 출병을 명령했다. 이 무렵에 오쿠보 도시미치가 조정에 건의서를 올렸다. 오쿠보는 조슈번의 책임은 추궁해야 마땅하지만, 외국 함대 여러 척이 내습해 조슈번이 곤경에 처했다고 하니 당분간 상황을 주시할 필요가 있다고 주장했다. 또 오쿠보는 조슈번 토벌 명분이 명확하지 않으면 사쓰마번이 막부의 출병 명령에 따를 수 없다고 말했다. 요컨대 오쿠보는 조슈번에 엄중한 책임을 물으면서도 막부에 대해서는 공무합체 정신에서 한발 물러나는 태도를 보였다. 그러나 조슈 정벌은 칙명이었고, 또 조슈번의 존왕양이론은 사쓰마번의 노선과 일치하지 않았다. 결국 사쓰마번은 막부의 동원령에 따르기로 했다.

1865년 2월 7일 사이고와 임무를 교대한 오쿠보가 교토에 머물며 조정에 대한 공작을 개시했다. 오쿠보는 고마쓰 기요카도와 함께 아사히코朝彦 친왕을 방문했다. 오쿠보는 막부가 조슈번 번주 부자를 에도로 오라고 명령한 것, 이미 중지된 참근교대 제도를 부활하는 것 등은 조정의 권위를 무시하는 처사라고 비난하면서 칙명으로 막부의 행동을 저지해 달라고 요청했다. 또 당면한 현안을 협의하기 위해 막부의 쇼군을 상경하게 하고, 여러 다이묘의 회합을 명령하는 조칙이 필요한 시점이라고 말했다. 오쿠보는 이어서 고노에 타다히로와 관백關白 니조 나리유키二條齊敬(1816~78)를 잇달아 방문해 같은 취지의 말을 하며 협력을 요청했다. 그러자 조정의 분위기가 점차로 오쿠보가 희망하는 방향으로 바뀌었다. 3월 2일 조슈번 부자의 에도 초치 중지, 참근교대 제도 부활 중지, 쇼군의 조속한 상경 등을 촉구하는 조정의 의견서가 교토쇼시다이에게 전달되었다.

한편, 1865년 1월 조슈번에서 정변이 일어났다. 다카스기 신사쿠高杉晉作가 이끄는 존왕양이파 세력이 시모노세키에서 거병해 보수파를 타도하고 정권을 장악했다. 막부는 제2차 조슈 정벌을 계획하지 않을 수 없었다. 4월 3일 가고시마로 돌아온 오쿠보는 만약의 사태에 대비해 군사력을 강화했다. 나가사키에 출장 중인 이지치 사다카에게 서신을 보내 포술 연습생 파견, 소총·기선 구매, 네덜란드 제철 기술자 초빙 등을 명령했다. 이 무렵 오쿠보는 이미 조슈번과 별도로 막부에 맞설 수 있는 "대결단책大決斷策"의 실행을 결심했다. 오쿠보의 "대결단책"은 막부 타도와 왕정복고 계획이라고 주장하는 연구자들이 있지만, 이 단계에서 오쿠보가 막부를 무너뜨리고 신정부 수립을 계획했다는 증거가 없다. 아마도 "대결단책"은 막부에서 독립한 사쓰마 '국가'를 세우려는 계획이었을 것이다.

1865년 4월 막부가 제2차 조슈 정벌을 선언했다. 5월 16일 쇼군 도쿠가와 이에모치가 직접 대군을 이끌고 에도를 출발해 오사키로 향했다. 쇼군 이에모치는 오사카에 머물면서 정벌을 준비했다. 하지만 다이묘들이 조슈 정벌을 원하지 않았다. 그러자 막부는 칙허를 얻어 여러 다이묘를 움직일 계획을 세웠다. 오쿠보는 귀족들을 잇달아 방문해 조슈 정벌은 다이묘들의 의견을 들어서 결정해야 하는 문제라고 말했다. 하지만 9월 21일 조정이 제2차 조슈 정벌 칙허를 내렸다. 오쿠보는 막부는 물론 조정에 대해서도 적대감을 드러냈다. 오쿠보는 다음과 같이 생각했다. 막부는 명분이 없는 조슈 정벌에 나섰다. 천황은 막부의 정의롭지 못한 폭거를 승인했다. 그렇다면 조정과 결별하는 수밖에 없다.

오쿠보가 막부·조정과 결별하는 과정은 동시에 사쓰마·조슈번이 접근하는 과정이기도 했다. 1865년 7월 사쓰마번은 조슈번이 영국에서 소총 7,300여 정을 구매하는 것을 도왔다. 소총은 사카모토 료마가 사쓰마번의 선박에 싣고 나가사키에서 시모노세키까지 운반했다. 1866년 1월 21일 교토의 사쓰마번 번저에서 사쓰마·조슈번이 맹약을 맺었다. 그 내용은 주로 제2차 조슈정벌 전쟁이 시작되었을 때 사쓰마번이 취해야 할 군사·정치적 행동 규정이었다. 내용에는 '토막討幕'이라는 용어가 없었지만, 사쓰마·조슈번이 "황국皇國"을 위해 협력하기로 약속했다. 웅번연합 정권 수립을 염두에 둔 것이었다. 막부 타도 세력이 출현한 것이다.

1866년 6월 7일 제2차 조슈정벌 전쟁이 시작되었다. 사쓰마번은 막부의 출병 명령에 따르지 않았다. 막부의 동원령에 응한 번은 마쓰야마松山·히코네彦根·다카다高田·와카야마和歌山·후쿠야마福山·고쿠라小倉·구마모토熊本·가라쓰唐津 등 14개 번에 불과했다. 막부군은 싸우기도 전에 사기가 저하되었고 전투 수행 능력도 없었다. 여러 곳에서 조슈군에게 연전연패했다. 설상가상으로 7월 20일 쇼군 이에모치가 오사카성에서 병사했다. 8월 1일 조슈군이 고쿠라성을 점령하면서 막부군의 패배가 확실해졌다. 8월 16일 조정이 전쟁을 끝내라는 칙서를 내렸다. 8월 20일 막부는 도쿠가와 요시노부가 종가를 상속한다고 공포했다. 다음날 막부가 휴전을 선언했다.

1866년 12월 5일 도쿠가와 요시노부가 막부의 15대 정이대장군에 취임했다. 12월 25일 고메이 천황이 급사했다. 1867년 1월 9일 열다섯 살 난 무쓰히토睦仁 친왕이 즉위했다. 관백 니조 나리유키가 섭정에 취임했다. 그러자 조정 내부에서 새로운 기운이 조성되었다. 그동안 고메이 천황이 추방했던 귀족들이 잇달아 사면되었다. 1월 15일부터 구조 히사타다九条尚忠(1798~1871)를 비롯한 귀족들이 속속 조정으로 복귀했다. 그들의 대부분은 조슈번에 동정적이거나 막부를 비판했던 인물이었다. 개혁파 귀족들이 복귀하면서 막부를 타도하고 신정부를 수립할 수 있는 여건이 조성되었다.

1867년 3월 5일 쇼군 도쿠가와 요시노부가 조정에 효고兵庫 개항의 칙허를 요구했다. 하지만 조정은 개항에 미온적이었다. 이보다 앞서 오쿠보 도시미치·사이고 다카모리·고마쓰 기요카도가 조슈번 처분과 효고 개항 문제를 논의하기 위한 웅번회의를 기획했다. 1월 말 사이고·고마쓰가 시마즈 히사미쓰에게 상경을 건의하고, 도사번·우와지마번宇和島藩(에히메현 우와지마시)에 회의 참가를 요청했다. 오쿠보는 조정을 대상으로 공작했다. 5월 중순 교토에서 사후회의四侯会議가 개최되었다. 시마즈 히사미쓰·마쓰다이라 요시나가·야마우치 도요시게·다테 무네나리伊達宗城(1818~92) 등 네 명이 참석했다. 쇼군 요시노부는 사후회의에서 효고 개항 문제에 의견을 모아주면 조정에 칙허를 요청할 심산이었다. 그러나 사후회의는 쇼군 요시노부에게 협력하기 위해서 개최한 것이 아니었다. 사쓰마번이 정치의 주도권을 쥐고 막부를 견제하면서 조정을 중심으로 하는 정치체제를 구축하는 것이 목적

3. 오쿠보 도시미치 - 공작 정치의 달인 295

이었다. 사후四候는 조슈번 처분 문제를 효고 개항보다 먼저 처리하자고 주장했다. 쇼군 요시노부는 효고 개항 문제가 우선이라고 맞섰다. 5월 27일 쇼군의 의견에 거스를 수 없었던 야마우치 도요시게가 귀국하면서 회의가 무산되었다. 그러자 오쿠보는 이제까지의 공무합체 노선을 변경해 막부와 맞서겠다는 뜻을 굳혔다.

무력을 앞세운 신정부 수립을 계획한 오쿠보·사이고·고마쓰는 8월 14일 조슈번의 히로사와 사네오미에게 무력 정변 계획을 설명했다. 9월 8일 교토에서 사쓰마번의 오쿠보 도시미치·사이고 다카모리, 조슈번의 히로사와 사네오미·시나가와 야지로, 히로시마번의 쓰지 이가쿠辻維岳(1823~94) 등이 모여 삼번맹약三藩盟約을 맺었다. 오쿠보가 삼번맹약서의 초안을 작성했다. 10월 14일 귀족 오기마치산조 사네나루를 통해 막부 토벌 밀칙 조서를 손에 넣었다.

1867년 12월 8일 조정이 회의를 열어 조슈번 번주 모리 다카치카 부자의 죄를 사면했다. 그리고 지난 1월 15일 사면에서 제외되었던 귀족들도 전원 사면했다. 다음 날 아침 이와쿠라 도모미가 천황에게 왕정복고 단행을 알렸다. 오쿠보 도시미치가 조정으로 들어왔고, 사이고 다카모리가 이끄는 사쓰마번 군사가 천황 궁전으로 들어왔다. 그러자 오와리·후쿠이·히로시마번의 군대가 궁전을 에워쌌다. 사쓰마번의 예비대가 궁문에 대포를 설치했다. 사가번 군대는 저녁때가 되어서 합류했다. 왕정복고파 친왕과 귀족, 그리고 시마즈 타다요시·야마우치 도요시게 등의 다이묘도 모였다. 천황이 이와쿠라 도모미·오쿠보 도시미치 등이 작성한 왕정복고의 대호령을 공포했다.

그날 저녁 어전회의가 열렸다. 이 회의에서 이와쿠라 도모미와 야마우치 도요시게 사이에 언쟁이 오갔다. 야마우치는 쇼군 도쿠가와 요시노부를 회의에 참석시켜야 한다고 주장했다. 마쓰다이라 요시나가가 야마우치의 의견에 동조하며 쇼군 요시노부의 출석을 재차 요구했다. 그러자 오쿠보 도시미치가 앞으로 나아가 도쿠가와 가문의 죄상을 나열하며 쇼군 요시노부의 관직 사퇴와 영지 반납을 주장했다. 도사번 무사 고토 쇼지로가 주군 야마우치 도요시게의 의견에 힘을 실었다. 그러자 오쿠보가 고토의 의견을 반박하면서 격론이 오갔다. 마쓰다이라 요시나가와 오와리번의 도쿠가와 요시카쓰德川慶勝가 야마우치의 의견에 동조했다. 회의는 쇼군 요시노부를 용서하는 분위기로 기울었다. 이와쿠라·오쿠보의 강경론에 시마즈 타다요시가 동조할 뿐이었다. 이와쿠라가 잠시 휴회를 선언했다. 잠시 쉬는 동안 이와쿠라가 히로시마번의 아사노 나가코토浅野長勲(1842~1937)에게 "이 회의에서 타협은 없다. 비상 수단을 취할 수밖에 없다."라고 협박했다. 실제로 사이고 다카모리가 지휘하는 사쓰마번 군사들이 회의장을 에워싸고 있었다. 아사노가 찬성으로 돌아섰다. 고토 쇼지로에게도 그 뜻이 전해졌다. 자칫하면 이 자리에서 죽을 수도 있다는 것을 깨달은 고토가 주군 야마우치 도요시게를 설득했다. 결국 야마우치와 마쓰다이라도 오쿠보의 의견에 동조했다. 오쿠보의 뜻대로 의결되었다. 마쓰다이라 요시나가와 도쿠가와 요시카쓰가 쇼군 요시노부가 머물던 니조성二条城으로 가서 회의에서 쇼군의 관직 사퇴와 영지 반납이 의결되었다고 전했다.

니조성을 지키던 아이즈·구와나번 군사와 막부군이 격앙했다. 사쓰마번을 공격하자는 의견이 대두되었다. 내란을 염려했던 도쿠가와 요시노부가 12월 12일 오사카성으로 거처를 옮겼다. 이날 오쿠보가 사이고 다카모리와 함께 신정부의 참여參与에 임명되었다. 오쿠보와 사이고가 사쓰마번 무사에서 중앙 정부의 고관이 된 것이다. 오쿠보의 나이 서른여덟 살이었다. 그 후 오쿠보는 신정부가 명실상부한 권력을 확립하는 일에 힘을 기울였다.

1868년 1월 2일 막부를 지지하는 군사 1만 5,000여 명이 교토로 진군했다. 다음 날 저녁 도바·후시미 일대에서 막부군의 선봉대와 사쓰마·조슈번 군대로 구성된 신정부군이 충돌했다. 보신 전쟁이 시작되었다. 그러나 사이고 다카모리가 지휘하는 신정부군이 잇달아 막부군을 무찔렀다. 도쿠가와 요시노부가 에도로 물러났다. 신정부는 도쿠가와 요시노부 토벌군을 에도로 보냈다. 4월 11일 사이고 다카모리가 지휘하는 신정부군이 에도성을 점령했다. 1869년 5월 18일 홋카이도로 도망하여 끝까지 저항하던 막부 추종 세력이 항복했다. 보신 전쟁이 막을 내렸다. 그동안 오쿠보는 정부의 정치체제 확립에 힘을 기울였다.

1868년 1월 17일 오쿠보는 천황이 오사카로 가서 그곳에 체재하는 방안을 제시하고, 이어서 오사카 천도를 주장했다. 그는 천도를 기화로 정치를 일신하고, 수백 년 동안 이어져 내려온 조정의 관습을 개혁하려고 했다. 천황은 예부터 궁녀들에게 둘러싸여서 하루를 보냈다. 즉위 당시 열다섯 살이었던 메이지 천황도 예외가 아니었다. 1868년경 천황 궁전에는 50여 명의 궁녀가 천황의 시중을 들고 있었다. 그곳은 남성이 출입할 수 없는 공간이었다. 천황은 최측근을 제외하면 온종일 궁녀와 함께 생활했다. 천황은 공부도 하지 않고 운동도 하지 않았다. 정치에도 관심을 두지 않았다. 궁전에서 세상과 담을 쌓고 지내고 있었다.

1868년 2월 초순 오쿠보가 이와쿠라 도모미에게 조정 개혁안을 제출했다. 오쿠보는 다음과 같이 제언했다. (1) 천황이 관료 회의에 참석할 것 (2) 천황이 정무를 볼 때 궁녀의 출입을 금할 것 (3) 천황은 매일 정부 수뇌부와 접촉할 것 (4) 지식인을 천황 측근으로 두어 국내외 정세를 공부할 것 (5) 천황이 직접 말을 타는 훈련을 할 것. 오쿠보는 천황의 일상생활을 근본적으로 개혁하려고 했다. 그는 천황을 사적 공간에서 끌어내어 국민과 자연스럽게 접촉하는 유럽의 황제와 같은 근대적 천황으로 변화시키려고 했다. 천도는 조정 개혁의 일환이었다. 하지만 오사카 천도론은 태정관 회의에서 부결되었다. 야마우치 도요시게·마쓰다이라 요시나가가 나라가 어수선할 때 "옥좌"를 움직이는 것이 아니라고 반대했기 때문이다.

1868년 6월 말 에도로 파견된 산조 사네토미·기도 다카요시·오쿠보 도시미치·오무라 마스지로·오키 다카토大木喬任(1832~99)가 천황의 관동 행행을 계획했다. 7월 17일 에도江戶를 도쿄東京로 개칭했다. 8월 4일 천황의 도쿄 행행이 발표되었다. 일부 귀족들이 천황의 도쿄 행행에 반대했다. 그들은 먼 거리 여행에 천황의 건강을 해칠 수 있고, 전쟁이 끝나지 않았고, 비용이 많이 든다는 이유를 들었다. 9월 8일 연호를 메이지明治로 개원했다. 9월 9일 도쿄를 떠난 오쿠보가 13일에 교토에 도착해 즉시 태정관 회의를 열어 9월 20일에 천황이 도쿄 행행에 나선다고 발표했다. 10월 13일 천황이 도쿄에 도착해 에도성으로 들어가며 그곳을 도쿄성으로 개칭했다. 천황은 그해 연말에 일단 교토로 돌아온 후 1869년 3월 28일 다시 도쿄로 가서 돌아오지 않았다. 정부는 도쿄성을 황성皇城으로 개칭했다. 도쿄가 일본의 수도가 되었다.

  1868년 9월 18일 기도 다카요시가 오쿠보 도시미치에게 판적봉환에 대해 설명했다. 오쿠보는 기도의 판적봉환 계획에 전적으로 동의했다. 1869년 1월 14일 교토에서 사쓰마번의 오쿠보 도시미치·조슈번의 히로사와 사네오미·도사번의 이타가키 다이스케가 "토지와 인민의 반환 건"에 합의했다. 그 후 오쿠보가 사가번 출신 무사 소에지마 다네오미·오쿠마 시게노부 등에게 동의를 구했다. 당시 교토에 전 사가번 번주 나베시마 나오마사鍋島直正가 머물고 있었다. 오쿠보는 여러 다이묘에게 인망을 얻은 나오마사의 협조가 필요하다고 생각했다. 이윽고 나오마사와 도사번 번주 야마우치 도요노리山內豊範가 판적봉환에 동의했다. 1월 20일 사쓰마·조슈·도사·사가번의 번주가 연서해 판적봉환 상표를 제출했다. 그러자 여러 번 번주가 잇달아 판적봉환에 동의했다. 판적봉환 후, 번명이 다이묘의 거성이 있던 지명으로 변경되었다. 예를 들면, 사쓰마번은 가고시마번, 조슈번은 야마구치번, 도사번은 고치번 등으로 변경되었다. 다이묘는 지번사로 임명되었다.

판적봉환 후에도 정부가 해야 할 일이 산적해 있었다. 정부는 막대한 내전 비용을 마련하기 위해 불환지폐를 남발했다. 화폐 가치가 폭락하면서 경제가 혼란해졌다. 외국 무역에도 영향이 미쳤다. 서양 여러 나라의 공사들이 조약의 이행과 화폐제도의 개혁을 요구했다. 개국 정책과 도쿄 천도에 반대하는 운동이 연이어 일어났다. 내전과 경제 혼란으로 일상생활이 무너진 서민은 오히려 막부 시대의 정치를 그리워했다. 1868년에 86건이었던 농민 반란이 1869년에는 110건으로 급증했다. 전국 260여 번의 번주들이 일단 판적봉환에 동의했지만, 여전히 가신단을 거느리고 독립적인 정치체제를 유지하고 있었다. 오쿠보가 탄식했다. "밖으로는 외국에 업신여김을 당하고, 안으로는 불평 사족의 반발에 직면해 있다. 밑으로는 민심이 어지러워 분란이 끊이지 않고 있다." 우대신 산조 사네토미三條実美도 불안한 마음을 감추지 못했다. "체제가 거의 무너질 조짐이 보인다. 이대로라면 순식간에 큰 변란에 직면할 수 있다."

오쿠보는 그동안 사족 반란을 무자비하게 진압한 인물이었다. 하지만 정부의 과도한 수탈로 서민의 생활이 무너지고 민심이 흉흉해지자 경계심을 늦추지 않았다. 그가 기도 다카요시가 주장하는 징병제에 반대한 것도 민심을 자극하지 않기 위해서였다. 당시 정부는 판적봉환 후 혼란에 대비하기 위해 친병親兵 편성 방안을 논의하고 있었다. 기도와 오무라 마스지로는 농민의 자제를 징병하자고 제안했다. 그러나 오쿠보는 가고시마·야마구치·고치·사가번의 군사를 친병으로 활용하자고 주장했다. 오쿠보·기도의 의견 차이는 정부가 경계해야 할 대상이 서민인가 아니면 불평 사족인가에 따라 극명하게 갈렸다. 서민의 동요를 염려했던 오쿠보는 그들의 반란에 대비하기 위해 사족 군대가 필요했고, 불평 사족이 가장 위험한 적이라고 보았던 기도·오무라는 징병제를 주장했다. 그러나 결국 오쿠보의 의견대로 친병 설치 방안이 채택되었다.

당시 정부의 고관은 귀족과 번주 출신을 제외하고 대부분이 가고시마·야마구치·고치·사가번 출신이었다. 그들은 정부는 물론 옛 주군에게도 충성해야 하는 고충이 있었다. 출신 번의 입장을 우선시하는 자 중에 정부의 질서를 어지럽히거나 기밀을 누설하는 자도 있었다. 반대로 정부 편에서 원칙적으로 일을 처리하면 출신 번 사족들로부터 배반자라는 낙인이 찍혔다. 출신 번과 거리를 둔 고관들은 정치생명을 지키기 위해 실권자를 중심으로 무리를 형성했다. 일본인들은 그들을 번벌藩閥이라로 불렀다. 가고시마번 출신 오쿠보 도시미치와 야마구치번 출신 기도 다카요시가 정부의 실권자 지위를 둘러싸고 대립하면서 출신 번, 연고, 정책 등으로 인맥을 형성했다. 산조 사네토미는 기도 다카요시의 진보적인 성향에 마음이 끌렸고, 이와쿠라 도모미는 오쿠보 도시미치의 행정 능력을 높이 평가했다.

1870년 1월 오쿠보 도시미치가 잠시 가고시마로 귀국했다. 시마즈 히사미쓰와 사이고 다카모리를 정부 고관으로 영입하기 위해서였다. 오쿠보는 히사미쓰를 예방해 정부의 사정을 설명했다. 그러나 히사미쓰는 정부의 봉건제 폐지 방침에 반대했다. 판적봉환 후 번주의 처우에 대해서도 강한 불만을 품고 있었다. 그는 문벌 타파와 인재 등용 정책을 추진하던 사이고 다카모리에 대해서도 반감을 품고 있었다. 2월 24일 히사미쓰와 오쿠보가 격론을 벌였다. 오쿠보가 성심을 다해 봉건제 폐지의 불가피성을 설명해도 히사미쓰는 들으려 하지 않았다. 오쿠보는 주군 시마즈 히사미쓰와 '헤어질 결심'을 했다. 정부의 권력을 강화하려면 어쩔 수 없는 선택이었다. 당시 사이고 다카모리는 당장 상경할 상황이 아니었다. 사이고가 주도하던 번정 개혁이 마무리되지 않았기 때문이다.

1870년 3월 12일 도쿄로 돌아온 오쿠보는 정부 스스로 권력을 확립해야 한다는 생각을 굳혔다. 오쿠보는 중앙집권적 관료기구 정비에 착수했다. 1869년 7월 정부가 관제를 개혁해 이관二官(신기관·태정관) 육성六省(민부·대장·병부·형부·궁내·외무)을 설치했다. 그런데 8월 11일 민부·대장성을 합병해 민장성民藏省으로 칭했다. 그러자 민장성이 조세, 통상, 토목, 철도, 우편, 광산, 조폐, 국세 등 거의 모든 행정을 담당하는 부서가 되었다. 합병할 당시 93명이던 관원도 연말에는 529명으로 급증했다. 민장성의 경卿(장관)은 다테 무네나리伊達宗城(1818~92), 다이후大輔(차관)는 오쿠마 시게노부, 쇼후少輔(차관보)는 이토 히로부미·이노우에 가오루 등 네 명이었다. 민장성은 부현府縣의 관리들도 지휘했다. 민장성이 내정의 거의 전권을 장악했다. 그 권한이 태정관을 능가했다. 그러자 민장성을 견제하는 관료들이 늘어났다.

오쿠보는 민장성의 권한이 태정관이나 참의를 압도하는 것은 정부의 근간을 흔드는 일이라고 생각했다. 또 오쿠마 시게노부의 급진론이 오쿠보의 점진론과 상충했다. 더구나 오쿠마에 대한 가고시마번 사족의 반감도 무시할 수 없었다. 오쿠보는 오쿠마에게 너무 독주하지 말라고 경고했다. 그러나 1870년 4월 태정관이 옛 조적朝敵 번의 속죄금 면제를 결정했는데, 민장성이 반대해 서로 격론을 벌인 일이 있었다. 오쿠보는 민장성을 분리하기로 결심했다. 그러나 오쿠마 시게노부·이토 히로부미의 배경에는 최근에 참의가 된 기도 다카요시가 있었다. 오쿠보의 민장성 분리론은 오쿠보와 기도 나아가 가고시마와 야마구치 번벌의 대립이기도 했다. 7월 10일 오쿠보의 주장이 관철되어 민장성이 민부·대장성으로 분리되었다. 이와쿠라 도모미·오쿠보 도시미치가 민부성을 직접 장악했다.

행정개혁을 마무리한 오쿠보는 폐번치현을 위한 준비 작업에 들어갔다. 그는 먼저 기도 다카요시와 "정부의 대변혁" 건에 관해 허심탄회하게 상의했다. 그런데 "대변혁"에는 군사를 움직일 수 있는 인물이 필요했다. 그래서 사이고 다카모리를 영입하는 작업에 들어갔다. 1870년 12월 22일 오쿠보와 기도가 천황의 칙사 이와쿠라 도모미를 수행해 가고시마에 도착했다. 시마즈 히사미쓰와 사이고 다카모리를 영입하기 위한 목적이었다. 히사미쓰는 병을 칭하며 출사를 거부했지만 사이고는 수락했다. 사이고는 번정 개혁의 경험을 살려 정부를 근본적으로 개혁하려는 의지가 강했다. 1871년 1월 18일 이와쿠라·오쿠보·사이고가 고치번의 이타가키와 회담했다. 이타가키도 상경을 희망했다. 2월 13일 가고시마·야마구치·고치번에 친병 소집 명령이 하달되었다. 6월까지 세 번의 군사 1만여 명이 정부의 지휘하에 들어왔다. 정부가 "대변혁" 준비를 완료했다.

오쿠보·기도·사이고·이타가키 등이 지방분권적 정치 질서를 해체한다는 원칙에 합의했다. 그러나 일거에 폐번을 단행하는 것은 어려운 일이었다. 각 번은 여전히 지번사가 다스리고 있었다. 폐번이 되면 지번사를 주군으로 섬기던 무사들이 크게 동요할 가능성이 있었다. 폐번은 무사들이 누리던 신분적 특권이 폐기되는 것을 의미했기 때문이다. 그런데 농민봉기와 사족 반란이 빈발하면서 여러 번의 재정이 날로 악화했다. 정부가 수립된 이래 13개 번이 자발적으로 폐번을 신청했다. 그중에 생산량이 20만 석이 넘는 모리오카번盛岡藩(이와테현 중부·아오모리현 동부·아키타현 북부)도 있었다. 폐번치현의 분위기가 조성되었다.

 정부가 폐번치현을 서두른 가장 큰 이유는 바닥을 드러낸 재정 문제였다. "만국대치" 상황에서 통일국가의 내실을 다지는 일이 시급했는데, 그것은 충실한 재정의 확보를 전제로 했다. 정부는 점진적 폐번론에서 급진적 폐번론으로 전환했다. 7월 초에 야마구치현 출신 관료 야마가타 아리토모山県有朋, 도리오 고야타鳥尾小弥太(1848~1905), 노무라 야스시野村靖(1842~1909) 등이 폐번을 건의해 사이고 다카모리의 동의를 얻었다. 사이고가 찬성하면서 일이 급속도로 진전되었다.

 사이고 · 기도 · 오쿠보를 중심으로 폐번 실행에 관한 비밀회의가 거듭되었다. 7월 9일 오쿠보가 처음으로 이와쿠라에게 폐번 단행 계획을 알렸다. 1871년 7월 14일 폐번치현이 단행되었다. 가고시마 · 야마구치번 출신 고관들이 중심이 되어 일으킨 쿠데타였다. 이타가키 다이스케는 물론 여러 번 출신 고관들에게 일체 비밀로 했다. 폐번치현은 판적봉환 때와는 전혀 다른 방식으로 단행되었다. 판적봉환 때는 밑으로부터의 청원을 천황이 승인하는 형식을 취했다. 정부는 서두르지 않고 공의소에 자문해 자유롭게 토론하게 했다. 그러나 폐번치현은 전격적으로 단행되었다. 그것도 천황이 명령하는 형식을 취했다. 다이묘가 모인 회의장 주변에 사이고가 지휘하는 군대가 배치되었다. 여러 지번사가 저항할 수 없는 분위기였다. 전국 261개 번이 폐지되고, 그 대신에 3부三府 302현県이 두어졌다. 정부는 지번사와 사족의 봉록을 보장하고 번의 채권을 인수했다. 그날 오쿠마 시게노부와 이타가키 다이스케가 참의에 임명되었다. 폐번치현으로 일본이 중앙집권적 통일국가가 되었다.

폐번치현 1개월 후에 오쿠마 시게노부가 조약개정 교섭을 위한 구미 사절 파견을 건의했다. 오쿠마의 구상이 논의를 거치면서 사절이 구미 제국을 방문해 각국 원수를 예방하고 아울러 선진국의 문물과 여러 제도를 시찰·조사·학습할 목적으로 하는 사절단을 파견하기로 결정되었다. 특명전권대사에 우대신 이와쿠라 도모미, 부사에 기도 다카요시·오쿠보 도시미치·이토 히로부미·야마구치 나오요시가 선임되었다. 1871년 11월 12일 이와쿠라사절단이 요코하마를 출항해 12월 6일 미국의 샌프란시스코에 도착했다. 1872년 1월 21일 사절단이 워싱턴에 도착해 그랜트 대통령을 예방하고 이어서 조약개정 교섭에 들어갔다. 그러나 위임장을 지참하지 않아서 6월까지 기다렸다가 조약개정 교섭을 시작했다. 하지만 교섭이 벽에 부딪혔다. 사절단은 사실상 조약개정 교섭을 포기하고 7월 중순에 영국으로 건너갔다. 사절단은 영국의 산업시설을 시찰하고 11월 16일에 프랑스로 건너갔다. 당시 프랑스는 시민혁명의 여파가 채 가시지 않고 있었다. 오쿠보는 "폭도"들의 무질서한 행동을 못마땅하게 생각했다. 사절단은 벨기에와 네덜란드를 거쳐 1873년 3월 9일에 독일(프러시아)의 베를린에 도착했다. 당시 독일은 비스마르크의 영도 아래 소국에서 대국으로 발전한 신흥국가였다. 정치·군사·사회·경제 모든 면에서 일본이 배울 점이 많

요코하마 항을 출발하는 이와쿠라 사절단

은 나라였다. 특히 황제의 위엄이 민중을 위압했다. 오쿠보는 독일에서 일본 실정에 적합한 정치체제를 발견했다. 황제를 알현한 사절단은 3월 15일에 재상 비스마르크가 베푼 연회에 참석했다.

비스마르크는 서양이 약육강식의 국제정치 아래에 놓여있다고 전제하면서 다음과 같이 말했다. "소국은 만국공법을 지키려고 하나 대국은 스스로에 이익이 되면 그것을 고집하지만 일단 불리하면 군대를 배경으로 그것을 짓밟는다." "나는 소국의 비운을 몸소 체험하고 분해서 견딜 수 없었다. 국력을 강화할 것을 다짐하고 수십 년간 각고의 노력 끝에 뜻을 이룰 수 있었다." "영국·프랑스를 비롯한 여러 나라가 해외에 식민지를 건설해 국위를 떨치고 있고, 호시탐탐 다른 나라를 노리고 있다." 비스마르크는 국가를 발전시키려면 군사력이 필수임을 거듭 강조했다. 비스마르크의 연설은 "만국공법"에 따라서 국가의 독립과 자립을 달성하고, 나아가 "만국공법"을 참고해 일본의 헌법과 법률을 마련하는 것이 문명국가로 가는 지름길이라고 확신하던 오쿠보를 충격에 빠뜨렸다.

사절단은 일본의 문명개화가 얼마나 피상적이었는지 절감했다. 뒤늦게 등장한 소국 독일을 영국·프랑스와 같은 대국으로 발전시킨 비스마르크로부터 문명국이 때에 따라서는 전혀 다른 얼굴을 하고 있다는 것을 배웠다. 사절단은 독일에 이어 러시아, 덴마크, 스웨덴, 이탈리아, 오스트리아, 스위스 등 여러 나라를 순방했다. 사절단이 독일에 머물 때 일본에서 오쿠보·기도에게 조속히 귀국하라는 전보가 왔다. 오쿠보와 기도가 급히 귀국길에 올랐다. 오쿠보는 귀국길에 비스마르크의 말을 되새겼다. 비스마르크의 말에 이미 일본 국가건설 방향이 제시되어 있었다. 오쿠보는 독일이 그랬던 것처럼 마땅히 대국을 지향해야 하고, 그러기 위해서는 경제·군사력을 기르고 법률·제도를 정비하는 것이 급선무라는 것을 알았다. 오쿠보·기도가 없는 사절단 일행은 포르투갈·스페인 순방을 취소하고 귀국길에 올랐다. 7월 20일 프랑스 마르세유를 출항한 사절단은 수에즈 운하·아라비아·사이공·홍콩·상하이를 거쳐 요코하마에 도착했다. 1873년 9월 13일이었다.

우대신 이와쿠라·기도·오쿠보 등 구미순방파가 자리를 비운 동안 정부는 태정대신 산조 사네토미·사이고 다카모리·이타가키 다이스케 등 국내잔류파가 운영했다. 그 무렵 일본에서는 재정 긴축과 가록家祿 삭감을 둘러싸고 대장성과 다른 부처가 대립했고, 각지에서 불평 사족이 반란을 꾀하고 있었고, 사할린 문제, 조선 문제 등 시급히 대응해야 하는 외교 문제가 오쿠보·기도를 기다리고 있었다. 산조 사네토미는 순방 중인 오쿠보와 기도에게 귀국하라고 전보를 쳤다. 오쿠보는 3월 28일에 독일을 떠나 5월 26일에 귀국했고, 뒤이어 기도가 7월 23일에 일본으로 돌아왔다. 오쿠보와 기도는 서둘러 산적한 국내 문제를 처리하고, 사할린에서 러시아인과 일본인이 같이 거주하는 문제를 해결하기 위해 러시아와 교섭을 시작했다. 하지만 오쿠보·기도는 사이고가 주장하는 "조선 토벌" 문제를 둘러싸고 국내잔류파와 대립했다.

당시 사이고는 자신이 직접 사절로 조선으로 건너가 전쟁의 실마리를 만드는 계획을 세우고 있었다. 그러나 구미순방파는 당분간 내치에 힘쓰며 경제·군사력을 튼튼히 한 후에 "조선 토벌"에 나서는 것이 타당하다고 주장했다. 사이고를 비롯한 국내잔류파가 크게 반발했다. 10

내무성

월 24일 이와쿠라 도모미가 메이지 천황에게 상주해 사이고의 조선 파견을 무기한 연기했다. 그 공작의 배후에 오쿠보 도시미치가 있었다. 그러자 사이고를 비롯해 에토 신페이江藤新平(1834~74)·소에지마 다네오미·이타가키 다이스케·고토 쇼지로 등 정한론에 동조했던 국내잔류파 참의參議가 사직했다. 1873년 11월 10일 내무성이 신설되고, 오쿠보가 내무경에 취임하면서 사실상 오쿠보 독재 체제가 성립되었다.

그러나 오쿠보 정권은 매우 불안정했다. 정한론에서 패배한 사이고 다카모리가 사직하고 가고시마로 돌아가자, 사쓰마·도사 출신 군인·경찰이 동반 사직했다. 정부의 기둥이나 다름없는 군대·경찰이 붕괴 직전이었다. 1874년 1월 14일 고치현의 정한론자 다케치 구마키치武市熊吉(1840~74)가 이와쿠라 도모미를 습격하는 사건이 일어났다. 정부 밖에서도 불안한 정세가 확산했다. 정한론을 주장하던 인물들이 사직하면서 반정부 세력에 유능한 지도자를 넘겨준 꼴이 되었다. 1874년 1월 12일 이타가키 다이스케・소에지마 다네오미・고토 쇼지로・에토 신페이 등이 정당을 결성하고 자유민권운동을 개시했다. 사이고는 이 운동에 가담하지는 않았지만, 그가 고향 가고시마에 있는 것만으로도 오쿠보를 불안하게 했다.

2월 1일 참의에서 물러난 에토 신페이가 사가佐賀의 불평 사족을 이끌고 반란을 일으켰다. 오쿠보가 직접 군사를 거느리고 사가로 달려갔다. 정부는 오쿠보에게 군사・사법권을 위임했다. 2월 19일 오쿠보는 규슈의 하카타博多(후쿠오카현 후쿠오카시)에 토벌군 본영을 설치했다. 정부군의 빠른 진격에 당황한 반란군이 무너졌다. 에토 신페이는 가고시마로 도주해 사이고 다카모리에게 지원을 요청했다. 그러나 사이고는 움직이지 않았다. 에토는 시코쿠四國로 도망해 재기를 모색했지만 실패했다. 3월 28일 에토가 간노우라甲浦(고치현 아키군)에서 체포되어 하카타로 호송되었다. 오쿠보는 4월 13일 에토를 참수형에 처하고 3일 동안 효수했다. 그러자 규슈・시코쿠 지방 민심이 흉흉해졌다.

오쿠보는 타이완을 침략해 국면을 타개하려고 결심했다. 오쿠보는 1871년에 타이완에서 일어난 유구琉球(오키나와) 표류민 살해사건을 침략의 구실로 삼았다. 오쿠보는 유구 표류민을 습격한 원주민을 징벌하는 것이 "일본제국 정부의 의무"라고 강변했다. 유구는 가고시마번의 무력에 어쩔 수 없이 굴복했지만, 중국에 정기적으로 조공하며 여러 나라와 활발하게 교역하던 엄연한 독립 왕국이었다. 하지만 오쿠보는 타이완을 침략해 청국이 유구의 일본 귀속을 승인하게 만들 생각이었다. 타이완 침략은 정한론 대응이라는 성격도 지니고 있었다. 타이완 침략 사령관이 사이고 다카모리의 동생 사이고 쓰구미치西鄕從道였으며, 가고시마에서 모집한 사족을 침략군의 주력으로 삼은 것으로도 알 수 있다. 오쿠보는 가고시마 출신 사족의 반정부 감정을 무마하지 않을 수 없었다.

오쿠보는 타이완 침략이 큰 어려움 없이 성사될 것이라고 믿었다. 타이완은 동아시아의 요충지였지만, 영국과 러시아가 대립하는 상황에서, 일본의 타이완 침략에 반발할 서구 열강이 없을 것이라고 낙관했다. 하지만 타이완 침략은 청일수호조규의 내용을 위반하는 행위였다. 정부 내에서도 타이완 침략에 반대하는 여론이 만만치 않았다. 기도 다카요시·야마가타 아리토모·이토 히로부미 등 야마구치현 출신들이 타이완 침략에 소극적이었다. 특히 기도는 오쿠보의 독주에 반발해 관직을 사퇴할 정도였다. 외국 공사들도 일본의 타이완 침략에 반대했다. 영국·미국 공사는 일본이 청국과 대립하는 것은 환영했지만, 중국·타이완 무역에 악영향을 미치지 않을까 염려했다.

반대 여론이 비등하자, 4월 19일 오쿠보가 나가사키長崎에 있던 침략군 사령관 사이고 쓰구미치에게 출병을 연기한다는 전보를 쳤다. 5월 3일 오쿠보가 나가사키로 갔다. 그러나 그 전날 사이고 다카모리의 명령으로 군함 4척과 가고시마 출신 군사 1,000여 명이 나가사키로 향하고 있었다. 사이고 쓰구미치도 타이완 침략에 집착했다. 사이고 다카모리와 대립하고 싶지 않았던 오쿠보는 타이완 침략을 승인했다. 타이완에 상륙한 침략군은 무자비한 작전을 전개했다. 가는 곳마다 촌락을 불태우고 원주민을 무참하게 살해했다. 6월에 들어서면서 침략군의 작전이 사실상 종결되었다.

청국은 오쿠보의 예상보다 신속하게 대응했다. 일본군의 조속한 철군을 강력하게 요구했다. 일본은 타이완이 중국에 속하지 않은 땅이라고 주장했다. 하지만 청국은 물론 구미 열강도 일본의 주장을 지지하지 않았다. 오쿠보도 청국과의 충돌을 원하지 않았다. 하지만 국내의 대외 침략론이 부담스러웠다. 오쿠보는 청국이 무엇인가 양보할 때까지 철군하지 않는다는 방침을 정했다. 오쿠보가 스스로 전권대사가 되어 청국으로 향했다. 9월 10일 오쿠보가 베이징北京에 도착했다. 14일부터 시작된 교섭이 어려움에 직면했다. 청국 대표는 청일수호조규의 정신을 강조하면서 오쿠보를 몰아붙였다. 오쿠보가 궁지에 몰렸다. 교섭이 결렬 직전까지 갔다. 그러나 당시 양국의 사정이 복잡했다. 청국은 아직 일본과 싸울 여력이 없었다. 일본도 재정이 넉넉하지 않았다. 장기전에 돌입할 수 없는 형편이었다.

오쿠보는 청국 주재 영국 공사에게 중재를 요청했다. 영국이 청국에 압력을 가했다. 10월 31일에 협정이 체결되었다. 청국이 일본의 침략을 '의거'로 인정하고 배상금 50만 냥을 지급했다. 일본은 체면을 세우고 철군할 수 있게 되었다. 오쿠보의 '도박'은 대성공이었다. 11월 1일 베이징을 떠난 오쿠보는 도중에 톈진天津에 들러 리훙장李鴻章을 만나고 11월 16일에 타이완에 도착했다. 그곳에서 침략군 사령관 사이고 쓰구미치와 철군에 대해 협의하고 11월 27일 요코하마로 돌아왔다. 이토 히로부미·구로다 기요타카를 비롯한 정부 고관들이 오쿠보를 맞이했다. 오쿠보를 놀라게 한 것은 요코하마 시민들이었다. 집집이 일장기를 내걸고 '개선장군' 오쿠보 도시미치를 열렬하게 환영했다. 평범한 일본인들의 가슴속에 대외침략을 긍정하고 기뻐하는 씨앗이 움트고 있었다.

타이완 출병에 반대하며 사직했던 기도 다카요시도 오쿠보에게 서신을 보내 "일본의 위신을 세운" 공로를 인정하며 축하했다. 정부 고관 모두가 오쿠보의 활약에 찬사를 보냈다. 정부의 관리들은 태정대신 산조 사네토미, 좌대신 시마즈 히사미쓰, 우대신 이와쿠라 도모미가 있지만, '국위를 선양'한 내무경 오쿠보가 실질적으로 수상의 역할을 하는 인물이라고 여겼다. 오쿠보는 그동안 실추한 정부의 권위를 회복함과 동시에 국민을 보호했다는 신뢰도 얻었다. 군인과 관료에게 자신감을 주었고, 그들과 사족이 손을 잡는 사태로 발전하는 것을 사전에 차단할 수 있었다. 무엇보다도 오쿠보는 조선을 어렵지 않게 침략할 수 있다는 자신감을 얻었다.

오쿠보는 강압적인 수단을 동원해 조선을 개국시키고, 조선과 불평등조약을 맺는다는 방침을 정했다. 1875년 9월 20일 일본이 강화도를 침략했다. 11월 일본은 조선을 개국하기 위해 전쟁도 불사한다는 방침을 정했다. 가고시마번 출신 육군 중장 구로다 기요타카를 대사, 이노우에 가오루를 부사로 임명했다. 이전부터 대조선 외교를 담당했던 모리야마 시게루森山茂(1842~1919)를 비롯한 전문 외교관이 수행원으로 선발되었다. 사절단의 규모는 약 30명이었다. 사절단은 특별히 편성된 혼성여단 800여 명의 호위를 받았다. 사절단은 1876년 1월 함선 다섯 척에 분승해 조선으로 건너갔다.

구로다 기요타카

2월 8일 조선 정부가 강화도 상륙을 허락했다. 일본 정부는 구로다 기요타카에게 평화롭게 조약을 체결하는 것을 우선으로 하되, 조선이 일본의 요구에 응하지 않으면 상황에 따라 적절하게 판단하라는 훈령을 내렸다. 조선이 협상에 응하지 않으면 일본은 즉시 전쟁에 돌입할 태세였다. 구로다가 조선으로 건너간 직후에 일본 육군의 실력자 야마가타 아리토모가 시모노세키로 갔다. 조선으로 군대를 보낼 준비를 하기 위해서였다. 야마가타는 히로시마·구마모토 진대의 군대를 점검하고, 군대가 조선으로 건너갈 때 필요한 선박을 조달하는 문제를 검토했다.

1876년 2월 11일부터 네 번에 걸쳐서 협상이 진행되었다. 2월 26일 조선이 일본이 제시한 조약안을 거의 수정 없이 승인하면서 협상이 마무리되었다. 2월 27일 조약식이 거행되었고, 조선 측의 비준서가 교부되었다. 강화도조약이 체결되었다. 이 조약은 정한론쟁 때 내치를 우선하자는 오쿠보·기도를 비롯한 구미순방파가 즉시 조선 침략의 실마리를 만들자는 사이고·이타가키를 비롯한 국내잔류파에게 최종적으로 승리했다는 것을 의미했다.

오쿠보는 일본인을 통합하는 상징으로서 천황의 역할을 중시했다. "신비한" 천황을 국민 앞에 모습을 드러내게 해 일본적 입헌군주제를 완성하려고 했다. 1875년 7월 5일 오쿠보는 산조 사네토미·기도 다카요시와 함께 천황의 동북 지방·홋카이도 순행을 주청했다. 그때 오쿠보가 말했다. "천황이 멀리 북쪽 끝까지 순행한다고 하면 전국의 인민이 모두 천황에 주목하게 될 것이다." 오쿠보는 일본인의 뇌리에 일본의 젊은 군주이며 문명개화의 상징인 천황의 이미지를 각인시키려고 했다. 1876년 6월부터 7월에 걸쳐서 50일간 천황이 동북 지방과 하코다테函館를 순행했다. 이때 오쿠보가 천황을 수행했고, 천황이 순행하지 않았던 야마가타山形·아키타秋田 지역을 천황의 대리인 자격으로 시찰했다.

정부는 1874년경부터 민간기업을 보호 육성하고 수출의 증대를 모색하는 식산흥업 정책을 추진했다. 서구 여러 나라를 견문한 오쿠보 도시미치가 "인민의 빈부는 물산의 많고 적음"에 달려 있다는 것을 절감했고, 그런 경험이 식산흥업 정책을 추진하는 원동력이 되었다. 정부는 수출을 늘리고 수입을 억제하기 위해 모범공장을 설립하고, 수출을 주도할 수 있는 산업 분야에 금융 지원을 아끼지 않았다. 자금을 원활하게 공급하기 위해서 금융기관을 정비했다. 국립은행 조례를 개정해 통화팽창 정책을 추진했다.

그런데 식산흥업 정책의 목적은 사족의 경제적 특권을 박탈해 공업자금을 조성하는 데 있었다. 정부의 정책에 압박감을 느낀 사족의 불만이 쌓였다. 특히 가고시마·야마구치 출신 관료가 정치를 좌지우지하는 것에 불만을 품는 사족이 늘어났다. 폐번치현으로 부지불식간에 실업자로 전락하고, 신분 철폐로 봉건적 특권마저 상실한 사족들의 절망감이 번벌 정치에 대한 저항으로 폭발했다. 그러나 오쿠보는 불평 사족의 반란에 동요하지 않았다. 정치에 자신감이 붙은 오쿠보는 반란을 진압할 수 있다고 자신했다. 1876년 10월 24일에 구마모토에서 진푸렌의 난神風連の亂, 10월 27일에 후쿠오카에서 아키즈키의 난秋月の亂, 10

월 28일 야마구치에서 하기의 난이 연이어 일어났다. 오쿠보는 내무성의 정보망을 통해 각 지역 사족의 동향을 파악하고, 신속하게 군대를 보내 진압했다.

1876년에 지조 개정과 과다한 조세 징수에 반대하는 농민 폭동이 일어났다. 5월에 와카야마현和歌山県 나가군那賀郡에서 농민이 봉기했다. 11월 30일에는 이바라키현茨城県, 12월 19일에는 미에현三重県에서 농민이 봉기했다. 농민봉기는 아이치현愛知県·기후현岐阜県·시가현滋賀県으로 확산했다. 농민봉기가 정부·지방관에 준 충격은 사족의 반란에 비할 바가 아니었다. 농민봉기는 사족의 반란과 질적으로 달랐다. 봉기의 원인을 해결하지 않으면 언제든지 재발할 수 있었고, 또 전국적으로 확산할 위험이 있었다. 오쿠보는 농민의 요구를 수용했다. 1877년 1월 4일 천황이 농민의 요구를 수용해 감세하겠다는 조서를 내고, 이어서 지가의 3퍼센트로 산정하던 조세를 지가의 2.5퍼센트로 하향 조정했다. 0.5퍼센트 감세로 1,500만 엔의 정부 수입이 감소했다. 오쿠보는 내무성을 비롯한 각 성의 정원을 줄이고, 관청을 통합하고, 관원을 정리하거나 월급을 삭감하는 행정개혁을 단행하지 않을 수 없었다.

1876년 10월 28일 야마구치에서 하기의 난이 일어났을 때, 항간에서 사이고 다카모리와 가고시마 사족이 호응해 거병한다는 소문이 돌았다. 그러나 오쿠보 도시미치는 그런 소문에 귀를 기울이지 않았다. 오쿠보와 사이고는 죽마고우였고 생사를 같이한 동지였다. 오쿠보가 아는 사이고는 무엇보다도 명예를 중시하는 사내였다. 결코 남의 뒤를 따라 일을 꾸미는 기질이 아니었다. 1877년 2월 초순 기리노 도시아키 桐野利秋를 비롯한 사이고의 직속 부하들이 가고시마 사학교 학생들을 거느리고 봉기한다는 정보가 입수되었다. 그때도 오쿠보는 사이고가 명분이 없이 경거망동할 인물이 아니라고 믿었다. 그러나 2월 15일 이윽고 사이고 다카모리가 거병했다. 세이난 전쟁이 시작되었다.

사이고가 출진했다는 전보가 오쿠보에게 전달되었다. 전보를 읽은 오쿠보는 즉시 각의에 사이고를 만나러 규슈로 출장하겠다고 보고했다. 사이고의 거병은 이유가 애매하고 명분이 없는 거병이기 때문에 그

오쿠보 도시미치 저택

를 직접 만나서 이야기하면 설득할 수 있다고 확신했다. 그러나 이와쿠라·이토를 비롯한 고위 관료들이 모두 오쿠보의 가고시마행을 만류했다. 기도 다카요시와 야마가타 아리토모가 반란군을 철저하게 진압해야 한다고 주장했다. 정부는 징집된 군대를 총동원했다. 세이난 전쟁은 3월 20일 사이고군이 다바루자카田原坂에서 패퇴하면서 사실상 정부군이 승리했다. 그 후 사이고군은 정부군에 쫓겨 가고시마를 향해 도주하기에 바빴다. 9월 24일 사이고 다카모리가 사망하면서 전쟁이 끝났다. 오쿠보는 전후 처리에 힘을 기울였다.

1878년 5월 14일 아침 후쿠시마현 현령 야마요시 모리스케山吉盛典(1835~1902)가 오쿠보 저택을 방문했다. 오쿠보는 용무를 마치고 돌아가는 야마요시에게 다음과 같이 말했다. "메이지 유신 이래 이미 10년이 지났다고 하나 작년까지는 전란으로 어지러웠다. 내가 내무경의 지위에 있지만, 아직 그 임무를 하나도 수행할 수 없었다. 이제야 세상이 잠잠해졌으니 힘써 유신의 진정한 뜻을 관철하려고 한다. 이것을 관철하려면 30년이 걸려야 할 것이다. 편의상 이를 세 시기로 나누어 메이지 원년부터 10년까지를 제1기라고 하면, 이 시기에는 전란이 많았던 창업의 시간이었다. 메이지 11년부터 20년에 이르는 기간을 제2기라고 할 수 있다. 이 시기가 가장 중요하다. 내치를 정비하고 산업을 발전시켜야 하는 시대이다. 능력이 부족한 내가 힘을 다해 내무경의 직분을 다하기로 결심했다. 메이지 21년부터 30년까지가 제3기일 것이다. 제3기의 수성守成은 우수한 후진이 뒤를 이어 크게 발전시켜 줄 것을 기대하고 있다." 이 말이 오쿠보의 유언이 되었다.

야마요시 모리스케를 배웅한 오쿠보는 아침 8시 30분경에 출근하기 위해 마차를 타고 시미즈다니淸水谷(시미즈다니 공원:도쿄토 지요다쿠 키오이초)에 이르렀다. 이때 이시카와현石川県의 사족 시마다 이치로島田一郎(1848~78)를 비롯한 여섯 명의 정한론자가 오쿠보를 기습해 참살했다. 오쿠보의 나이 마흔아홉 살이었다. 오쿠보가 식산흥업에 온 힘을 다 바치려고 결심한 날 그가 정치 인생을 마감했다. 범인 시마다 이치로는 사건 직후 자수했다. 7월 27일 오전 10시경에 시마다를 비롯한 범인 여섯 명에게 사형이 선고되었다. 그들은 즉시 이치가야 감옥市ヶ谷監獄으로 끌려가 당일 11시 30분에 참수형에 처해졌다.

참고문헌

구태훈, 『일본근세사』, 재팬리서치21, 2016

구태훈, 『일본근대사』, 재팬리서치21, 2017

구태훈, 『천황의 일본사』, 휴먼메이커, 2022

박영준, 『해군의 탄생과 근대 일본』, 그물, 2014

박 훈, 『메이지 유신은 어떻게 가능했는가』, 민음사, 2014

이시이 다카시/김영작 역, 『메이지 유신의 무대 뒤』, 일조각, 2008

遠山茂樹, 『明治維新と現代』, 岩波新書, 1968

古川 薫, 『長州奇兵隊』, 創元社, 1972

田中 彰, 『岩倉使節団』, 講談社, 1977

芳賀 徹, 『明治維新と日本人』, 講談社学術文庫, 1980

德富蘇峰, 『明治三傑』(近世日本国民史), 講談社学術文庫, 1981

井上 勳, 『王政復古』, 中公新書, 1991

佐々木克, 『志士と官僚』, 講談社学術文庫, 2000

落合弘樹, 『明治国家と士族』, 吉川弘文館, 2001

奈良本辰也, 『吉田松陰』, 岩波新書, 1951

古川 薫, 『吉田松陰』, 創元社, 1977

富成 博, 『吉田松陰』, 長周新聞社, 1882

松浦光修 編訳, 『留魂録』, PHP研究所, 2011

奈良本辰也, 『吉田松陰著作集』, 講談社学術文庫, 2013

奈良本辰也, 『高杉晋作』, 中公新書, 1965

古川 薫, 『高杉晋作』, 創元社, 1971

梅溪 昇, 『高杉晋作』, 吉川弘文館, 2002

池田敬正, 『坂本竜馬』, 中公新書, 1965

佐々木克, 『坂本竜馬とその時代』, 河出書房, 2009

磯田道史, 『竜馬史』, 文芸春秋, 2010

圭室諦盛, 『西郷隆盛』, 岩波書店, 1960

東郷実晴, 『西郷隆盛』, 斯文堂, 1984

猪飼隆明, 『西郷隆盛』, 岩波書店, 1992

大江志乃夫, 『木戸孝允』, 中公新書, 1968

富成 博, 『木戸孝允』, 三一書房, 1972

松尾正人, 『木戸孝允』, 吉川弘文館, 2007

毛利敏彦, 『大久保利通』, 中公新書, 1969

佐々木克, 『大久保利通と明治維新』, 吉川弘文館, 1998

笠原英彦, 『大久保利通』, 吉川弘文館, 2005

❖ 구태훈 교수의 책들 ❖

『일본고중세사』 재팬리서치21, 2016

『일본근세사』 재팬리서치21, 2016

『일본근대사』 재팬리서치21, 2017

『일본사 파노라마』 재팬리서치21, 2009

『일본사 키워드30』 재팬리서치21, 2012

『일본사 이야기』 재팬리서치21, 2012

『일본문화 이야기』 재팬리서치21, 2012

『안중근 인터뷰』(구태훈 교수의) 재팬리서치21, 2010

『100년 전 일본인의 경성 엿보기』 재팬리서치21, 2010

『일본사강의』 휴먼메이커, 2017

『일본문화사』 휴먼메이커, 2018

『일본제국흥망사』 휴먼메이커, 2018

『사무라이와 무사도』 휴먼메이커, 2017

『도쿠가와 시대 사람들』 휴먼메이커, 2017

『징비록』 휴먼메이커, 2018

『복수와 일본인』 휴먼메이커, 2018

『천황의 일본사』 휴먼메이커, 2022

❖ 일본사 傳 시리즈 ❖

『전국시대 다이묘들』 휴먼메이커, 2023

『오다 노부나가』 휴먼메이커, 2018

『도요토미 히데요시』 휴먼메이커, 2022

『도쿠가와 이에야스』 휴먼메이커, 2023

『미야모토 무사시』 휴먼메이커, 2025

『역사를 움직인 일본 무사들』 휴먼메이커, 2025

❖ 역발상일본어 시리즈 ❖

『한국어로 잡는 일본어』 휴먼메이커, 2024

『리사이클링으로 잡는 일본어』 휴먼메이커, 2024

『사람으로 잡는 일본어』 휴먼메이커, 2024

『감각으로 잡는 일본어』 휴먼메이커, 2024

『한음절로 잡는 일본어』 휴먼메이커, 2024

『한자로 잡는 일본어』 휴먼메이커, 근간

구태훈

성균관대학교 문과대학 사학과 명예교수

역사를 움직인 일본 무사들 – 메이지 유신의 연출자들

발행인 구자선
펴낸날 2025년 3월 20일
발행처 (주)휴먼메이커
주 소 경기도 용인시 기흥구 강남서로 9 아카데미프라자 8층 825호
       전화 : 070-7721-1055
이메일 h-maker@naver.com
등 록 제2017-00006호

ISBN   979-11-93975-01-5(03910)
정 가   22,000원